高等职业教育智慧财经系列教材
配备智慧职教MOOC——数字化管理会计精品在线课程

数字化管理会计

主编◎窦雪霞

副主编◎王小林　李云鹤　程晓丹

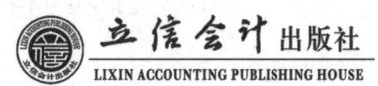

图书在版编目(CIP)数据

数字化管理会计 / 窦雪霞主编. -- 上海：立信会计出版社, 2024.6. -- (高等职业教育智慧财经系列教材). -- ISBN 978-7-5429-7663-5

Ⅰ. F234.3

中国国家版本馆 CIP 数据核字第 2024N06U62 号

策划编辑　孙　勇　张若凡
责任编辑　孙　勇
助理编辑　战小雨
美术编辑　北京任燕飞工作室

数字化管理会计
SHUZIHUA GUANLI KUAIJI

出版发行	立信会计出版社		
地　　址	上海市中山西路 2230 号	邮政编码	200235
电　　话	(021)64411389	传　真	(021)64411325
网　　址	www.lixinaph.com	电子邮箱	lixinaph2019@126.com
网上书店	http://lixin.jd.com		http://lxkjcbs.tmall.com
经　　销	各地新华书店		
印　　刷	常熟市人民印刷有限公司		
开　　本	787 毫米×1092 毫米	1/16	
印　　张	18		
字　　数	462 千字		
版　　次	2024 年 6 月第 1 版		
印　　次	2024 年 6 月第 1 次		
书　　号	ISBN 978-7-5429-7663-5/F		
定　　价	49.00 元		

如有印订差错，请与本社联系调换

前 言

随着经济的快速发展和企业竞争的加剧,传统的会计模式已经无法满足企业管理的需求。在新形势下,一方面,财务工作需要与业务活动有机融合,为企业提供更全面、更深入的决策支持;另一方面,财务工作需要实现数字化转型,管理会计的数字化转型亦是一种必然趋势。管理会计通过一系列专门方法,对企业日常经济活动和重大事项进行规划和控制,将业财有机融合,使企业的管理决策更加科学,提高企业的经济效益,帮助企业最终实现战略目标。管理会计在我国已有四十多年发展历程。在改革开放初期,我国引入了西方管理会计工具方法,而进入21世纪后,我国管理会计迈入高速发展阶段。随着经济全球化节奏加快,我国越来越多的企业开始重视发展核心竞争力,并意识到管理会计的重要性,管理会计工具被不断创新和加快应用。总体上,我国管理会计仍处于发展阶段,形成贴近中国企业实际、能为企业价值创造提供高效服务且具有中国特色的管理会计理论体系和工具方法仍然任重道远。

本教材依托《管理会计基本指引》和34项《管理会计应用指引》设计内容框架,体系完整、结构合理、层次清晰、逻辑严密;本教材以业财融合为基本理念,在阐述管理会计理论和方法的基础上,通过大量的实际案例和企业实践,展示了业财融合在制造业企业中的具体应用,努力使财经专业学生熟悉理工科业务流程,使理工科专业学生具备财经素养。此外,本教材的习题与实训分任务编写,学生在完成一个学习任务后可以通过做习题巩固所学,充分体现"教、学、做"一体的教育理念。在每个项目中都安排了一个案例分析,通过案例分析和查阅相关资料,学生能够更好地掌握管理会计工具方法的应用。此外,本教材以立德树人为根本任务,各项目设置了思政课堂。

本书的数字化主要体现在如下方面:一是配备丰富的数字化资源,如教育部智慧职教MOOC平台在线精品课程"数字化管理会计"、教学课件等;二是提供了与广州市福斯特科技有限公司的数字化管理会计实验软件相配套的数字化管理会计实训指南;三是各项目和任务以管理会计数字化为背景,在主体内容撰写、例题与练习题设计和实训题素材与目标方面体现了一定程度的数字化导向,如项目一介绍了新技术对管理会计的影响、财务数字化转型给管理会计人才培养带来的挑战和机遇,项目二介绍了战略地图这一可视化的战略因果关系图,项目三介绍了徐工集团全面预算信息化系统和商业智能应用案例,项目四实训题中的京东价值链管理等数字化管理会计案例,等等;四是尝试引导学生编制管理会计报告、熟悉管理会计信息系统,本书尝试提炼管理会计信息系统的基本逻辑和模块,引导学生树立数字化管理会计思维,应用数字化工具进行管理会计决策。数字化是一种趋势,但数字化的实现不可能一蹴而就,本书编者在管理会计基本框架下尝试运用数字化思维、选用数字化素材、结合数字化实训平台编写和组织内容，以期顺应高等职业院校大数据与会计专业的教学改革的需要。

本教材是2023年度河南省高等教育教学改革研究与实践项目"数字化进程下的财务会计类专业产教融合提质增效路径研究与实践"的研究成果之一，由河南职业技术学院窦雪霞担任主编，河南职业技术学院王小林、李云鹤、程晓丹担任副主编。本教材由窦雪霞拟订提纲，具体编写人员分工如下：程晓丹负责项目一、项目二和项目四的撰写，王小林负责项目三、项目七和项目八的撰写，李云鹤负责项目五、项目六和项目九的撰写。

本教材可作为高等职业院校财经类专业"管理会计"课程教材，也可作为理工科专业培养学生财经素养，以及在职财会人员、管理人员和其他对管理会计感兴趣的人员学习和研究管理会计的参考用书，还可作为全国职业院校管理会计技能大赛的参考用书。希望本教材能够为读者提供有益的帮助，推动业财融合和管理会计的发展。

由于编者水平有限，对管理会计应用指引的把握可能存在不足之处，敬请广大师生批评指正。

编　者

2024年6月

智慧职教MOOC—
数字化管理会计

目 录

项目一 管理会计概论 ·· 1
任务一 管理会计的形成、发展与数字化转型 ·· 2
任务二 管理会计的基本理论 ·· 5
任务三 管理会计与财务会计的关系 ·· 9
任务四 管理会计目标与管理会计师职业道德 ······································ 12
项目小结 ·· 14
习题与实训 ·· 15

项目二 战略管理 ·· 21
任务一 战略管理认知 ·· 22
任务二 战略地图 ·· 31
项目小结 ·· 34
习题与实训 ·· 35

项目三 全面预算管理 ·· 39
任务一 全面预算管理认知 ·· 40
任务二 全面预算管理的工具方法 ·· 48
任务三 全面预算的编制 ·· 52
项目小结 ·· 62
习题与实训 ·· 63

项目四 成本管理 ·· 75
任务一 成本性态分析 ·· 76
任务二 目标成本法 ·· 86
任务三 标准成本法 ·· 90
任务四 变动成本法 ·· 100
任务五 作业成本法 ·· 109
项目小结 ·· 116
习题与实训 ·· 117

项目五 营运管理 ·· 131
任务一 营运管理认知 ·· 132
任务二 本量利分析 ·· 137

任务三　边际分析 …………………………………………………………………… 142
　　　任务四　敏感性分析 ………………………………………………………………… 145
　　　任务五　内部转移定价 ……………………………………………………………… 147
　　　任务六　多维度盈利能力分析 ……………………………………………………… 151
　　项目小结 ……………………………………………………………………………… 153
　　习题与实训 …………………………………………………………………………… 155

项目六　投融资管理 ……………………………………………………………………… 167
　　　任务一　投融资管理认知 …………………………………………………………… 168
　　　任务二　贴现现金流法 ……………………………………………………………… 171
　　　任务三　项目管理 …………………………………………………………………… 178
　　　任务四　情景分析 …………………………………………………………………… 186
　　　任务五　约束资源优化 ……………………………………………………………… 188
　　项目小结 ……………………………………………………………………………… 190
　　习题与实训 …………………………………………………………………………… 191

项目七　绩效管理 ………………………………………………………………………… 201
　　　任务一　绩效管理认知 ……………………………………………………………… 202
　　　任务二　关键绩效指标法 …………………………………………………………… 209
　　　任务三　经济增加值法 ……………………………………………………………… 213
　　　任务四　平衡计分卡 ………………………………………………………………… 217
　　　任务五　绩效棱柱模型 ……………………………………………………………… 222
　　项目小结 ……………………………………………………………………………… 225
　　习题与实训 …………………………………………………………………………… 227

项目八　风险管理 ………………………………………………………………………… 233
　　　任务一　风险管理认知 ……………………………………………………………… 234
　　　任务二　风险矩阵 …………………………………………………………………… 238
　　　任务三　风险清单 …………………………………………………………………… 242
　　项目小结 ……………………………………………………………………………… 245
　　习题与实训 …………………………………………………………………………… 247

项目九　数字化时代的管理会计报告与管理会计信息系统 …………………………… 255
　　　任务一　管理会计报告 ……………………………………………………………… 256
　　　任务二　管理会计信息系统 ………………………………………………………… 266
　　项目小结 ……………………………………………………………………………… 272
　　习题与实训 …………………………………………………………………………… 273

附录　数字化管理会计实训指南（福斯特平台） ……………………………………… 279

项目一
管理会计概论

 学习目标

1. 知识目标
(1) 了解管理会计的形成与发展。
(2) 掌握管理会计的职能。
(3) 了解管理会计的工作程序。
(4) 熟悉管理会计与财务会计的关系。

2. 能力目标
(1) 具备管理会计工具应用能力、数据分析能力、财务决策能力及团队协作能力。
(2) 能够执行单位内部控制措施,执行内部控制检查流程。
(3) 能够激发创新思维、管理思维、商业思维。
(4) 具备条理清晰、层次分明的思辨能力和积极沟通、团队协作的创业意识。

 思政课堂

在中国,"会计"一词最初是以管理会计的面貌出现在世人面前的。司马迁《史记》记载:"自虞夏时,贡赋备矣。或言禹会诸侯江南,计功而崩,因葬焉,命曰会稽,会稽者,会计也。"可见诸侯议事的目的是论功行赏,即开展业绩评价,这显然是管理会计的范畴。早在封建社会,中国会计人就提出"计天下利"的理念。改革开放40多年来的市场经济体制建设,为我国会计界打开了广泛学习借鉴西方管理会计先进理论与实务的窗口,引进、吸收西方管理会计理论成为我国管理会计学界的主旋律。

马克思指出:经济越发展,会计越重要。在新的历史时期,人工智能、大数据等信息技术高速发展,中国会计人必须对管理会计进行大胆革新,以变求存,在挑战中抓住机遇,为我国企业决策提供有用信息,担负起历史的使命,助力经济腾飞。

 **情境导入**

北京京东世纪贸易有限公司(以下简称京东)是我国知名的综合网络零售商,旗下拥有在线销售家电、数码产品、计算机、家居百货、服装服饰等不同领域产品和服务,涉及数万个

品牌的约百万种产品。2014年5月,京东成功在美国纳斯达克挂牌上市。其成功的重要原因之一是基于价值链的全方位成本管理。京东基于价值链的全方位成本管理以先进的信息系统为基础,以即时库存管理为前提,以高效的物流体系为核心,通过"提高价值链效率"和"降低价值链各个环节的成本"两条曲线,将成本管理嵌入价值链的各个环节,采取有针对性的措施对价值链节点加以完善,全方位降低成本,实现企业战略目标。

思考:

(1) 什么是管理会计?

(2) 财务数字智能化背景下管理会计的创新点在哪里?

带着这些问题,让我们进入本项目的学习吧!

任务一　管理会计的形成、发展与数字化转型

一、管理会计的演进

(一) 管理会计在国外的发展阶段

西方管理会计的形成与发展大致可划分为以下两大阶段,在20世纪50年代以前,管理会计处于执行性管理会计阶段,20世纪50年代以后进入决策性管理会计阶段。

1. 执行性管理会计阶段

执行性管理会计是以泰勒的科学管理理论为基础形成的会计信息系统。

泰勒的科学管理理论产生于20世纪初。其核心是强调提高劳动生产效率,使企业将生产经营中一切可以避免的损失尽可能降到最低。为实现这个目标,它在管理上要求实行最完善的计算和监督制度,当时的企业在会计上主要通过科学地制定"标准成本",严格地进行"预算控制"和"差异分析"来实现。

2. 决策性管理会计阶段

(1) 管理控制与决策阶段(20世纪50年代以后至20世纪90年代)。第二次世界大战以后,资本主义世界进入战后发展时期,资本主义经济出现了许多新特点:一是现代科学技术突飞猛进并大规模应用于生产,使生产得到迅速发展;二是资本主义企业进一步集中,跨国公司大量出现,企业的规模越来越大,生产经营日趋复杂,新产品不断出现,企业外部的市场竞争激烈;三是通货膨胀,物价上涨,企业资金周转困难,利润率下降。这一时期,经济发展很快,在竞争中倒闭的企业也有很多。这些新的条件和环境使企业管理者逐步认识到,企业要发展就必须实现企业管理现代化。这主要包括两个方面的要求:一方面,要求企业的内部管理更加合理化、科学化;另一方面,要求企业具有灵活的反应能力和高度的适应能力,否则有可能在激烈的竞争中被淘汰。

第二次世界大战以后资本主义经济发展的新形势和要求,是风靡一时的泰勒科学管理理论无法适应的。因为,泰勒科学管理理论具有以下两个根本性缺陷:

第一,泰勒的科学管理理论着眼于对生产过程进行科学管理,把重点放在对生产过程的

个别环节、个别方面的高度标准化上,为尽可能提高生产和工作效率创造条件,但对企业管理的全局、企业与外部的关系则很少考虑。这种理论在当时的历史条件下是可行的,但在新的情况下就显得有些本末倒置。

第二,泰勒的科学管理理论不是把人当作具有主动性、创造性的人,而是把人当作机器的奴隶(附属品),强调只有管得严才能提高效率,使广大工人处于消极被动和极度紧张的状态,因而不可能取得应有的效果。

正是由于泰勒的科学管理理论有这两个根本性的缺陷,不能适应第二次世界大战以后资本主义经济发展的新形势和要求,它为现代管理科学所取代就成为历史的必然。

(2) 价值创造与决策阶段(20世纪90年代以后)。随着经济全球化和知识经济的发展,世界各国的经济联系和依赖程度日益增强,企业之间分工合作日趋频繁,准确把握市场定位和客户需求等尤为重要。在此背景下,管理会计越来越容易受到外部信息及非财务信息对决策相关性的冲击,企业内部组织结构的变化也迫使管理会计在管理控制方面有新的突破,需要从战略规划、经营决策、商业运营等各个层面掌握并有效利用所需的管理信息,为此管理会计以强调价值创造为核心,发展了一系列新的决策工具和管理工具。它是以决策会计和执行会计为主体,实现在提高资源利用效率基础上的净收益更大化,帮助企业管理者作出各种专门决策的一整套信息处理系统。

(二) 管理会计在我国的发展阶段

纵观我国管理会计的形成和发展,大体上可划分为以下三个阶段。

1. 执行性管理会计阶段

这一阶段是指中华人民共和国成立至20世纪80年代。由于当时我国生产力水平不高,从中华人民共和国成立起较长的一段时期,产品供不应求。在管理上,国家对整个国民经济实行权力高度集中化的管理,企业管理局限于生产领域,是一种典型的执行性管理,企业不需要研究市场的需求,也不需要考虑流通领域的问题(因为这些方面都由国家的各级行政机构包办)。在这种条件下,企业采取的许多措施都是为提高企业生产和工作效率服务的,如编制全面的生产财务计划和月度作业计划、建立流动资金归口分级管理、推行以班组核算为基础的厂内经济核算、开展经济活动分析等。这些措施都具有中国特色。虽然当时我国还没有使用"管理会计"这个名称,但这些措施都可看作是管理会计活动,总的来说,也是实行事前计划、事中控制和事后分析相结合,直接服务于企业管理的管理会计。基于当时的经济管理体制,会计的工作重点聚焦于怎样使企业能较好地执行上级下达的各项数量和质量指标,因而基本上也属于执行性管理会计。

2. 由执行性管理会计向决策性管理会计转变阶段

这一阶段主要是指20世纪80年代至2014年。我国管理会计发展的第二阶段以党的十一届三中全会为转折点,特别是党的十四大的召开,在理论和实践上都具有划时代的意义。党的十四大明确指出,我国要搞社会主义市场经济体制,实行政企分开,企业成为独立的商品生产者和经营者。与此相适应,国家的经济管理职能主要集中在研究大政方针、制定宏观发展规划、通过经济杠杆和经济立法等手段从国民经济的全局出发进行统一调节(着重采用间接形式进行调节)等方面。而企业的供、产、销、人、财、物则由企业自己管,由企业自行进行微观决策,企业的生产经营从过去单纯的执行性管理向决策性管理转变,自觉地把"正确地进行经营决策"放在首位。这样,就能创造出一种使人的创造力得以充分发挥,经济资源(物资、资金等)得以合理流动和最优组合、最优利用的环境与条件。与这种新的环境和条件相适应,在管理会计方面也就自然而然地要求管理会计由原有的执行性管理会计向决策性管理会计转变。在这一阶段里,广大会计工作者遵循"以我为主、博采众长、融合提炼、自成一家"的原则,认真总结我国管理会计的工作经验,创建出适合中国国情、具有中国特色的以决策性管理会计为主体的中国式的管理会计理论与方法体系,更好地加强企业内部经营管理,全面地提高企业经济效益和服务质量。

3. 中国特色管理会计体系建设阶段

这一阶段是指 2014 年以后,财政部在 2014 年 10 月发布了《关于全面推进管理会计体系建设的指导意见》(以下简称《指导意见》)。这是一份承载着我国会计改革与发展的重要方向的指导性文件。中国管理会计正以崭新的姿态改变传统会计世界,重构未来会计格局。《指导意见》的框架设计立足国情,借鉴国际,提出了理论、指引、人才、信息化加咨询服务"4+1"的管理会计有机发展模式,既发展中国特色管理会计理论,又形成能够科学指导实践操作的管理会计指引;既打造管理会计人才队伍,又提高管理会计信息化水平;既发挥单位在管理会计工作中的主体作用,又借助管理会计专业咨询服务机构的"外脑"作用,促进管理会计工作的全面开展。

(1) 推进管理会计理论体系建设是指推动加强管理会计基本理论、概念框架和工具方法研究。

(2) 推进管理会计指引体系建设是指形成以《管理会计基本指引》为统领、以《管理会计应用指引》为具体指导、以管理会计案例示范为补充的管理会计指引体系。

(3) 推进管理会计人才队伍建设是指推动建立管理会计人才能力框架,完善现行会计人才评价体系。

(4) 推进面向管理会计信息化建设是指指导单位建立面向管理会计的信息系统,以信息化手段为支撑,实现会计与业务活动的有机融合,推动管理会计功能的有效发挥。

《指导意见》还提出了具体的时间目标,即争取 3~5 年内,在全国培养出一批管理会计人才;力争通过 5~10 年的努力,基本形成中国特色的管理会计理论体系,基本建成管理会计指引体系,显著壮大管理会计人才队伍,显著提高管理会计信息化水平,逐渐繁荣管理会计咨询服务市场,使我国管理会计接近或达到世界先进水平。这一目标既脚踏实地、立足当下,又放眼未来、谋划长远,描绘了中国管理会计的未来发展前景,是指导我国开展管理会计工作的总体规划。

二、管理会计的转型

2012 年,我国首次提出"互联网+"的概念,之后信息技术在我国迅速发展,并影响了会计领域。人工智能、互联网涉及生活的方方面面,这就要求管理会计人员充分利用大数据来深入挖掘企业的价值,降低成本,提高管理效率,使企业利润最大化。同时,将管理会计中传统的计量方法与大数据、移动互联网相结合,形成"互联网+"模式,以实现新时代管理会计的创新。

在转型时期,企业的内外部环境正迫使企业寻找更为有效的财务模式。企业财务组织需要成为衔接企业战略、运营与绩效的桥梁和纽带,开展企业整体资源配置并进行准确衡量、全程控制和监督,以确保企业价值链的可持续发展,提升企业的综合竞争力。而这些要求正是管理会计服务的宗旨和致力追求的目标,管理会计是实施财务转型升级的重要工具。

财务转型最核心的是财务人员的转型。当前,财务管理人员创造价值的战场已经转移,战略决策支持和运营过程管理与控制才是最产生价值的领域。对于面临转型或正在转型的企业来说,培养高素质人才是一个主要挑战,管理会计人才队伍建设显得尤为迫切。

任务二 管理会计的基本理论

会计学是一门提供经济管理信息的管理科学,管理会计是会计学的一个分支。对于管理会计的概念,国内外学者的论述并不相同,有些学者认为管理会计是预测、决策会计,有些学者则认为管理会计是为企业内部提供决策信息的内部会计。

一、管理会计的定义

管理会计起源于成本管理,延伸到财务管理和预算管理,在 20 世纪初是非常有效的管理工具。大名鼎鼎的麦肯锡咨询公司的创始人是芝加哥大学会计学科的麦肯锡教授,他于 1924 年出版的《管理会计》,是该领域里出版较早的著作。麦肯锡教授用管理会计这门看家本领,创立了麦肯锡咨询公司。后来管理会计中又增加了绩效管理、内部控制、风险管理、决策支持等内容。许多管理会计工具实际上是会计界从其他专业领域借鉴而来的,由于管理会计发展的需要而被冠以"管理会计"的名称,如平衡计分卡、价值链、五力竞争分析、COSO 内控模型、关键绩效指标(key performance indicator,KPI)等。财政部于 2014 年印发的《指导意见》对管理会计进行了定义:管理会计是会计的重要分支,主要服务于单位(包括企业和行政事业单位)内部管理需要,是通过利用相关信息,有机融合财务与业务活动,在单位规划、决策、控制和评价等方面发挥重要作用的管理活动。

(一)国外会计学界对管理会计的定义

国外会计学界对管理会计的定义大致可以分为两个阶段:20 世纪 20 年代至 70 年代,国外会计学界一直认为管理会计是为企业内部管理者提供计划与控制所需信息的内部会计;20 世纪 80 年代以后,管理会计的定义扩大至广义会计的范畴。

1958 年,美国会计学会管理会计委员会对管理会计作出以下定义:管理会计是运用适当的技术和概念,处理企业的和计划的经济信息,以帮助管理人员制订合理的、能够实现经营目标的计划,以及为达到各项目标所进行的决策。

1966 年,美国会计学会出版的著作《基本会计理论》中对管理会计的定义为:管理会计是运用适当的技术和概念,对经济主体实际的和预计的经济数据进行处理,以帮助管理人员制订合理的经济目标,并为实现该目标而进行决策。

进入 20 世纪 70 年代以后,国外会计学界对管理会计的定义开始发生变化,出现了广义的管理会计概念。1986 年,美国全美会计师协会管理会计实务委员会对管理会计的基本定义为:管理会计是向管理当局提供用于企业内部计划、评价、控制及确保企业资源的合理使用和经管责任履行所需的财务信息,以及确认、计量、归集、分析、编报、解释和传递的过程。

管理会计还包括编制供股东、债权人、规章制定机构及税务当局等非管理集团使用的财务报表。1988年,国际会计师联合会(International Federation of Accountants,IFAC)将管理会计定义为:管理会计是在组织内部,对管理当局用于规划、评价和控制的信息(包括财务信息和经营信息)进行确认、计量、积累、分析、处理、解释和传输的过程,以确保资源的合理利用并承担相应的责任。1997年,美国著名管理会计学家罗伯特·S.卡普兰等四人合著的《管理会计(第6版)》中为管理会计所下的定义为:管理会计是一个为组织的员工和各级管理者提供财务和非财务信息的过程,这个过程受组织内部所有人员对信息的需求的驱动,并能引导他们作出各种经营和投资决策。1997年,美国管理会计师协会对管理会计所下的定义为:管理会计是提供价值增值,为企业规划设计、计量和管理财务与非财务信息系统的持续改进过程,通过此过程指导管理行动、激励管理行为,支持和创造达到组织战略、技术和经营目标所必需的文化价值。

通过上述定义的描述,我们能够发现管理会计的定义有以下几方面的变化:①管理会计服务主体的变化。管理会计是为组织服务的,并不是我们过去所认为的管理会计就是为企业服务的。②所使用的信息范围不断扩大。信息包括用于解释实际和计划的商业活动、经济环境,以及资产和负债的估价的因果关系所必需的货币性和非货币性信息,即不仅是财务信息,非财务信息(如经营信息)也是管理会计使用的信息。③服务对象扩大。服务对象不仅是内部经营管理者,也包括组织的员工,还包括债权人、税务当局等。④目标变化。管理会计的目标是提供价值增值,而不是以往我们所认为的企业利润最大化。

(二)国内会计学界对管理会计的定义

国内会计学界对于管理会计的内涵也存在着不同的观点。

李天民教授在其1984年编著的《管理会计》一书中认为,管理会计主要是通过一系列专门方法,利用财务会计提供的资料及其他有关资料进行整理、计算、对比和分析,使企业各级管理人员能据以对日常发生的一切经济活动进行控制,并帮助企业领导作出各种决策的一整套信息处理系统。

余绪缨教授(1999)认为,管理会计是为企业内部使用者提供管理信息的会计,它为使用者提供有助于正确进行经营决策和改善经营管理的相关资料,发挥会计信息的内部管理职能。

石人瑾教授(2003)认为,管理会计是会计与管理的直接结合,它是利用财务会计资料和其他资料,采用会计的、统计的和数学的方法,对未来的经营管理进行预测和决策,确定目标,编制计划(预算),在执行过程中加以控制和考核,目的是调动积极因素,取得最佳经济效益。

综合上述各类观点,本书认为:管理会计是会计科学与管理科学相结合的一门科学,它以管理科学为理论基础,以财务会计提供的会计资料为主要依据,同时兼顾其他经营活动的信息,通过规划、控制和组织等方式,为组织内部的经营管理提供决策支持,提高经济效益。

二、管理会计的内容

一般来说,管理会计的内容包括预测分析、决策分析、全面预算、成本控制、责任会计和业绩评价等方面。其中,预测分析和决策分析合并称为预测决策会计,全面预算和成本控制合并称为规划控制会计,责任会计和业绩评价合并称为责任与评价会计。

(一) 预测决策会计

预测决策会计主要是为企业预测前景和规划未来服务的。首先,利用相关信息对企业成本、销售、利润及资金等问题进行科学的预测决策分析。其次,按决策程序所确定的目标编制企业全面预算、企业整体计划的数量说明。最后,为规划和把握未来经济活动,将全面预算按照责任制的要求进行分解,形成各个责任中心的责任预算。预测决策会计主要包括预测分析、短期经营决策分析、长期投资决策分析、人力资源决策分析、决策实施的全面预算。预测决策会计可保证企业有效、合理地利用经济资源,获得最佳经济效益,在现代管理会计中占核心地位。

(二) 规划控制会计

规划控制会计主要是为企业控制和降低成本服务的。以作业成本系统为代表的成本管理会计是企业控制和降低成本的有效管理工具,通过分析作业的成本和效益,发现问题,并提出解决问题的方案,避免不增加价值的作业,降低企业成本,提高企业竞争力。规划控制会计主要包括作业成本计算与作业管理、本量利分析等。

(三) 责任与评价会计

责任与评价会计主要是为企业评价过去服务的。首先,利用标准成本制度,结合变动成本法,对企业的日常经济活动进行跟踪、归集、计算。其次,根据责任会计的要求,将各责任中心实际数额与预算数额进行比较分析,通过编制日常业绩报告、评价与考核责任中心,确定其经济责任和奖惩。最后,将分析过程中发现的重要问题立即反馈给有关部门,迅速采取有效措施,及时整改。

三、管理会计的职能

(一) 预测经济前景

预测是指采用科学的方法预计推测客观事物未来发展的必然性或可能性的行为。管理会计发挥预测经济前景的职能,就是按照企业未来的总目标和经营方针,充分考虑经济规律的作用和经济条件的约束,选择合理的量化模型,有目的地预计和推测企业未来的销售、利润、成本及资金的变动趋势和水平,为企业经营决策提供第一手信息。

(二) 参与经济决策

决策是指在充分考虑各种可能的前提下,按照客观规律的要求,通过一定程序对未来实践的方向、目标、原则和方法作出决定的过程。管理会计发挥参与经济决策的职能主要体现在根据企业决策目标搜集、整理有关信息资料,选择科学的方法计算有关长短期决策方案的评价指标,并作出正确的财务评价,最终筛选出最优的行动方案。

(三) 规划经营目标

管理会计规划经营目标的职能是通过编制各种计划和预算实现的。它要求在最终决策方案的基础上,将事先确定的有关经济目标分解落实到各有关预算中,从而合理有效地组织协调企业供、产、销及人、财、物之间的关系,并为控制和责任考核创造条件。

(四) 控制经济过程

管理会计发挥控制经济过程的职能,就是将经济过程的事前控制与事中控制有机地结合起来,通过事前确定科学可行的各种标准,根据执行过程中的实际与计划发生的偏差进行原因分析,并及时采取措施进行调整和改进,确保经济活动正常进行的过程。

(五) 考核评价经营业绩

管理会计履行考核评价经营业绩的职能,是通过建立责任会计制度来实现的,即在各部门、各单位及每个人均明确各自责任的前提下,逐级考核责任指标的执行情况,发现成绩和不足,从而为奖惩制度的实施和未来工作的改进措施的形成提供必要的依据。

四、管理会计的工具

管理会计的工具是实现管理会计目标的具体手段,是单位应用管理会计时所采用的战略地图、滚动预算管理、作业成本管理、本量利分析、平衡计分卡等模型、技术、流程的统称。管理会计的工具具有开放性,随着实践发展不断丰富完善。

(一) 管理会计工具的应用领域

管理会计工具的应用领域如表 1-1 所示。

表 1-1 管理会计工具的应用领域

应用领域	管理会计工具
战略管理	战略地图、价值链管理等
预算管理	全面预算管理、滚动预算管理、作业预算管理、零基预算管理、弹性预算管理等
成本管理	目标成本管理、标准成本管理、变动成本管理、作业成本管理、生命周期成本管理等
营运管理	本量利分析、敏感性分析、边际分析、标杆管理等
投融资管理	贴现现金流法、项目管理、资本成本分析等
绩效管理	关键指标法、经济增加值、平衡计分卡等
风险管理	单位风险管理框架、风险矩阵模型等

(二) 管理会计工具的分类

企业在应用管理会计时,应结合自身实际情况,根据管理特点和实践需要选择适用的管理会计的工具,并加强管理会计工具的系统化、集成化应用。

1. 通用型的管理会计工具

通用型的管理会计工具是用于对历史财务信息计量的技术方法,包括决策分析法、本量利分析法、作业成本法、标准成本法和产品成本专项管理法等。它们可以作为常规性的方法应用于各类型的企业管理会计信息业务评价中,具有一般性、常规性和普遍性等共性特征。

2. 专用型的管理会计工具

专用型的管理会计工具主要有全面预算管理、财务战略策划和财务资金计划等,主要是利用专门的预测方法、统计回归分析法、运营资本策划法、技术经济评价法等基本工具,对企业财务、战略、预算、人资等专门领域的财务管理活动的支持信息进行更加专业、精确的计量。其形成的会计信息路径具有专业化、定量化和数据化特征。

3. 管控型的管理会计工具

管控型的管理会计工具主要有基于业务管理信息的管理会计信息业务报告上下双向沟通方法、企业内部业务中心绩效考核评价方法和企业管理质量指数评价法等。企业利用业务信息系统、综合绩效计量指标体系与考评制度和企业社会责任贡献会计信息指数法，对各层次和各岗位的管理层及员工的工作成效和企业整体社会效益贡献度进行专业财务评价与会计职业判断，从总体质量控制角度客观衡量管理会计信息。其提供的会计信息具有协调性、激励性和互通性等特征。

4. 创新型的管理会计工具

创新型的管理会计工具主要是指利用"互联网+"、云计算、数据挖掘等现代信息技术平台提供更加科学化的外延性会计信息处理工具，如基于战略管理的平衡计分卡、基于环境改善的生态环境绩效评估法和基于企业社会责任的会计信息评价等。其基本职能是基于技术平台显著扩大管理会计信息的服务范围，丰富管理会计信息的内涵，为治理层的确立与提升基于管理会计信息的管理与控制的软实力提供充分支持。其信息提供具有方式多、数据量大、周期短、变化快等网络信息时代新特征。

任务三 管理会计与财务会计的关系

管理会计和财务会计是会计的两大重要分支，它们在企业的管理决策中发挥着至关重要的作用。为有效提升财务管理水平、全面提升经营管理能力以及实现经济效益最大化，企业必须对管理会计与财务会计有准确且充分的认识，并且将两者进行有效的融合与统一，从而为企业的决策创造更多的价值。

一、管理会计与财务会计的联系

（一）两者的最终目标一致

管理会计和财务会计共同服务于企业管理，其最终目标都是改善企业经营管理、提高企业的经济效益。财务会计具有反映和控制的职能，会计的基本方法也是内部控制的方法；管理会计直接为企业的管理服务。

（二）两者的资料来源基本相同

管理会计所需的许多资料来源于财务会计系统，它的主要工作内容是对财务会计信息进行深加工与再利用，因此受到财务会计工作质量的约束；而财务会计的发展与改革要充分考虑管理会计的要求，以扩大信息交换处理能力和兼容能力，避免不必要的重复和浪费。

（三）两者的主要指标相互渗透

财务会计提供的历史性资金、成本、利润等有关指标，是管理会计进行长、短期决策分析的重要依据；而管理会计所确定的计划，又是财务会计进行日常核算的目标。它们的主要指标体系和内容是一致的，尤其是企业内部的会计指标体系，更应该同步实施才能实现有效的控制和管理。

(四)两者在方法上相互补充

管理会计的方法主要是预测、决策、预算、控制和考核;财务会计的方法主要是核算、分析和检查。

二、管理会计与财务会计的区别

管理会计是为适应现代企业管理的需要,在明显突破原有会计领域的基础上建立起来的一门相对独立的会计学科。因此,管理会计与财务会计有许多区别。管理会计与财务会计的区别如表1-2所示。

表1-2 管理会计与财务会计的区别

项目	财务会计	管理会计
核算对象	主要以整个企业为核算对象,提供集中概括的财务成本信息,用于对全企业的财务状况和经营成果进行综合的评价与考核	主要以企业内部各个责任中心为核算对象,对它们日常工作的实绩和成果进行控制与考核;同时从整个企业的全局出发,认真考虑各项决策与计划之间的协调配合和综合平衡
核算程序	核算程序比较固定,有强制性,凭证、账簿、报表有固定格式	核算程序不固定,有自由选择,一般不涉及填制凭证和复式记账问题,报表没有固定的格式,可按管理需要自行设计
核算方法	主要采用设置账户、复式记账等会计方法	比较灵活,大量应用统计、数学等方法和大数据技术来确定最优方案
核算要求	力求准确	不要求绝对精确,一般只要求计算近似值
编表时间	定期编制(月、季、年)	有较大弹性,不固定,根据管理需要编制

三、数字化背景下管理会计的应用

管理会计是企业战略落地和精细化管理的重要影响因素,作为企业战略、业务、财务一体化最有效的工具,管理会计发展的核心动力来源于企业的管理需求。在日益严峻的经济压力下,企业对战略转型和精细化管理需求更加迫切,管理会计应用与实践日益广泛,在推动企业技术创新、管理创新、资源优化配置等方面发挥越来越重要的作用。

(一)管理会计在降低成本、提高利润方面的关键作用

企业自身是无法控制外部环境的,企业管理应着重从内部入手。世界各国企业出于对如何提高利润、降低成本的追求,都在大力应用管理会计。管理会计在加强成本管理与控制的基础上,比单纯的成本管理又先进了许多,主要为企业管理者们提供战略、战术、日常业务运营决策支持服务与绩效管理等。例如,管理会计可以解决下列问题:对产品线(或产品)的盈利分析,考查继续增加产量还是减少产量甚至停产;生产单位产品的边际利润的多少;对客户、销售渠道、市场区域等进行盈利分析,以确定营销策略;在保证公司预期利润的前提下,设计新产品并控制新产品目标成本;在现有产品生产中,逐步降低材料、人工等资源消耗成本,逐步改进生产流程,降低制造成本;设计一个良好的企业成本控制系统,逐步达到行业最佳水平;从产品的全生命周期与价值链流程考虑如何精确地报价与定价;考虑如何从战略

高度来降低总成本,而不仅仅是制造成本;评判公司各部门业绩优异,确定部门业绩改进方案。

(二)新技术充实了管理会计的新内涵,进一步促进了管理会计的应用

云计算、大数据、移动互联等新技术正在推动企业信息化进入新阶段。互联网正在改造或颠覆一个又一个传统企业,新技术与管理创新的融合为管理会计注入新的活力,丰富了其内涵。云计算推动了财务职能的转型,为财务管理提供了诸多工具和手段,例如,财务共享服务,促进了财务体系的再设计,为财务转型提供了数据基础、管理基础和组织基础。大数据技术则扩展了管理会计的数据范围。过去,企业大多只能使用内部数据,而现在通过互联网可以对外部大数据进行采集处理。由此,通过"对标"对企业定额、项目造价、经营预测等的合理性评估变得更加可行。此外,基于互联网的新管理工具和新业务模式,也使财务参与业务活动和决策变得更加容易,内控更加有效。全价值链活动的"三流合一"在互联网时代真正成为可能。互联网时代"去中心化"使传统组织结构向倒金字塔式转变,实现了以客户为中心的全员决策、实时决策,充分发挥管理会计的价值。

总的来说,云计算、大数据等新技术为管理会计深化应用提供了新路径、新工具和新方法。从精细到互联,集聚企业智慧,是管理会计发展的新趋势。

四、财务数字化转型给管理会计人才培养带来的挑战和机遇

从新时代、新业务对财务的新要求来看,财务转型是必经的过程,业财融合、管理会计及数字化是财务转型的重要手段和方式。财务转型成功的关键不在财务工作,而在于用全局眼光、敏锐的思维参与企业的战略管理,管理好报表背后的价值驱动因素。从时空维度来看,财务要从事后的记录转向事前的预判和决策。从职能角度而言,财务人员要从"数据分析者"转向"经营预报者",提供决策支持。

面向未来的会计职能变化如图1-1所示。

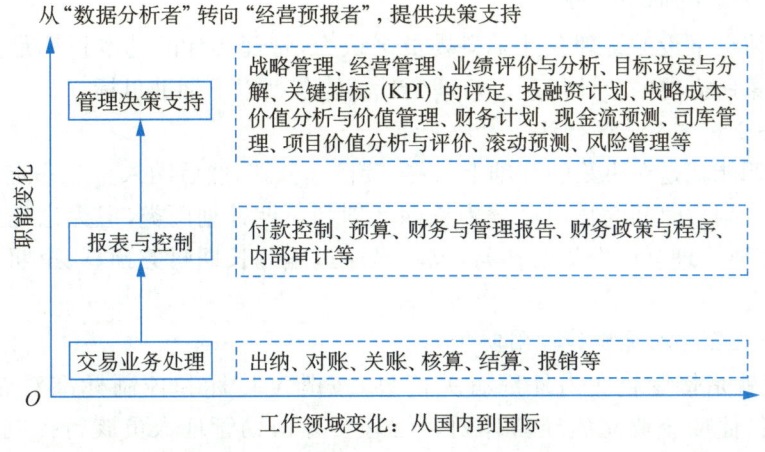

图1-1 面向未来的会计职能变化

在全球数字化浪潮大背景下,数据逐步融入产业创新和升级的各个环节,数字化正在成为中国经济的新增长点与新动能。财务数字化转型的精髓就是"融合"。只有数字化、智能

化与财务业务场景充分融合,才能开启管理会计新世界,将企业业务、财务场景和数字化技术相融合,重塑企业组织和流程,构建新的财务管理模式的"智慧财务",汇经营于数据,蕴管控于服务,控风险于智能,落战略于价值。财务人员应洞察企业未来发展方向,根据当前局势及趋势变化,推动企业战略发展,持续推进战略落地,实现企业的可持续健康发展,为企业创造更多价值。

任务四　管理会计目标与管理会计师职业道德

一、管理会计的目标

管理会计的目标是在一定的经营环境下,通过管理会计实践活动所达到的预期结果。这是管理会计工作的定向机制,也是事后评价管理会计工作绩效的判断标准,以此为基础才能建立起管理会计的原则和方法体系。

管理会计目标的确定需要同时考虑以下两个主要因素:一是需要,即需要管理会计干什么;二是实现的可能,即管理会计能够干什么。

任何人类活动的目标实际上都是由"需要"转化而来的,管理会计的目标也不例外。它是企业及其管理者作出正确决策、加强内部管理、提高经济效益这些需要在管理会计实践活动中的具体体现。但是,这些需要并不一定都转化为管理会计的目标,或者说全部由管理会计来满足,而是应经过管理会计基本特征的"过滤",或者说能够由管理会计来满足的,才能转化为管理会计的目标。因此,管理会计目标是由"需要"和"实现的可能"这两个因素共同决定的。

(一) 管理会计的辅助目标

美国会计协会下设的管理会计学科委员会认为,管理会计的基本目标是向企业管理人员提供经营决策所需要的会计信息。管理会计具体包括以下辅助目标。

1. 协助企业管理人员履行计划管理职能

计划管理职能就是在决策的基础上,将决策目标分解,然后纳入企业一定期间的经营计划。企业经营计划按时间的长短可分为长期计划和短期计划两类,但无论是长期计划还是短期计划,均需要管理会计人员的参与,也就是通过编制长期财务预算、短期财务预算与经营计划进行配合。

2. 协助企业管理人员履行控制职能

控制职能就是接受企业内外部有关信息,按既定目标和控制标准对企业经营活动进行有效控制,促使企业完成经营计划。管理会计协助管理人员履行控制职能,能够正确反映企业各项业务活动的执行信息,及时掌握偏离计划的程度,并对差异产生的原因和责任进行分析。

3. 协助企业管理人员履行组织职能

组织职能是企业管理人员根据环境的变化,按照企业目标的要求,在企业内部进行合理的分工与协作,设置适当机构、配备适当人员、授予适当权力,以有效地进行组织配置和合理利用人、财、物等资源。管理会计主要通过建立一套有效的信息传递和报告制度、工作业绩考评制度,来提高企业的组织效率。

4. 协助企业管理人员履行经营管理职能

经营管理的核心在于决策,管理会计需向决策者提供决策相关的会计信息,以利于决策者作出正确的判断。

(二) 管理会计的总目标

我国学者认为,管理会计的总目标是协助企业管理者作出有关改善企业经营管理、提高经济效益和满足社会需要的决策。具体目标包括四个方面:确定各项经济目标、合理使用经济资源、调节控制经济活动和考核评价经济业绩。

二、管理会计师职业道德

管理会计师在为企业管理者提供经营决策信息实现企业价值最大化的同时,必须遵守法律和职业道德规范。

我国在管理会计师职业道德方面不断推进和完善。为推进会计诚信体系建设、提高会计人员职业道德水平,财政部于2023年1月制定印发了《会计人员职业道德规范》,这是我国首次制定全国性的会计人员职业道德规范。规范中将新时代会计人员职业道德要求总结提炼为三条核心表述,即"坚持诚信,守法奉公""坚持准则,守责敬业""坚持学习,守正创新"。

1. 坚持诚信,守法奉公

牢固树立诚信理念,以诚立身、以信立业、严于律己、心存敬畏。学法知法守法,公私分明,克己奉公,树立良好职业形象,维护会计行业声誉。

2. 坚持准则,守责敬业

严格执行准则制度,保证会计信息真实完整。勤勉尽责、爱岗敬业,忠于职守、敢于斗争,自觉抵制会计造假行为,维护国家财经纪律和经济秩序。

3. 坚持学习,守正创新

始终秉持专业精神,勤于学习、锐意进取,持续提升会计专业能力。不断适应新形势新要求,与时俱进、开拓创新,努力推动会计事业高质量发展。

在应用职业道德规范时,管理会计师可能会面临如何识别违反职业道德的行为及怎样解决违反职业道德的问题。在这种情况下,管理会计师应遵循其组织制定的有关解决这些问题的政策。如果这些政策无法解决职业道德问题,管理会计师应考虑采取以下措施:与直接上级商讨这些问题,如果直接上级与这些问题有牵涉,应在一开始就把问题提交更高一层主管。如果直接上级是首席执行官或同级别管理层,则可以接受的评估方可能是一个团体,如审计委员会、执行委员会、董事会、理事会或业主。如果直接上级与该问题无牵涉,则应在直接上级知情的情况下,向更高一级主管汇报。除非问题明显违反法律,否则就这些问题与组织之外(非服务于组织)的权威人士或个人进行沟通被认为是不合适的。

 **项目小结**

　　本项目主要介绍了管理会计的形成和发展过程,管理会计与财务会计的关系,管理会计的定义和职能、内容和任务,管理会计目标与管理会计师职业道德。管理会计是多种学科相互渗透的结合体,具有很强的综合性。与财务会计相比,管理会计具有侧重于为企业内部管理服务、重点在于规划未来、兼顾企业生产经营的全部和局部、不受会计准则的制约、更多地运用现代管理决策与数学方法等特点。管理会计的发展,促进了其向职业化深入演进。

习题与实训

任务一 管理会计的形成与发展

一、判断题
1. 管理会计最早起源于19世纪初。( )
2. 我国从20世纪70年代末开始学习发达国家的管理会计理论。( )
3. 管理会计主要服务于单位内部,所以管理会计也被称为内部会计。( )
4. 社会生产力的进步、市场经济的繁荣及其对经营管理的客观要求,是导致管理会计形成与发展的内在原因。( )
5. 管理会计只利用财务会计提供的相关信息,进行事前的分析和预测、事中的控制及事后的评价。( )

二、单项选择题
1. 管理会计的萌芽可以追溯到( )。
   A. 19世纪初　　　　B. 19世纪中叶　　　　C. 20世纪初　　　　D. 20世纪中叶
2. 财政部于( )年印发《关于全面推进管理会计体系建设的指导意见》。
   A. 2013　　　　　　B. 2014　　　　　　　C. 2015　　　　　　D. 2016
3. 提出我国要大力发展管理会计的会议是( )。
   A. 党的十八届一中全会　　　　　　　　B. 党的十八届二中全会
   C. 党的十八届三中全会　　　　　　　　D. 党的十八届四中全会
4. ( )的发布,拉开了我国管理会计体系建设的序幕。
   A. 《企业会计准则》　　　　　　　　　B. 《政府会计准则》
   C. 《企业产品成本核算制度》　　　　　D. 新修订的《会计法》
5. 下列各项中,不属于管理会计指引体系的是( )。
   A. 基本指引　　　　B. 应用指引　　　　　C. 基本准则　　　　D. 案例库

三、多项选择题
1. 管理会计理论在我国的发展包括( )阶段。
   A. 宣传介绍　　　　B. 吸收消化　　　　　C. 改革创新　　　　D. 全面推广
2. 2016年财政部制定并发布《会计改革与发展"十三五"规划纲要》,明确了推进管理会计广泛应用的具体任务,包括( )。
   A. 加强管理会计指引体系建设　　　　　B. 推进管理会计广泛应用
   C. 提升会计工作管理效能　　　　　　　D. 归集整理管理会计案例库
3. 现代管理会计的主要特点包括( )。
   A. 面向未来　　　　　　　　　　　　　B. 广泛应用教学方法

C. 方法更为灵活多样 D. 侧重于为企业内部经营管理服务

4. 下列各项中,属于现代管理会计特点的有( )。
   A. 侧重于为企业内部的经营管理服务 B. 方式方法灵活多样
   C. 兼顾企业生产经营的全局和局部两个方面 D. 面向未来、广泛应用教学方法

5. 下列各项中,论述正确的有( )。
   A. 管理会计的发展经历了执行性管理会计和决策管理会计两个阶段
   B. 决策性管理会计是以科学管理学说为基础形成的
   C. 管理会计广泛地运用现代数学方法
   D. 管理会计是从企业的全局出发来考虑、观察和处理问题的

四、简答题

1. 如何理解管理会计?
2. 简述管理会计的形成与发展。

任务二 管理会计的基本理论

一、判断题

1. 管理会计应用环境是单位应用管理会计的核心。 ( )
2. 管理会计指引体系是在管理会计理论研究成果的基础上形成的可操作的系列标准。 ( )
3. 管理会计的应用应以企业价值最大化为导向,以持续创造价值为核心,促进单位可持续发展。 ( )
4. 管理会计的应用主体可以是单位整体,也可以是单位内部的责任中心。 ( )
5. 战略管理领域应用的管理会计工具方法包括但不限于战略地图、价值链管理等。 ( )

二、单项选择题

1. 管理会计起源于西方的( )。
   A. 资金管理 B. 成本管理 C. 预算管理 D. 绩效管理
2. 管理会计在我国应用的最早领域是( )。
   A. 资金管理 B. 成本管理 C. 预算管理 D. 绩效管理
3. 下列各项中,属于管理会计内部环境的是( )。
   A. 价值创造模式 B. 法律环境 C. 文化环境 D. 经济环境
4. 明确我国管理会计概念框架的法律法规是( )。
   A.《会计法》 B.《企业会计准则》
   C.《管理会计基本指引》 D.《管理会计应用指引》
5. 管理会计实施的基本条件是( )。
   A. 管理会计工具和方法 B. 管理会计应用环境
   C. 管理会计信息与报告 D. 管理会计活动

三、多项选择题

1. 下列各项中,属于管理会计要素的有( )。
   A. 应用环境 B. 管理会计活动 C. 工具方法 D. 信息与报告

2. 单位应用管理会计,应当遵循的原则包括(   )。
   A. 战略导向原则   B. 融合性原则   C. 适应性原则   D. 成本效益原则
3. 下列各项中,属于绩效管理工具和方法的有(   )。
   A. 关键指标法   B. 经济增加值   C. 平衡计分卡   D. 贴现现金流法
4. 单位应将管理会计活动嵌入(   )等环节,形成完整的管理会计闭环。
   A. 规划   B. 决策   C. 控制   D. 评价
5. 下列各项中,属于管理会计内部环境的有(   )。
   A. 价值创造模式   B. 组织架构   C. 管理模式   D. 技术
6. 下列管理会计工具方法中,早已经在我国实践的有(   )。
   A. 资金成本归口分级管理   B. 成本性态分析
   C. 全面预算管理   D. 平衡计分卡

四、简答题

1. 管理会计的职能是什么?
2. 管理会计的工具有哪些?

任务三　管理会计与财务会计的关系

一、判断题

1. 财务会计通常被称为对外会计,管理会计被称为对内会计。(   )
2. 管理会计只适用于企业单位,不适用于行政事业单位。(   )
3. 管理会计强调财务活动和业务活动的有机融合。(   )
4. 管理会计编制报告的时间只能以年为单位进行编制。(   )
5. 管理会计没有固定核算程序。(   )

二、单项选择题

1. 下列各项中,与传统的财务会计概念相对立而存在的是(   )。
   A. 现代会计   B. 企业会计   C. 管理会计   D. 行业会计
2. 会计中涉及企业内部管理的部分被称为(   )。
   A. 财务会计   B. 对外报告会计
   C. 管理会计   D. 会计核算
3. 从服务对象来看,管理会计侧重服务于(   )。
   A. 企业的投资人   B. 企业的债权人
   C. 企业的内部各级经营管理者   D. 以上皆是
4. 管理会计与财务会计的联系表现在(   )。
   A. 核算对象相同   B. 信息特征相似
   C. 基本信息同源   D. 均须负法律责任
5. 管理会计又称内部会计,是因为它与财务会计的(   )。
   A. 最终奋斗目标不同   B. 工作的具体目标不同
   C. 工作主体的层次不同   D. 工作程序不同

三、多项选择题

1. 与传统的财务会计相比,现代管理会计有许多特殊之处,其中包括(　　)。
   A. 不仅分析过去,项目控制现在,更看重规划未来
   B. 不过分强调客观性、完整性和精确性
   C. 方法灵活多样,但缺乏规范性,程序性较差
   D. 把为企业内部管理服务作为最终奋斗目标
2. 财务会计与管理会计的主要区别包括(　　)。
   A. 工作的侧重点不同　　　　　　　B. 工作主体的层次不同
   C. 作用时效不同　　　　　　　　　D. 遵循的原则、标准不同
3. 管理会计在实际工作的运用及与财务会计的有机结合主要包括(　　)。
   A. 成本管理　　　　　　　　　　　B. 全面预算管理
   C. 区域管理模式　　　　　　　　　D. 经营管理

四、简答题

简述管理会计与财务会计的联系与区别?

任务四　管理会计目标与管理会计师职业道德

一、判断题

1. 管理会计作为社会经济活动中的一种特殊职业,其职业道德具有其自身的特点。(　　)
2. 管理会计具有职业性、实践性、与公众利益的符合性特征。(　　)
3. 管理会计职业道德是会计法律法规的重要补充。(　　)
4. 会计法律制度体系和管理会计职业道德体系所要达到的目的是不同的。(　　)
5. 管理会计职业道德是国家法律体系的一部分,具有强制性,代表的是国家意志。(　　)
6. 管理会计职业道德可以形成文字,也可以不形成文字,是一种思想深处的自律意识。(　　)
7. 诚实守信是做人的基本准则,是人们在古往今来的交往中产生的最根本的道德规范,也是会计职业道德的精髓。(　　)
8. 客观公正要求管理会计人员端正态度,依法办事,实事求是,不偏不倚,保持应有的独立性。(　　)
9. 管理会计师应具备专业能力、规划能力和决策能力。(　　)
10. 管理会计师应最大限度地利用管理会计工具,提供深入有效的管理支持。(　　)

二、单项选择题

1. 下列各项中,不属于管理会计职业道德与会计法律制度的区别的是(　　)。
   A. 两者目的不同　　　　　　　　　B. 两者性质不同
   C. 两者作用范围不同　　　　　　　D. 两者表现形式不同
2. 下列各项中,表述不正确的是(　　)。
   A. 会计法律制度具有强制性,而管理会计职业道德具有自律性
   B. 会计法律制度具有明确的法律条款,而管理会计职业道德是一种思想深处的自律意识

C. 管理会计职业道德是对管理会计人员的最低要求,而会计法律制度是最高要求

D. 管理会计职业道德以会计法律制度为基础

3. 下列各项中,关于管理会计职业道德的作用表述不正确的是(　　)。

A. 管理会计职业道德是规范管理会计师行为的基础

B. 管理会计职业道德是指导管理会计师行为的方向

C. 管理会计职业道德通常属于道德规范在具体职业领域的表现

D. 管理会计职业道德属于法律制度的范畴

4. 作为管理会计师,应具备相应的能力并不断地提高自己的能力,这里的"能力"不包括(　　)。

A. 专业能力　　　　　　　　　　　B. 职业技能

C. 对业务、行业和宏观政策的把握能力　D. 团队创新能力

5. 管理会计在决策支持、战略支持等方面,主要从事的工作是(　　)。

A. 控制工作　　　B. 核算工作　　　C. 服务工作　　　D. 预算工作

6. 管理会计师除了专业能力和职业能力,还需要学习和关注相关知识和信息。下列各项中,不属于管理会计师学习和关注的相关领域的是(　　)。

A. 对业务的深度认知　　　　　　　B. 对行业的深度认知

C. 对宏观环境政策的深度认知　　　D. 对微观环境政策的深度认知

三、多项选择题

1. 下列各项中,属于管理会计职业道德特征的有(　　)。

A. 具有职业性和实践性　　　　　　B. 具有与公众利益的符合性

C. 具有多样性　　　　　　　　　　D. 具有超前性

2. 下列各项中,属于管理会计职业道德的有(　　)。

A. 诚信从业　　　B. 客观公正　　　C. 保守秘密　　　D. 廉洁自律

3. 作为管理会计师,必须有充足的专业技能准备,这里的专业技能包括(　　)。

A. 熟悉法律法规、财税法规及规则

B. 具备管理能力,利用财务的工具和思维参与企业管理

C. 战略决策支持、投融资支持与管理

D. 计划、总结能力

4. 廉洁自律,要求管理会计人员(　　)。

A. 公私分明　　　B. 不贪不占　　　C. 遵纪守法　　　D. 清正廉洁

5. 下列各项中,关于管理会计职业道德的作用表述不正确的有(　　)。

A. 管理会计职业道德是管理会计师所遵循的法律保障

B. 管理会计职业道德是社会道德价值观的重要组成部分

C. 管理会计职业道德通常属于道德规范在会计职业领域中的表现

D. 管理会计职业道德属于法律制度的范畴

四、实训题

(一)实训目的

通过案例分析,掌握管理会计人员应具备的职业道德。

(二)实训资料

新时代集团是一家上市公司,主要从事药品的生产和销售。为了贯彻落实《财政部关于

全面推进管理会计体系建设的指导意见》,公司组织全体中层管理人员进行管理会计知识培训。培训完成后,为了加强管理会计职业道德建设,更好地落实管理会计各种工具和方法的应用,促进管理会计各项工作顺利开展,公司专门为会计人员举行了一次务虚会,请大家谈谈对管理会计建设及管理会计职业道德的认识。现将主要观点摘录如下:

(1) 关于管理会计职业道德与会计职业道德关系的问题。A观点认为,国家已经颁布的会计职业道德既适用于会计人员,又适用于注册会计师,还适用于管理会计人员。也就是说,会计职业道德包括管理会计职业道德,没有必要再另设一套内容。

(2) 关于管理会计职业道德规范的问题。B观点认为,管理会计主要为企业、事业单位内部的管理服务,不存在也没有必要遵守诚实守信原则。

(3) 关于管理会计职业技能的问题。C观点认为,管理会计师要有观点,并且敢于坚持正确的观点。

(4) 关于管理会计职业道德廉洁自律的问题。D观点认为,管理会计人员只要不行贿、不利用职务之便来谋取私利就行了。

(5) 关于管理会计职业道德教育建设、组织和实施的问题。E观点认为,管理会计职业道德教育建设、组织目前处于无人监管状态,实施起来非常难。

(三) 实训要求

从管理会计建设或管理会计职业道德建设角度出发,分别分析判断这五种观点是否正确,并简要说明正确或错误的理由。

项目二
战略管理

学习目标

1. 知识目标
(1) 熟悉和理解企业战略、战略管理的定义。
(2) 掌握企业战略的层次。
(3) 熟悉战略管理的原则。
(4) 熟悉战略管理的基本程序。
(5) 熟悉战略地图及其绘制方法。

2. 能力目标
(1) 熟练使用战略管理技术及工具,充分认识到战略管理的重要性。
(2) 激发创新意识,提升逻辑思维、战略思维和全局思维,提升分析、解决企业实际问题的能力。
(3) 提升职业技能和文化认同感。

思政课堂

19世纪初,"现代战略研究之父"、德国战争史学家卡尔·冯·克劳塞维茨将战略定义为:战略是为了达到战争目的而对战斗的运用。随着人类社会的进步和发展,"战略"一词被广泛应用于各个领域,当人们把军事战略思想运用到公司的经营管理之中,就产生了公司战略管理。华为技术有限公司(以下简称华为)通过引进IBM的BLM(业务领先模型),实现了商业的持续成功与管理思维的精进,成为全球领先的电信设备提供商;腾讯科技(深圳)有限公司将战略贯穿于企业发展的始终,凭借出色的战略谋划能力,在互联网时代的风口下不断更新迭代、高速成长,成为全球领先的社交服务公司;阿里巴巴(中国)有限公司以"让天下没有难做的生意"为使命,构建未来的商业基础设施,成为中国领先的电商公司。这充分表明战略管理无处不在,且极为重要。

当下新时代,社会环境日新月异。对社会的每个组织来说,只有重视战略、制定战略、应用战略,才能不断适应时代的变化,永远立于不败之地。

情境导入

在VUCA(volatility,uncertainty,complexity,ambiguity的缩写)时代背景下,企业如何确定符合产业发展趋势、市场需求及自身实际的战略规划,并且通过企业核心团队不断地自我变革、最大限度地将战略规划落地,而不只是停留在口号上呢?

任正非在2017年华为战略务虚会上简明扼要地提出企业取得成功的关键在于方向要大致正确,组织要充满活力。然而,现实情况却非常严峻。据美国哈佛大学调查显示,在世界500强企业名单中,每隔10年,就会有超过1/3的企业从这个名单中消失,或是陷入困境,或是破产。经分析,企业经营失败的原因,30%可以归咎于战略制定的问题,而有70%在于战略执行不到位。

华为自从2002年小灵通战略失误事件之后,经历了十多年的发展,几乎没有出现任何重大战略失误,并且基本上成功抓住了大的战略机会点。华为自2002年引入美世公司的VDBD模型开始,2004年引入战略地图解码工作坊,2006年又引入IBM公司的BLM业务领先模型,后来又导入BEM业务战略执行力模型。经过多年的内化和实践,华为逐步完善了业务领先战略模型,使其成为全公司中高层用于战略制定与执行连接的方法与平台。

思考:

(1)什么是战略管理?

(2)究竟是什么让华为的战略规划和战略落地能力如此强大?

带着这些问题,让我们进入本项目的学习吧!

任务一 战略管理认知

一、战略概述

(一)战略与企业战略

"战略"一词主要源于军事,它是指军事家们对战争全局的规划和指挥,或指导重大军事活动的方针、政策与方法。随着生产力水平的不断提高和社会实践内涵的不断丰富,"战略"一词逐渐被人们广泛地运用于军事以外的其他领域,从而给"战略"一词增添了许多新的含义。1962年,美国学者钱德勒在其《战略与结构》一书中,将战略定义为"确定企业基本长期目标、选择行动途径和为实现这些目标进行资源分配"。这标志着"战略"一词被正式引入企业经营管理领域,由此形成了企业战略的概念。美国哈佛大学教授波特认为,战略是公司为之奋斗的一些终点与公司为达到它们而寻求的途径的结合物。1998年,美国学者汤普森指出,战略既是预先性的(预谋战略),又是反应性的(适应性战略)。换言之,战略制定的任务包括制订一个策略计划,即预谋战略,然后随着事情的进展不断对其进行调整。一个实际的战略是管理者在公司内外各种情况不断暴露的过程中不断规划和再规划的结果。可以看出,许多学者和企业高层管理者都曾经赋予战略不同的含义。

我国《管理会计应用指引第 100 号——战略管理》指出,战略是指企业从全局考虑作出的长远性的谋划。在当今瞬息万变的环境里,企业战略意味着企业要采取主动态势预测未来,影响变化,而不仅是被动地对变化作出反应。企业只有在变化中不断调整战略,保持健康的发展活力,并将这种活力转变成惯性,通过有效的战略不断表达出来,才能获得并持续强化竞争优势,构筑企业的成功。

(二) 企业战略的层次

企业战略一般分为三个层次,包括选择可竞争的经营领域的总体战略、某经营领域具体竞争策略的业务单位战略和涉及各职能部门的职能战略。企业战略结构层次如图 2-1 所示。

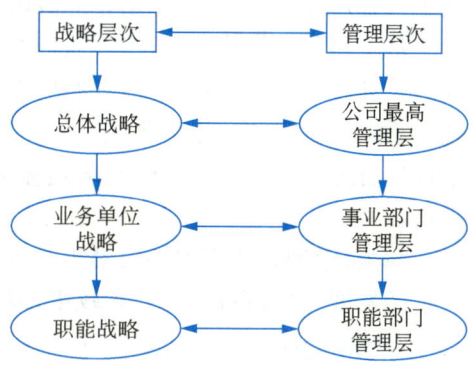

图 2-1 企业战略结构层次

1. 总体战略

总体战略又称公司层战略。在大中型企业里,特别是多元经营的企业里,总体战略是企业最高层次的战略。它需要根据企业的目标,选择企业可以竞争的经营领域,合理配置企业经营所必需的资源,使各项经营业务相互支持、相互协调。

公司层战略常常涉及整个企业的财务结构、组织结构等方面的问题。

2. 业务单位战略

业务单位战略又称竞争战略,它涉及各业务单位的主管及辅助人员。这些经理人员的主要任务是将公司层战略所包括的企业目标、发展方向和措施具体化,形成本业务单位具体的竞争与经营战略。业务单位战略要针对不断变化的外部环境,在各自的经营领域中有效竞争。为了保证企业的竞争优势,各经营单位要有效地控制资源的分配和使用。

对于单一业务的公司来说,总体战略和业务单位战略只有一个,即合二为一;只有对业务多元化的公司来说,总体战略和业务单位战略的区分才具有实际意义。

3. 职能战略

职能战略又称职能层战略,它主要涉及企业内各职能部门,如营销、财务、生产、研发、人力资源、信息技术等。它考虑如何更好地配置企业内部资源,为各级战略服务,提高组织效率。

各职能部门的主要任务不同,关键变量也不同,即使在同一职能部门里,关键变量的重要性也因经营条件不同而有所变化,因而难以归纳出一般性的职能战略。

在职能战略中,协同作用具有非常重要的意义。这种协同作用先体现在单个职能中各种活动的协调性与一致性,然后体现在各个不同职能战略和业务流程或活动之间的协调性与一致性。

三个层次的战略都是企业战略管理的重要组成部分,但侧重点和影响的范围有所不同。

二、战略管理概述

(一) 战略管理的含义

"战略管理"一词是由安索夫在其于 1976 年出版的《从战略规划到战略管理》一书中首

先提出来的。1979年，安索夫又出版了《战略管理》一书。书中他提出，战略管理是指将企业的日常业务决策同长期计划决策相结合而形成的一系列经营管理业务。1982年，美国学者斯坦纳在其《企业政策与战略》一书中则认为，战略管理是根据企业外部环境和内部条件确定企业目标，保证目标的正确落实并使企业使命最终得以实现的一个动态过程。此外，一些学者和企业家也对战略管理提出了各种见解。有人认为，战略管理是企业处理自身和环境关系过程中实现其使命的管理过程。还有人提出，战略管理是决定企业长期表现的一系列重大管理决策和行动，包括企业战略的制定、实施、评价和控制。

从上述关于战略管理含义的各种表述中可以看出，战略管理是一种区别于传统职能管理的管理方式。这种管理方式的基本内容在于企业战略指导企业的一切活动，企业战略管理的重点是制定和实施企业战略。制定和实施企业战略的关键是对企业的外部环境和内部条件进行分析，并在此基础上确定企业的使命和战略目标，使它们之间形成并保持动态平衡。

我国《管理会计应用指引第100号——战略管理》中指出，战略管理是指对企业全局的、长远的发展方向、目标、任务和政策，以及资源配置作出决策和管理的过程。

（二）战略管理的特征

1. 战略管理是企业的综合性管理

战略管理为企业的发展指明基本方向和前进道路，是各项管理活动的精髓。战略管理的对象不仅包括研究开发、生产、人力资源、财务、市场营销等具体职能，而且包括统领各项职能层战略的竞争层战略和公司层战略。战略管理是一项涉及企业所有管理部门、业务单位及所有相关因素的管理活动。

2. 战略管理是企业的高层次管理

战略管理的核心是对企业现在及未来的整体经营活动进行规划和管理，它是一种关系到企业长远生存发展的管理。战略管理企求的不仅仅是眼前财富的积累，更是企业长期健康稳定的发展和长久的竞争力。与企业的日常管理和职能管理不同，战略管理必须由企业的高层领导来推动和实施。

3. 战略管理是企业的动态性管理

战略管理的目的是依据企业内部条件和外部因素制定并实施战略决策和战略方案，以实现战略目标。而企业的内外部条件和因素总是不断变化的，战略管理必须及时了解、研究和应对变化情况，对战略进行必要的修正，确保战略目标的实现。因此，企业战略管理活动应具有动态性，即能够适应企业内外部各种条件和因素的变化，进行适当调整或变更。

4. 战略管理是企业的效能性管理

企业的一般职能管理重在提高效率，即提高企业实际产出与实际投入的比率。而战略管理重在改进管理的职能，即提高企业实际产出达到期望产出的程度。企业职能部门考虑的主要是如何正确地执行任务以提高效率，而战略管理部门考虑的主要是企业发展的方向、目标和途径，做正确的事以改进效能。

（三）战略管理的原则

从战略管理的内涵和特征可以看出，战略管理是一个包括方向选择、目标确定、战略规划，以及战略落实和最终战略评价等多方面的内在的动态过程。企业进行战略管理，一般应遵循以下原则。

1. 目标可行原则

目标可行原则是指企业战略目标的设定，应具有一定的前瞻性和适当的挑战性，使战略目标通过一定的努力可以实现，并能够使长期目标与短期目标有效衔接。

2. 资源匹配原则

资源匹配原则是指企业应有与战略目标相匹配的资源配置，且企业高层管理者应根据各业务部门与战略目标的匹配程度进行资源配置。在操作中的具体要求包括：一是要从内外调度与筹集充足的资源；二是要统筹规划，保证各业务部门在战略执行过程中拥有与战略目标相匹配的充足资源。

3. 责任落实原则

责任落实原则是指企业应将战略目标落实到具体的责任中心和责任人，构成不同层级彼此相连的战略目标责任圈。在操作中的具体要求包括：一是要清晰描述责任者；二是将战略目标可以分解成各责任者达成目标的关键性指标予以考核。

4. 协同管理原则

协同管理原则是指企业应以实现战略目标为核心，考虑不同责任中心业务目标之间的有效协同，加强各部门之间的协同管理，有效提高资源使用的效率和效果。在操作中的具体要求包括：一是在以企业战略目标为核心的情况下，各责任者达成目标的指标间具有明显的因果关系；二是管理者要有统筹全局、协调管理等综合能力。

（四）战略管理的应用环境

1. 应分析企业内外部环境

企业应关注宏观环境（包括政治、经济、社会、文化、法律及技术等因素）、产业环境、竞争环境等对其影响长远的外部环境因素，尤其是可能发生重大变化的外部环境因素，确认企业所面临的机遇和挑战；同时，应关注本身的历史及现行战略、资源、能力、核心竞争力等内部环境因素，确认企业具有的优势和劣势。

2. 应设置专门机构或部门

企业一般应设置专门机构或部门，牵头负责战略管理工作，并与其他业务部门、职能部门协同制定战略目标，做好战略实施的部门协调，保障战略目标得以实现。

3. 应建立健全战略管理相关制度

企业应建立健全战略管理有关制度及配套的绩效激励制度等，形成科学有效的制度体系，切实调动员工的积极性，提升员工的执行力，推动企业战略的实施。

三、战略管理的应用程序

企业应用战略管理工具方法，一般按照战略分析、战略制定、战略实施、战略评价和控制、战略调整等程序进行。战略管理的应用程序如图2-2所示。

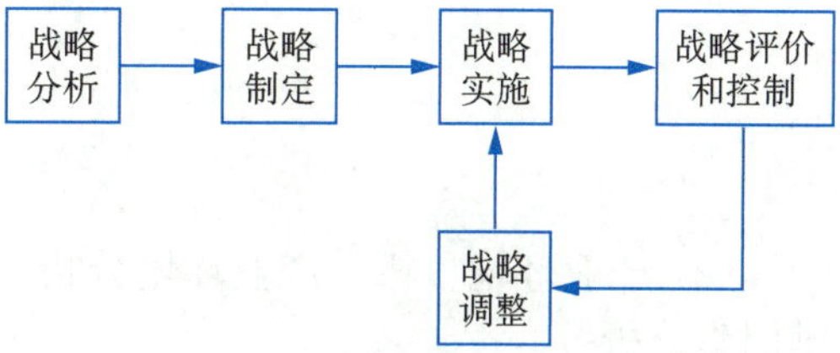

图2-2 战略管理的应用程序

（一）战略分析

战略分析的主要目的是评价影响企业目前和今后发展的关键因素，并确定在战略选择步骤中的具体影响因素。战略分析需要考虑多方面的问题,主要包括企业外部环境分析和企业内部环境分析,战略分析的层次如图2-3所示。

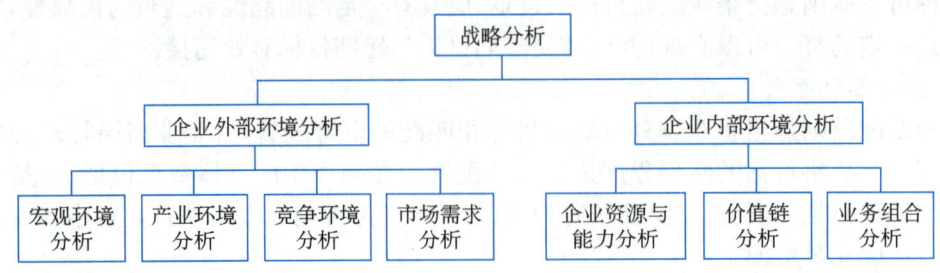

图 2-3　战略分析的层次

1. 企业外部环境分析

企业外部环境分析,可以从企业所面对的宏观环境、产业环境、竞争环境和市场需求状况几个方面展开。外部环境分析旨在了解企业所处环境的变化,并评估这些变化给企业带来的是更多的机会还是更多的威胁。

(1) 宏观环境分析。一般来说,企业宏观环境因素可以概括为四类,即政治和法律因素、经济因素、社会和文化因素、技术因素等,具体内容如图2-4所示。

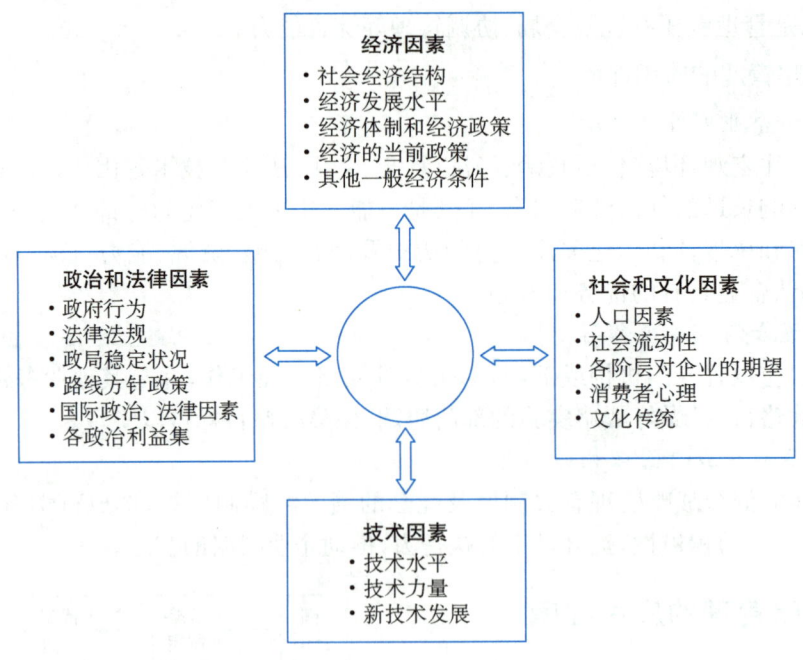

图 2-4　主要宏观环境因素

(2) 产业环境分析。产业环境分析一般包括产品生命周期、产业五种竞争力和成功关键因素分析等。

产品生命周期依次经过导入期、成长期、成熟期和衰退期四个阶段。这些阶段以产业销售额增长率曲线的拐点划分,产品的增长与衰退由于新产品的创新和推广过程而呈"S"形。

波特在《竞争战略》一书中提出,在每一个产业中都存在五种竞争力,即潜在进入者、替代品、购买者、供应者与现有竞争者间的抗衡。在一个产业中,这五种力量共同决定产业竞争的强度以及产业利润率,最强的一种或几种力量占据着统治地位并且从战略形成角度来看,起着关键作用。

成功关键因素是指企业在特定市场获得盈利必须拥有的技能和资产。成功关键因素所涉及的是那些每一个产业成员所必须擅长的东西。例如,在服装生产企业,其成功关键因素是吸引人的设计、色彩组合,以及低成本制造效率等。

(3) 竞争环境分析。竞争环境分析包括两个方面:一是从个别企业视角去观察分析竞争对手的实力;二是从产业竞争结构视角观察分析企业所面对的竞争格局。

对竞争对手的分析有四个方面的主要内容,即竞争对手的未来目标、假设、现行战略和潜在能力等,具体分析内容如图 2-5 所示。

什么驱使着竞争对手	竞争对手在做什么和能做什么
未来目标 存在于各级管理层和多个战略方面	**现行战略** 该企业现在如何竞争
竞争对手反应如何? 竞争对手对其目前地位满意吗? 竞争对手将做什么行动或战略转变? 竞争对手哪里易受攻击? 什么将激起竞争对手最强烈和最有效的报复?	
假设 关于其自身和产业	**潜在能力** 弱项和强项

图 2-5 竞争对手分析内容

对企业所面对的竞争格局分析一般采用战略群组的划分来加以研究。战略群组是指某一个产业中在某一战略方面采用相同或相似战略,或具有相同战略特征的各公司组成的集团。如果产业中所有的公司基本认同了相同的战略,则该产业中就只有一个战略群体。一般来说,一个产业中会存在几个战略群组,它们采用了特征完全不同的战略。战略群组分析,有助于企业了解相对于其他企业而言本企业的战略地位以及公司战略的变化可能引起的对竞争的影响。

(4) 市场需求分析。市场需求状况直接与企业营销战略决策有关。一般可以从市场需求的决定因素和消费者两个方面进行分析。

经济学理论认为,影响消费者对一种产品的需求数量的因素主要包括该产品的价格、消费者的收入水平、相关产品的价格、消费者的偏好、消费者对产品的价格预期等。市场营销学中有一个公式:市场需求=人口×购买力×购买欲望。这个公式概括了上述的各个决定因素:人口对应一个市场上消费者的数量;购买力对应消费者的收入水平;购买欲望对应产品价格、消费者偏好、相关产品的价格和消费者对产品的价格预期等。

消费者分析是企业制定战略时应重点考虑的内容。企业战略制定过程中的一部分工作就是说服消费者选择本企业的而不是竞争对手的产品或服务。

2. 企业内部环境分析

内部环境分析,可以从企业资源与能力、价值链和业务组合等几个方面展开。内部环境分析要了解企业自身的相对地位、具有哪些资源及战略能力。

(1) 企业资源与能力分析。企业资源主要包括有形资源、无形资源和人力资源。企业资源分析的目的在于识别企业的资源状况、企业资源方面所表现出来的优势和劣势,以及对未来战略目标制定和实施的影响。

企业能力是指企业配置资源,发挥其生产和竞争作用的能力,包括研发能力、生产管理能力、营销能力、财务能力和组织管理能力等方面。企业能力来源于有形资源、无形资源和人力资源的整合,是企业各种资源有机结合的结果。

(2) 价值链分析。波特认为,企业每项生产经营活动都是其创造价值的经济活动,企业所有的互不相同但又相互关联的生产经营活动,便构成了创造价值的一个动态过程,即价值链。价值链把企业活动进行分解,通过考虑这些单个的活动本身及其相互之间的关系来确定企业的竞争优势。

价值链将企业的生产经营活动分为基本活动和支持活动。基本活动是指生产经营的实战性活动,包括内部后勤、生产经营、外部后勤、市场销售和服务五种活动。支持活动又称辅助活动,是指以支持基本活动而且内部之间又相互支持的活动,包括采购、技术开发、人力资源管理和企业基础设施等。

价值链分析的关键是要认识到企业不是机器、货币和人员的随机组合,而是将这些资源有效地组织起来,以确保生产出最终顾客认为有价值的产品或服务。

(3) 业务组合分析。价值链分析有助于对企业能力进行考察,这种能力来源于独立的产品、服务或业务单位。对于多元化经营的企业来说,还需要将企业的资源和能力作为一个整体来考虑。因此,企业战略能力分析的另一个重要组成部分就是对企业业务组合进行分析,保证业务组合的优化是企业战略管理的主要责任。波士顿矩阵分析法与通用矩阵分析法是企业业务组合分析的主要方法。

3. 战略分析方法

企业进行环境分析时,可应用态势分析、波特五力分析、波士顿矩阵分析、营运矩阵分析等方法,分析企业的发展机会和竞争力,以及各业务流程在价值创造中的优势和劣势,并对每一业务流程按照其优势强弱划分等级,为制定战略目标奠定基础。

(1) 态势分析法,简称SWOT分析法(S表示优势、W表示劣势、O表示机会、T表示威胁),是指基于内外部竞争环境综合分析,将与研究对象密切相关的各种内部的优势和劣势、外部的机会和威胁等,通过调查列举出来,并依照矩阵形式排列,然后用系统分析的思想,把各种因素相互匹配起来加以分析,从而得出相应结论,而结论通常带有一定的决策性,对制定相应的发展战略、计划以及对策起到支撑作用。

按照态势分析法,战略目标应是一个企业"能够做的"(即企业的强项和弱项)和"可能做的"(即环境的机会和威胁)之间的有机组合。

(2) 波特五力分析法是指将供应商定价能力、购买者的讨价还价能力、潜在进入者的威胁、替代品的威胁、同行业竞争者的力量作为竞争主要来源的一种竞争力分析方法。

(3) 波士顿矩阵分析法是指在坐标图上,以纵轴表示企业销售增长率,横轴表示市场占有率,将坐标图划分为四个象限,依次为明星类产品(★)、问题类产品(?)、金牛类产品(¥)、瘦狗类产品(×)。最后的瘦狗类产品属于不再投资扩展或即将淘汰的产品。其目的在于通过产品所处不同象限的划分,使企业采取不同决策,以保证其不断地淘汰无发展前景的产品,保持明星类、问题类、金牛类产品的合理组合,实现产品及资源分配结构的良性循环。

(4)营运矩阵分析法是指通过横向联系和纵向联系的营运方式,分析企业营运中分权化与集权化的问题,考虑各个管理部门(或岗位)之间的相互协调和相互监督,以更加高效地实现企业营运目标。

(二)战略制定

战略制定是指企业根据确定的愿景、使命和环境分析情况,选择和设定战略目标的过程。

1. 战略目标的选择

在公司战略的三个层次上存在着各种不同的战略类型,具体如图2-6所示。

2. 战略目标的制定

在制定战略目标过程中,可供选择的方案越多越好。企业可根据对整体目标的保障、对中下层管理人员积极性的发挥、企业各部门战略方案的协调等实际需要,以及根据不同层次管理人员介入战略分析和战略选择工作的态度,将战略形成的方法分为以下三种形式:

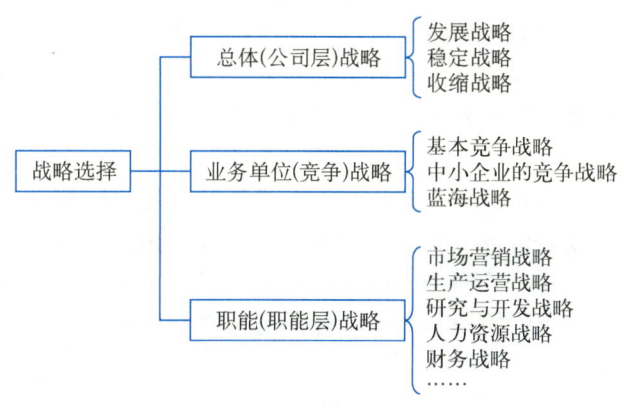

图2-6 公司战略类型

(1)自上而下的方法。即先由企业总部的高层管理人员制定企业的总体战略,然后由下属各部门根据自身的实际情况将企业的总体战略具体化,形成系统的战略方案。

(2)自下而上的方法。在制定战略时,企业最高管理层对下属部门不做具体规定,而要求各部门积极提交战略方案。企业最高管理层在各部门提交的战略方案基础上,加以协调和平衡,对各部门的战略方案进行必要的修改后加以确认。

(3)上下结合的方法。即企业最高管理层和下属各部门的管理员共同参与,通过上下级管理人员的沟通和磋商,制定出适宜的战略。

三种方法的主要区别在于战略制定中对集权与分权程度的把握,企业可以从多个角度考虑,选择适宜的战略制定方法。

企业设定战略目标后,各部门需要结合企业战略目标设定本部门战略目标,并将其具体化为一套关键财务及非财务指标的预测值。各关键指标的预测值,应与本企业的可利用资源相匹配,并有利于执行人积极有效地实现既定目标。

(三)战略实施

战略实施是指将企业的战略目标变成现实的管理过程。战略实施要解决以下几个主要问题。

1. 需要有一个有效的组织结构

构建组织结构涉及如何分配企业内部的工作职责范围和决策权力,需要作出以下决定:

(1) 企业的管理层次数目是高长型还是扁平型结构。
(2) 决策权力是集中还是分散。
(3) 企业的组织结构类型能否适应公司战略的定位。

企业应加强战略管控,结合使用战略地图、价值链管理等多种管理会计工具方法,将战略实施的关键业务流程化,并落实到企业现有的业务流程中,确保企业高效率、高效益地实现战略目标。

2. 人员和体制的管理颇为重要

人力资源关系到战略实施的成功与失败,而采用什么样的体制管理企业也是不可忽视的问题。

3. 公司文化扮演着重要角色

企业内部各种团体有其各自的目标和要求,而许多要求是互相冲突的,因此公司文化活动在企业的运作中是不可避免的一部分。这些利益冲突可能导致各种争斗和结盟,在企业战略管理过程中发挥一定的作用。

4. 选择适当的组织协调和控制系统

战略实施离不开企业内部各单位的集体行动和协调。因此,企业必须确定采用什么标准来评价各下属单位的效益,控制它们的行动。

5. 必须要协调好企业战略、结构、文化和控制等方面

不同的战略和环境对企业的要求不尽相同,所以要有不同的结构设置、文化价值观和控制体系。

(四) 战略评价和控制

战略评价和控制是指企业在战略实施过程中,通过监测战略实施进展情况,评价战略执行效果,审视战略的科学性和有效性,不断调整战略举措,以达到预期目标。

1. 战略评价

战略评价又称战略评估,是战略实施阶段的活动之一,是通过对影响并反映战略管理质量的各要素的总结和分析,判断战略是否实现预期目标的活动。企业主要应从以下几个方面进行战略评价:战略是否适应企业的内外部环境;战略是否达到有效的资源配置;战略涉及的风险是否可以接受;战略实施的时间和进度是否恰当。

在实际操作中,战略评估一般分为事前评估、事中评估和事后评估三个层次。

(1) 事前评估,即战略分析评估,是一种对企业所处现状环境的评估,其目的是发现最佳机遇。

(2) 事中评估,即战略选择评估,是在战略的执行过程中进行的,是对战略执行情况与战略目标差异的及时获取和及时处理,是一种动态评估,属于事中控制。

(3) 事后评估,即战略绩效评估,是在期末对战略目标完成情况的分析、评价和预测,是一种综合评估,属于事后控制。

2. 战略控制

战略控制是在企业经营战略的实施过程中,检查企业为达到目标所进行的各项活动的进展情况,评价实施企业战略后的绩效,把它与既定的战略目标与绩效标准相比较,发现战略差距,分析产生偏差的原因,纠正偏差,使企业战略的实施更好地与企业当前所处的内外环境、企业目标协调一致。

（五）战略调整

战略调整是指根据企业情况的发展变化和战略评价结果，对所制定的战略及时进行调整，以保证战略有效地指导企业经营管理活动。战略调整一般包括调整企业的愿景、长期发展方向、战略目标及其战略举措等。

战略调整是一种特殊的决策，是对企业过去战略决策的追踪。这种追踪决策受到企业核心能力、企业家的行为以及企业文化等因素的影响。企业经营过程是某种核心能力的形成和利用的过程，企业核心能力的拥有及其利用不仅决定着企业活动的效率，而且决定着企业或战略调整方向与线路的选择。决策的本质特征决定了战略调整也是在一系列的备选方案中进行选择，这种选择在一定意义上反映了经营者的行为选择。企业文化则对上述选择过程以及选择确定后的实施过程中人的行为产生着重要的影响。

任务二 战略地图

一、战略地图的概念

战略地图是指为描述企业各维度战略目标之间因果关系而绘制的可视化的战略因果关系图。战略地图通常以财务、客户、内部业务流程、学习与成长四个维度为主要内容，通过分析各维度的相互关系，绘制战略因果关系图。

这种可视化的战略因果关系图，不仅能实现管理者之间、管理者与员工之间的有效沟通，而且能促成各责任中心对战略达成共识。因此，在具体设计时需要关注以下两个方面的问题：一方面，以管理政策、管控制度、激励制度及资源管理制度等作为保障工作制度，设计战略地图的相关路径，有效使用各种资源，高效实现价值创造；另一方面，以战略目标与企业目标实现有效融合为根本，通过实施将战略目标与执行有效绑定，引导各责任中心连续、完整和系统地审视和实现企业的战略目标，提升业绩，促使企业战略落地。从战略地图的概念和设计要求可以看出，企业只有有效利用人力资本、信息资本和组织资本等无形资产（学习与成长），才能创新与建立战略优势和效率（内部流程），进而让市场（顾客）获得企业特定价值，最终实现企业目标（财务目标）。

二、战略地图的设计

企业设计战略地图，一般按照以下程序进行。

（一）设定战略目标

设定战略目标就是战略制定。企业战略管理部门根据确定的愿景、使命和环境分析情况，采取自上而下、自下而上或上下结合的方法，制定企业层的战略目标。然后，各部门需要根据这一目标设定本部门战略任务，并将其具体为一套包括利润、资源、生产、市场和员工报酬与激励等在内的财务关键指标，以及包括遵守法规和社会责任等在内的非财务关键指标，并为各关键指标设定目标（预测）值。这种目标值不仅应与本企业的可利用资源相匹配，而且应利于执行人积极有效地实现既定目标。

（二）确定业务改善路径

战略目标设定后，企业根据既定战略目标，对现有客户（服务对象）和可能的新客户以及新产品（新服务）进行深入分析，寻求业务改善和增长的最佳路径，提取业务和财务融合发展的战略主题。其中，财务维度的战略主题一般包括生产率提升、营业收入增长、打造成本优势、提高现有资产利用率、增加顾客机会和提高顾客价值等方面；而业务维度的战略主题主要表现为改善客户体验、加强营销关系、提升品牌形象等。

（三）定位客户价值

定位客户价值是在对现有客户分析的基础上，从产品（服务）质量、技术领先、售后服务和稳定标准等方面确定、调整客户价值。

（四）确定内部业务流程优化主题

内部业务流程优化主题的确定，需要先根据业务提升路径和服务定位，梳理业务流程及其关键增值的活动，分析行业关键成功要素和内部营运矩阵；然后，从内部营运管理流程、创新流程、客户管理流程、遵循法规和社会责任流程等角度确定战略主题，并将业务战略主题进行分类归纳，制订战略方案。

（五）确定学习与成长主题

同内部营运流程优化主题的确定一样，学习与成长主题的确定也应根据业务提升路径和服务定位，分析创新和人力资本等无形资源在创造价值中的作用，识别关键成功要素；相应地在激励制度、信息系统和智力资本利用等方面确定创新与成长的战略主题，并为财务、客户、内部业务流程维度的战略主题和关键业绩指标（KPI）提供有力支撑。

（六）进行资源配置

根据各维度战略主题，企业应分析其有形资源和无形资源的战略匹配度，对各主题进行战略资源配置。同时，应关注企业人力资源、信息资源、组织资源等在资源配置中的定位和价值创造中的作用。

（七）绘制战略地图

战略地图的绘制是根据战略地图中的四个维度，用图形方式表达战略目标及实现战略目标的关键路径。

企业可应用平衡计分卡的四个维度划分绘制战略地图，以图形方式展示企业的战略目标及实现战略目标的关键路径。具体绘制程序如下：

（1）确立战略地图的总体主题。总体主题是对企业整体战略目标的描述，应清晰表达企业愿景和战略目标，并与财务维度的战略主题和KPI对接。

（2）根据企业的需要，确定四个维度的名称。把确定的四个维度的战略主题对应划入各自战略地图内，每个主题可以通过若干KPI进行描述。

（3）将各个战略主题和KPI用路径线链接，形成战略主题和KPI相连的战略地图。在绘制过程中，企业应将战略总目标（财务维度）、客户价值定位（客户维度）、内部业务流程主题（内部流程维度）和学习与成长维度与战略KPI链接，形成战略地图。

企业所属的各责任中心的战略主题、KPI相应的战略举措、资源配置等信息一般无法都绘制到一张图上，因此一般采用绘制对应关系表或另外绘制下一层级责任中心的战略地图等方式来展现其战略因果关系。

三、战略地图的实施

战略地图的实施是指企业利用管理会计工具方法，确保企业实现既定战略目标的过程。战略地图实施一般按照以下程序进行。

（一）设计战略关键指标

企业应用战略地图，应设计一套可以使各部门主管明确自身责任与战略目标相联系的考核指标，即进行战略 KPI 设计。

（二）分解战略关键指标并签订责任书

企业应对战略 KPI 进行分解，落实责任并签订责任书。具体可按以下程序进行：

（1）将战略 KPI 分解为责任部门的 KPI。企业应从最高层开始，将战略 KPI 分解到各责任部门，再分解到责任团队。每一个责任部门的责任团队或责任人都应有对应的 KPI，且每一 KPI 都应有对应的具体战略举措。企业可编制责任表，描述 KPI 中的权、责、利和战略举措的对应关系，以便实施战略管控和形成相应的报告。每一个责任部门的负责人可根据上述责任表，将 KPI 在本部门进行进一步分解和责任落实，逐级建立战略实施责任制度。

（2）签订责任书。企业应在分解明确各责任部门 KPI 的基础上签订责任书，以督促各执行部门落实责任。责任书一般由企业领导班子（或董事会）与执行层的各部门签订。责任书应明确规定一定时期内（一般为一个年度）要实现的 KPI 任务、相应的战略举措及相应的奖惩机制。

（三）战略执行

企业应以责任书中所签任务为基础，按责任部门的具体人员和团队情况，对任务和 KPI 进一步分解，并制定相应的执行责任书，进行自我管控和自我评价。同时，以各部门责任书和职责分工为基础，确定不同执行过程的负责人及协调人，并按照设定的战略目标实现日期，确定不同的执行指引表，采取有效战略举措，保障 KPI 实现。

（四）编制战略执行报告

企业应编制战略执行报告，反映各责任部门的战略执行情况，分析偏差原因，提出具体管控措施。

（1）每一层级责任部门应向上一层级责任部门提交战略执行报告，以反映战略执行情况，制定下一步战略实施举措。

（2）战略执行报告一般可分为以下三个层级：

一是战略层（如董事会）报告，包括战略总体目标的完成情况和原因分析。

二是经营层报告，包括责任人的战略执行方案中相关指标的执行情况和原因分析。

三是业务层报告，包括战略执行方案下具体任务的完成情况和原因分析。

（3）企业应根据战略执行报告，分析责任人战略执行情况与既定目标是否存在偏差，并对偏差进行原因分析，形成纠偏建议，作为责任人绩效评价的重要依据。

（五）持续改进

企业应在对战略执行情况进行分析的基础上，进行持续改善，不断提升战略管控水平。

（1）与既定目标相比，发现问题并进行改善。企业应根据战略执行报告，将战略执行情况与管控目标进行比对，分析偏差，及时发现问题，提出解决问题的具体措施和改善方案，并采取必要措施。企业在进行偏差分析时，一般应关注以下问题：

一是所产生的偏差是否为临时性波动。

二是战略 KPI 分解与执行是否有误。

三是外部环境是否发生重大变化，从而导致原定战略目标脱离实际情况。

企业应在分析这些问题的基础上，找出发生偏差的根源所在，及时进行纠正。

（2）达成既定目标时，考虑如何提升。达成战略地图上所列的战略目标时，企业一般可考虑适当增加执行难度，提升目标水平，按持续改善的策略与方法进入新的循环。

（六）战略评价

企业应按照《管理会计应用指引第 100 号——战略管理》中战略评价的有关要求，对战略实施情况进行评价，并按照《管理会计应用指引第 600 号——绩效管理》的有关要求进行激励，引导责任人自觉地、持续地积极工作，有效利用企业资源，提高企业绩效，实现企业战略目标。

四、战略地图的评价

战略地图评价的主要优点：能够将企业的战略目标清晰化、可视化，并与战略 KPI 和战略举措建立明确联系，为企业战略实施提供了有力的可视化工具。

战略地图评价的主要缺点：需要多维度、多部门的协调，实施成本高，并且需要与战略管控相融合，才能真正实现战略实施。

项目小结

本项目主要涵盖企业的整体运营和战略分析的各个方面，以一个全面的视角，了解企业内外因素如何相互影响，以及如何在竞争激烈的市场中找到机会。本项目学习和应用各种战略分析工具，如 SWOT 分析法、波特五力分析法和波士顿矩阵分析法等。这些工具可以帮助我们在实际工作中评估企业的竞争优势、行业趋势和战略选择。

习题与实训

任务一　战略管理认知

一、判断题

1. "战略"一词源于军事。（　　）
2. 战略是企业从全局考虑作出的长远性谋划。（　　）
3. 企业战略的制定者主要是董事长或首席执行官。（　　）
4. 企业战略管理的起点是战略分析。（　　）
5. 企业战略实施过程是在企业中层管理者的监督和指导下，由基层管理人员组织实施的。（　　）
6. 战略管理是一个包括方向选择、目标制定、战略制定、战略落实和战略评价等在内的动态系统。（　　）
7. 分析环境的目的在于发现机会与威胁。（　　）
8. 可行性原则只要求长期目标与短期目标的有效衔接即可。（　　）
9. 在协同性原则下，需要管理者在考虑不同责任者具体目标之间有效协同的基础上，加强各部门之间的协同管理，有效提高资源使用的效率和效果。（　　）
10. 企业战略管理涉及企业大量资源的配置问题。（　　）

二、单项选择题

1. 战略是指从（　　）考虑作出的长远性谋划。
   A. 局部　　　　　B. 全局　　　　　C. 静态　　　　　D. 动态
2. 战略管理是指对企业全局的、长远的发展方向、目标任务和政策，以及（　　）作出决策和管理的过程。
   A. 人事管理　　　B. 财务管理　　　C. 资源配置　　　D. 外部环境
3. 业务单位战略又称为（　　）。
   A. 总体战略　　　B. 蓝海战略　　　C. 红海战略　　　D. 竞争战略
4. 下列各项中，按照波士顿矩阵分析法，应该予以淘汰的产品是（　　）。
   A. 明星类产品　　B. 问题类产品　　C. 瘦狗类产品　　D. 金牛类产品
5. 战略管理的资源匹配原则要求企业应根据（　　）的匹配程度进行资源配置。
   A. 各业务部门之间　　　　　　　　B. 各职能部门之间
   C. 各业务部门与战略目标　　　　　D. 各职能部门与战略目标
6. 企业根据确定的愿景、使命和环境情况，选择和设定战略目标的过程称为（　　）。
   A. 战略实施　　　　　　　　　　　B. 战略调整
   C. 战略制定　　　　　　　　　　　D. 战略评价和控制

7. 战略管理的协同管理原则要求企业应以（　　）为核心。
   A. 实现战略目标　　　　　　　　　　B. 制定战略目标
   C. 分析战略目标　　　　　　　　　　D. 调整战略目标
8. 下列各项中，属于战略实施层面内容的是（　　）。
   A. 分解战略目标　　B. 环境分析　　C. 纠正偏差　　D. 战略管控
9. 下列关于战略资源匹配性的说法中，正确的是（　　）。
   A. 有充足的资源　　　　　　　　　　B. 需对资源统筹规划
   C. 与各业务匹配　　　　　　　　　　D. ABC 均正确
10. 通过分析企业的外部因素可以确定企业面临的（　　）。
    A. 机会与优势　　B. 优势与劣势　　C. 机会与威胁　　D. 威胁与劣势

三、多项选择题

1. 企业战略一般遵守的原则有（　　）。
   A. 目标可行原则　　　　　　　　　　B. 资源匹配原则
   C. 责任落实原则　　　　　　　　　　D. 协同管理原则
2. 利用 SWOT 分析法，可以分析企业内部环境的（　　）。
   A. 劣势　　　　B. 机会　　　　C. 威胁　　　　D. 优势
3. 战略调整一般包括（　　）。
   A. 企业愿景　　B. 长期发展方向　　C. 战略目标　　D. 战略举措
4. 企业战略的三个层次一般包括（　　）。
   A. 总体战略　　B. 竞争战略　　C. 蓝海战略　　D. 职能战略
5. 战略管理领域应用的管理会计工具方法一般包括（　　）。
   A. 全面预算　　B. 战略地图　　C. 战略目标　　D. 价值链管理
6. 下列各项中，属于战略管理特点的有（　　）。
   A. 管理对象和效果的全局性　　　　　B. 管理主体的特定性
   C. 时间的长远性　　　　　　　　　　D. 资源的充足性
7. 明确的战略有助于企业（　　）。
   A. 节约成本　　　　　　　　　　　　B. 更好地定位自身
   C. 设置目标　　　　　　　　　　　　D. 资源配置决策
8. 下列各项中，不属于战略管理原则的有（　　）。
   A. 精简流程　　B. 资源匹配　　C. 强化管控　　D. 协同管理
9. 下列各项中，属于战略制定方法的有（　　）。
   A. 自上而下　　　　　　　　　　　　B. 自下而上
   C. 上下结合　　　　　　　　　　　　D. 高层管理者直接制定
10. 战略评价的具体内容主要包括（　　）。
    A. 战略是否适应企业内外部环境
    B. 战略是否达到有效的资源配置
    C. 战略涉及的风险程度是否可以接受
    D. 战略实施的时间和进度是否恰当

任务二 战略地图

一、判断题

1. 战略地图是指为描述企业各维度战略目标之间因果关系而绘制的可视化战略因果关系图。（   ）
2. 战略地图通常以财务、员工、内部业务流程、学习与成长四个维度为主要内容，通过分析各维度的相互关系来绘制。（   ）
3. 企业管理部门通常采取自上而下、自下而上或上下结合的方法，制定企业层的战略目标。（   ）
4. 业务维度的战略主题主要表现为增加客户机会、提高顾客价值等。（   ）
5. 企业可应用平衡计分卡的四个维度划分战略地图。（   ）

二、单项选择题

1. 下列各项中，不属于战略地图的四个维度的是（   ）。
   A. 客户   B. 财务   C. 员工   D. 学习与成长
2. 在确定战略地图总体主题时，应清晰表达（   ），与财务维度的战略主题和KPI对接。
   A. 企业目标和战略目标   B. 企业愿景和企业使命
   C. 企业目标和企业使命   D. 企业愿景和企业目的
3. 下列各项中，属于战略地图最底层，主要反映企业无形资产整合性的维度是（   ）维度。
   A. 财务   B. 客户   C. 内部流程   D. 学习与成长
4. 企业应根据已设定的战略目标，对客户进行深入分析，寻求业务改善和增长的最佳路径，提取（   ）融合发展的战略主题。
   A. 机会与优势   B. 业务与财务
   C. 战略管理与战略地图   D. 企业价值与客户价值
5. 下列各项中，属于战略地图设计首要环节的是（   ）。
   A. 确定业务改进路径   B. 确定客户价值
   C. 设定战略目标   D. 确定内部业务流程
6. 将战略KPI分解为责任部门的KPI，企业应从（   ）开始。
   A. 最低层   B. 最高层
   C. 中间层   D. 以上都不对
7. 下列各项中，不属于客户维度战略主题的是（   ）。
   A. 增强客户体验   B. 双赢营销关系
   C. 增加营业收入   D. 提升品牌形象
8. 分解KPI时，领导层与执行层签订的责任书要明确的责任时期一般为（   ）。
   A. 一个月   B. 一个季度   C. 半年   D. 一个年度
9. 下列各项中，属于学习与成长维度战略主题的是（   ）。
   A. 营业收入增长   B. 品牌形象提升
   C. 遵循法规和社会责任流程   D. 信息系统创新

10. 下列各项中,属于内部业务流程维度战略主题的是( )。
    A. 生产率提升   B. 品牌形象提升
    C. 营运管理流程更新   D. 激励制度创新

三、多项选择题

1. 下列各项中,属于战略地图维度的有( )。
    A. 财务   B. 客户   C. 内部业务流程   D. 学习与成长
2. 下列各项中,可以作为客户维度战略主题的有( )。
    A. 增强客户体验   B. 改善营销关系
    C. 提升品牌形象   D. 提高资本回报率
3. 下列各项中,属于业务层面战略主题的有( )。
    A. 经营管理   B. 业务创新   C. 客户管理   D. 社会责任
4. 在财务维度,战略主题划分的第一层次一般包括( )。
    A. 生产率提升   B. 提高资产利润率
    C. 创造成本优势   D. 营业收入增长
5. 在财务维度,战略主题划分的第二层次一般包括( )。
    A. 生产率提高   B. 提高资产利润率
    C. 创造成本优势   D. 营业收入增长
6. 战略执行报告一般可分为( )。
    A. 执行层报告   B. 战略层报告
    C. 经营层报告   D. 业务层报告
7. 企业设计战略地图,一般按照设定战略目标、( )进行资源配置、绘制战略地图等程序进行。
    A. 确定业务改善路径   B. 定位客户价值
    C. 确定内部业务流程优化主题   D. 确定学习与成长主题
8. 在资源配置环节,企业应关注( )。
    A. 人、财、物资源配置 B. 服务定位
    C. 客户定位   D. 价值创造中的作用
9. 根据各维度战略主题,企业应分析其( )的战略匹配度,对各主题进行战略资源配置。
    A. 有形资源   B. 无形资源   C. 人力资源   D. 信息资源
10. 战略地图的主要优点有( )。
    A. 将企业的战略目标清晰化,可视化
    B. 需要多维度、多部门的协调
    C. 与战略KPI和战略举措建立明确联系
    D. 为企业战略实施提供了有力的可视化工具

四、简答题

1. 简述态势分析的内容、特点及应用。
2. 简述波士顿矩阵的内容、运用和局限性。

项目三
全面预算管理

 学习目标

1. 知识目标

(1) 理解预算管理的概念、作用和基本原则。
(2) 掌握预算编制的方法和流程,包括销售预算、生产预算、成本预算等。
(3) 了解预算控制的手段和方法,如预算差异分析、预算调整等。
(4) 熟悉预算绩效评估的指标和方法,以及如何利用预算信息进行决策。
(5) 了解预算管理与企业战略、目标的关系。

2. 能力目标

(1) 能够根据企业实际情况,编制准确的预算。
(2) 学会分析预算执行过程中的差异,并提出合理的控制措施。
(3) 能够运用预算绩效评估结果,为企业决策提供有力支持。
(4) 培养团队协作能力,有效参与预算编制和控制过程。
(5) 提高对预算管理的实际应用能力,解决实际工作中的预算问题。

思政课堂

预算管理不仅仅是一种财务管理手段。它通过科学的规划和合理的分配,实现资源的优化配置,提高资金的使用效率,为国家和社会的发展提供有力保障。同时,预算管理也是对人民负责、为人民服务的具体体现。它要求我们树立正确的价值观和人生观,强化责任意识和担当精神,以高度的政治责任感和历史使命感,认真履行预算管理职责,确保资金的安全、有效运行。

在预算管理中,我们要坚持实事求是的原则,充分考虑国家和社会的实际需求,科学合理地编制预算,确保预算的真实性、准确性和可行性。我们要强化预算执行的监督和管理,建立健全预算执行的跟踪、监测和评估机制,及时发现和解决预算执行中存在的问题,确保预算目标的实现。

 情境导入

徐州工程机械集团有限公司(以下简称徐工集团)在全面预算管理中遵循"315"法则,即

突出目标平衡、专业平衡、分级平衡这三个平衡，构建了一个从战略到考核的管理闭环。同时，徐工集团坚持了确定责任、制定标准、推行集成、强化考核、明确流程这五项基础，全面规范了全面预算管理各子系统的运行。其主要做法是：

一是按照"预算管理委员会-预算管理办公室-事业部-分子公司-职能部室-业务活动"的体系架构，搭建预算管理责任体系。

二是以战略为起点，打通"战略-计划-预算编制-执行-考核"闭环管理。徐工集团为年度预算制定了贯穿全年的关键时间节点，并实行上述闭环管理，要求各成员单位每月在系统内完成相应流程，从而使预算控制细化到每天的具体活动。

三是各部门广泛参与预算，多方面确保预算合理性。以研发预算为例，徐工集团规定，分子公司的研发预算，不仅在公司层面进行目标平衡和分级平衡，而且需要总部科技质量部与研究院的专业平衡。对每一个研发项目活动，采用完全成本法将与项目有关的费用支出全部分配归集到相关项目。

四是坚持"制度管人、流程管事"，并实现了系统的横向集成。一方面，徐工集团制定并发布了公司内部的《全面预算信息化系统运行管理规定》，规范预算流程。另一方面，徐工集团以全面预算管理信息化系统为主线，采用多项系统集成技术全面打通了包括企业资源计划（enterprise resource planning，ERP）、客户关系管理（customer relationship management，CRM）等主要业务系统，建设了灵活高效的预算管控平台。

五是打造从预算到考核的闭环管理。徐工集团通过商业智能（business intelligence，BI）实时分析反映企业运营状况。在年度经济工作会议上，徐工集团各事业部、各科室管理者分别签订年度经营责任状。徐工集团审计部门按年度、半年度进行经营责任状审计，将责任人薪酬与指标挂钩；人力部门将各事业部和科室的KPI完成情况作为其月度工资薪酬系数的考评依据。

思考：
（1）徐工集团在全面预算管理方面遵循了哪些原则？
（2）徐工集团是怎么具体开展全面预算管理工作的？
带着这些问题，让我们进入本项目的学习吧！

任务一 全面预算管理认知

一、全面预算管理的含义

预算管理是指企业以战略目标为导向，通过对未来一定期间内的经营活动和相应的财务结果进行全面预测和筹划，科学、合理配置企业各项财务和非财务资源，并对执行过程进行监督和分析，对执行结果进行评价和反馈，指导经营活动的改善和调整，进而推动实现企业战略目标的管理活动。

全面预算管理中的"全面"二字，主要体现在以下几个方面。

（一）预算理念全员参与

全面预算管理应全员参与，预算管理不能仅是财务部门的事情，企业所有部门均应积极参与，企业所有员工均应树立预算理念，建立成本效益意识。全面预算的"全员"参与，要求企业内部各部门、各单位、各岗位，上至最高负责人，下到各部门负责人、各岗位员工都必须参与预算编制与实施。

（二）业务范围全面覆盖

全面预算管理应涵盖企业的所有经济活动。预算管理不能仅关注日常经营活动，还应关注投融资活动。全面预算管理的"全方位"体现在企业的一切经济活动中，包括经营、投资、财务等各项活动，以及企业的人、财、物各个方面，供、产、销各个环节，都应纳入预算管理。

（三）管理流程全程跟踪

全面预算管理涵盖预算编制、审批、执行、控制、调整、监督、考评等一系列活动，而不能仅停留在预算目标编制、汇总与审批环节，还需要对预算执行情况进行控制，并通过预算考核等手段完成预算目标，最终实现企业的发展战略。全面预算管理的"全过程"，体现在企业组织各项经济活动的事前、事中和事后都应纳入预算管理。

二、全面预算管理的内容

全面预算管理的内容主要包括经营预算、专门决策预算和财务预算。

经营预算又称业务预算，是指与企业日常业务直接相关的一系列预算，包括销售预算、生产预算、采购预算、费用预算、人力资源预算等。

专门决策预算是指企业重大的或不经常发生的、需要根据特定决策编制的预算，包括投融资决策预算等。

财务预算是指与企业资金收支、财务状况或经营成果等有关的预算，包括现金预算、预计资产负债表、预计利润表等。

全面预算管理的内容框架体系如图3-1所示。

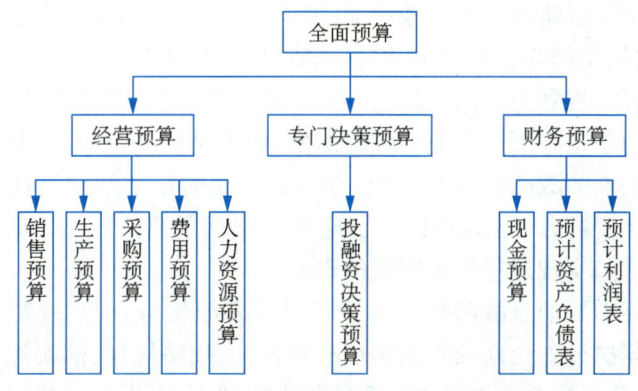

图3-1　全面预算管理的内容框架体系

三、全面预算管理的原则

企业进行全面预算管理，一般应遵循以下原则。全面预算管理原则如表3-1所示。

表 3-1 全面预算管理原则

原则	具体阐释
战略导向	全面预算管理应围绕企业的战略目标和业务计划有序开展,引导各预算责任主体聚焦战略、专注执行、达成绩效
过程控制	全面预算管理应通过及时监控、分析等把握预算目标的实现进度并实施有效评价,对企业经营决策提供有效支撑
融合性	全面预算管理应以业务为先导、以财务为协同,将预算管理嵌入企业经营管理活动的各个领域、层次、环节
平衡管理	全面预算管理应平衡长期目标与短期目标、整体利益与局部利益、收入与支出、结果与动因等关系,促进企业可持续发展
权变性	全面预算管理应坚持刚性与柔性管理相结合,既应强调预算对经营管理的刚性约束,又可根据内外部环境的重大变化调整预算,并针对例外事项进行特殊处理

四、全面预算管理的应用环境

企业实施全面预算管理的应用环境主要包括战略目标、业务计划、组织架构、内部管理制度、信息系统等。

(一) 战略目标

企业应按照战略目标,确定预算管理的方向、重点和目标。

企业战略管理要先确定企业的愿景,在此基础上明确企业的使命,然后形成企业的战略目标。战略目标是企业愿景和使命的具体化,是一个长远的目标,时间跨度一般为 5 年或 5 年以上,内容较为抽象和概括。战略目标的实现是一个长期的过程,在这个过程中,需要一个内容更为具体、目标更为确切的规划,这就是企业的战略规划。战略规划是企业战略目标的实施步骤和策略,时间跨度一般为 3 年。

(二) 业务计划

业务计划是指按照战略目标对业务活动的具体描述和详细计划。企业应将战略目标和业务计划具体化、数量化作为预算目标,促进战略目标"落地"。

经营目标是以战略规划为导向,反映企业在一定时期内生产经营所要达到的预期目标。企业年度经营目标的制定必须从企业的战略出发,而不是仅从企业所拥有的资源出发,以确保年度经营目标与企业的战略目标相一致。所以,企业的年度经营目标应该反映出企业战略管理的意图。在年度经营目标的设定上,应树立正确的理念,明确战略所要求达到的目标、如何实现这些目标、实现这些目标所需的资源。

企业的战略目标需要通过战略规划和经营目标来细化与分解,战略规划和经营目标又需要全面预算来具体执行。全面预算是实现战略目标、战略规划、落实经营目标的具体行动方案,战略规划和经营目标是编制全面预算的基本依据,全面预算不能偏离战略规划和经营目标。

(三) 组织架构

预算管理的机构设置、职责权限和工作程序应与企业的组织架构和管理体制互相协调,保障预算管理各环节职能衔接,流程顺畅。

1. 组织体系框架

全面预算管理的组织体系通常由全面预算管理的决策机构、工作机构和执行机构三个层面构成。全面预算管理的组织体系框架如图 3-2 所示。

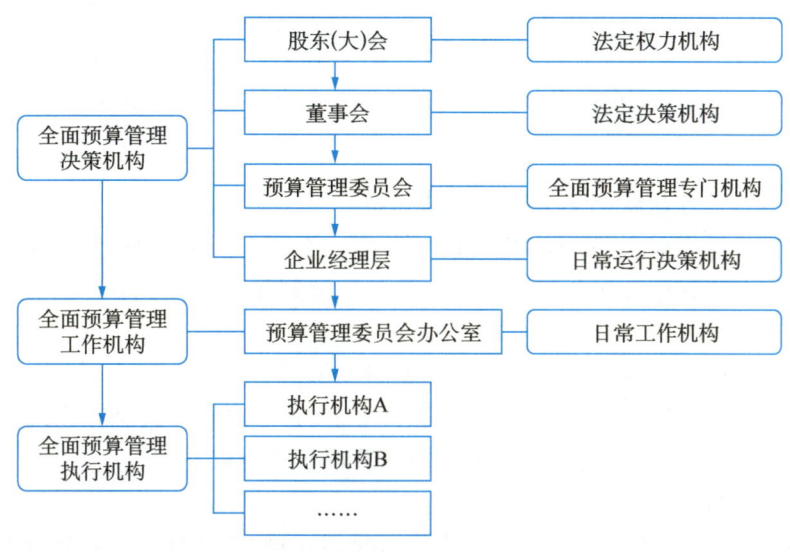

图 3-2　全面预算管理组织体系框架

2. 组织的具体职责

1) 全面预算管理决策机构

全面预算管理决策机构相关阐释如表 3-2 所示。

表 3-2　全面预算管理决策机构相关阐释

全面预算管理决策机构	内容阐释
股东(大)会	全面预算管理的法定权力机构。《中华人民共和国公司法》规定,股东(大)会负责审议批准公司的年度财务预算方案、决算方案
董事会	全面预算管理的法定决策机构。《中华人民共和国公司法》规定,董事会负责制定公司的年度财务预算方案、决算方案
预算管理委员会	全面预算管理的专门机构。主要对公司董事会负责,在全面预算管理中居于主导地位。上市公司可以将预算管理委员会设立为董事会的专门委员会之一,成员由董事会选举产生,主任委员由会计专业的独立董事担任;非上市公司预算管理委员会一般由董事长或总经理任主任委员、总会计师或分管财务的副总经理任副主任委员

预算管理委员会的主要职责包括审批公司预算管理制度、政策,审议年度预算草案或预算调整草案并报董事会等机构审批,监控、考核本单位的预算执行情况并向董事会报告,协调预算编制、预算调整及预算执行中的有关问题等。

2) 全面预算管理工作机构

全面预算管理工作机构相关阐释如表 3-3 所示。

表 3-3 全面预算管理工作机构相关阐释

全面预算管理工作机构	内容阐释
企业经理层	全面预算管理的日常运行决策机构,负责组织执行全面预算,决定和处理全面预算管理的日常运行事项
预算管理委员会办公室	负责全面预算管理的组织领导和日常工作。一般设在财务部门,其主任一般由总会计师(或财务总监、分管财会工作的副总经理)兼任,工作人员除了财务部门人员外,还应有计划、人力资源、生产、销售、研发等业务部门人员参加

全面预算管理工作机构的主要职责一般包括:

(1) 拟订企业各项全面预算管理制度,并负责检查落实预算管理制度的执行。

(2) 拟订年度预算总目标分解方案及有关预算编制程序、方法的草案,报预算管理委员会审定。

(3) 组织和指导各级预算单位开展预算编制工作。

(4) 预审各预算单位的预算初稿,进行综合平衡,并提出修改意见和建议。

(5) 汇总编制企业全面预算草案,提交预算管理委员会审查。

(6) 跟踪、监控企业预算执行情况。

(7) 定期汇总、分析各预算单位预算执行情况,并向预算管理委员会提交预算执行分析报告,为委员会进一步采取行动拟订建议方案。

(8) 接受各预算单位的预算调整申请,根据企业预算管理制度进行审查,集中制定年度预算调整方案,报预算管理委员会审议。

(9) 协调解决企业预算编制和执行中的有关问题。

(10) 提出预算考核和奖惩方案,报预算管理委员会审议。

(11) 组织开展对企业二级预算执行单位[企业内部各职能部门、所属分(子)企业等,下同]预算执行情况的考核,提出考核结果和奖惩建议,报预算管理委员会审议。

(12) 履行预算管理委员会授权的其他工作。

3) 全面预算管理执行机构

全面预算管理执行机构相关阐释如表 3-4 所示。

表 3-4 全面预算管理执行机构相关阐释

全面预算管理执行机构	内容阐释
企业内部单位,包括企业内部各职能部门、所属分(子)企业等	企业内部预算责任单位可以分为投资中心、利润中心、成本中心、费用中心和收入中心,组织开展本部门或本企业全面预算的编制工作,严格执行批准下达的预算

各预算执行机构的主要职责一般包括:

(1) 提供编制预算的各项基础资料。

(2) 负责本单位全面预算的编制和上报工作。

(3) 将本单位预算指标层层分解,落实到各部门、各环节和各岗位。

(4) 严格执行经批准的预算,监督检查本单位预算执行情况。

（5）及时分析、报告本单位的预算执行情况，解决预算执行中的问题。

（6）根据内外部环境变化及企业预算管理制度，提出预算调整申请。

（7）组织实施本单位内部的预算考核和奖惩工作。

（8）配合预算管理部门做好企业总预算的综合平衡、执行监控、考核奖惩等工作。

（9）执行预算管理部门下达的其他预算管理任务。

（四）内部管理制度

企业应建立健全预算管理制度、会计核算制度、定额标准制度、内部控制制度、内部审计制度、绩效考核和激励制度等内部管理制度，夯实预算管理的制度基础。

全面预算管理制度体系一般应涵盖以下方面：

（1）预算编制制度。企业应建立和完善预算编制的工作制度，明确预算编制依据、编制内容、编制程序和编制方法，确保预算编制依据合理、内容全面、程序规范、方法科学，确保形成各层级广泛接受的、符合业务假设的、可实现的预算控制目标。

（2）预算授权控制制度。企业应建立预算授权控制制度，强化预算责任，严格预算控制。

（3）预算执行监督、分析制度。企业应建立预算执行的监督、分析制度，提高预算管理对业务的控制能力。

（4）预算考核制度。企业应建立健全预算考核制度，并将预算考核结果纳入绩效考核体系，切实做到有奖有惩、奖惩分明。

（五）信息系统

企业应充分利用现代信息技术，规范预算管理流程，提高预算管理效率。从功能的角度出发，全面预算信息系统通常分为以下四个模块：预算编制、预算执行控制、预算分析、预算预警监控。全面预算信息系统应与会计核算系统、财务报销系统、人力资源等业务系统或ERP系统对接，避免"信息孤岛"的问题。

五、预算管理的应用程序

全面预算管理的终极目标是促进企业发展战略的实现，全面预算管理应以战略规划和经营目标为导向。全面预算管理是一个持续改进的过程，全面预算管理的流程可分为预算编制、预算执行和预算考核三个阶段。全面预算管理流程如图 3-3 所示。

（一）预算编制

预算编制是企业实施全面预算管理的起点。

1. 确定预算目标

企业应建立和完善预算编制的工作制度，明确预算编制依据、编制内容、编制程序和编制方法，确保预算编制依据合理、内容全面、程序规范、方法科学，确保形成各层级广泛接受的、符合业务假设的、可实现的预算控制目标。

2. 全面预算的编制方式

全面预算的编制方式主要有权威式预算（自上而下）、参与式预算（自下而上）、混合式预算（上下结合）。全面预算的编制方式内容阐释如表 3-5 所示。

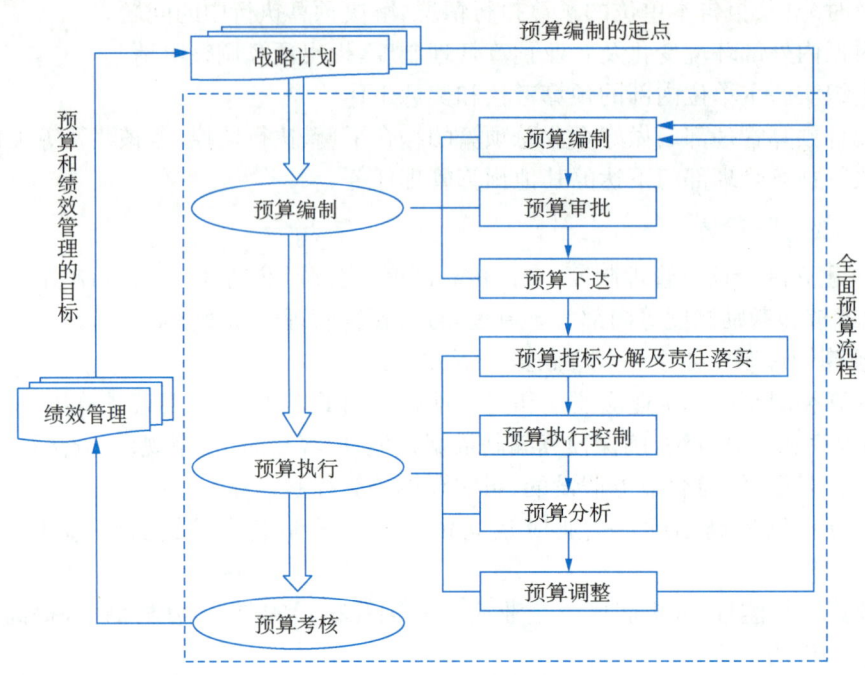

图 3-3 全面预算管理流程

表 3-5 全面预算的编制方式内容阐释

编制方式	内容阐释
权威式预算	从企业的战略目标到单个部门的具体预算,均由企业的最高管理层决定,较低层级只是按照预算原则执行预算 权威式预算虽然能从企业全局出发,实现资源的合理配置,但主观性太强,下级缺乏责任感和动力,预算目标的实现会大打折扣 较低层级因担心本期费用的节省、投资的减少会对下期预算(可控资源)产生影响,就会产生"用完预算"的行为问题
参与式预算	各个层级共同制定预算,最高管理层和董事会保留最后的批准权 在参与式预算中,虽然下级的士气和动力有所提高,但是预算执行者为了逃避最终责任,可能造成预算松弛问题,编制低标准预算,制定容易实现的目标。例如,可能会出现高报成本预算目标或低报销售预算目标等情况。此外,当上下级存在信息非对称时,心理因素可能导致行为扭曲
混合式预算	综合了"权威式预算"与"参与式预算"两种方式优点的编制方式

3. 全面预算的编制流程

实务中,集团层面编制全面预算,通常采取"上下结合、分级编制、逐级汇总"的混合式方式进行,具体包括下达预算编制指导意见、上报预算草案、审查平衡、审议批准、下达执行等流程。全面预算的编制流程内容阐释如表 3-6 所示。

表 3-6 全面预算的编制流程内容阐释

流程	内容阐释
下达预算编制指导意见	集团层面对各层级预算机构编制年度预算的总体性要求,其内容一般包括预算总体目标、预算编制要点、预算表格填制说明、预算管理要求等
上报预算草案	下一级预算执行机构根据集团层面下达的预算总体目标、预算编制要点等要求,结合本单位业务战略、经营特点以及内外部因素的变化等实际情况,编制年度预算草案,并在规定的时间内上报集团层面
审查平衡	预算管理委员会办公室对各预算执行单位上报的预算草案进行初步审查、汇总,并根据预算管理委员会的要求,组织对汇总后的预算草案进行审查和平衡
审议批准	经审查平衡,预算管理委员会办公室汇总编制出集团层面年度预算方案,然后报预算管理委员会审议。预算管理委员会召开专门会议审议全面预算方案,形成全面预算草案,并提交董事会。董事会审议通过后,全面预算草案应当报经股东(大)会最终审议批准 预算审批包括预算内审批、超预算审批、预算外审批等。对于预算内审批事项,应简化流程,提高效率;对于超预算审批事项,应执行额外的审批流程;对于预算外审批事项,应严格控制,防范风险
下达执行	集团项目的年度预算草案经过有关决策机构审议通过后,应以正式文件形式下达执行

(二) 预算执行

预算执行一般按照预算控制、预算调整等程序进行。

1. 预算控制

预算控制是指企业以预算为标准,通过预算分解、过程监督、差异分析等管理活动,促使日常经营不偏离预算标准的管理活动。

企业应建立预算授权控制制度,强化预算责任,严格预算控制。企业应建立预算执行的监督、分析制度,提高预算管理对业务的控制能力。企业应将预算目标逐级分解至各预算责任中心。预算分解应按各责任中心权、责、利相匹配的原则进行,既公平合理,又有利于企业实现预算目标。企业应通过信息系统展示、会议、报告、调研等多种途径及形式,及时监督、分析预算执行情况,分析预算执行差异的原因,提出对策建议。

2. 预算调整

预算调整是指当企业的内外部环境或者企业的经营策略发生重大变化,致使预算的编制基础不成立,或者将导致企业的预算执行结果产生重要偏差,原有预算已不再适宜时而进行的预算修改。

年度预算经批准后,原则上不作调整。企业应在制度中严格明确预算调整的条件、主体、权限和程序等事宜,当内外战略环境发生重大变化或突发重大事件等,导致预算编制的基本假设发生重大变化时,可进行预算调整。

(三) 预算考核

预算考核以预算完成情况为考核核心,通过预算执行情况与预算目标的比较,确定差异并查明产生差异的原因,进而据以评价各责任中心的绩效,并通过与相应的激励制度挂钩,促进其与预算目标相一致。

预算考核主体和考核对象的界定应坚持上级考核下级、逐级考核、预算执行与预算考核职务相分离的原则。

全面预算考核的程序包括：制定预算考核管理办法；确认各预算执行单位的预算执行情况；编制预算执行情况的分析报告；对各预算执行单位的预算执行情况进行考核评价、撰写考核报告与发布考核结果。

【案例3-1】 A集团早在20×3年就上线了预算管理系统，但该系统并未给A集团带来管理提升，反而带来了更多的管理成本。原因是这一预算系统基于核算思维，按照核算逻辑进行预算编制、成本分摊，并按核算的颗粒度编制预算，将预算明细到实际产品。而事实上，A集团实际产品数量达6万多个，把实际产品都定义为预算产品让系统不胜重负，也让管理者难以发现管理重点。为此，A集团应用"鲸鱼理论"，创新提出以类别产品作为预算的主线，并基于产品的市场属性、工单类型、装车位置、工厂、成本归集等类型，形成了300多种类别的产品。

"鲸鱼曲线"主要应用于以下几个环节：

一是销售预算环节。销售管理的重点是产品、客户、市场、销售模式，管理者需要知道哪些产品贡献最大收入，哪些市场贡献最大销售金额。A集团约5%的产品贡献了近90%的收入，前20%的客户创造了85%的收入，同时玻璃配套市场销售金额占比高达90%左右。这一系列数字表明，5%的产品，20%的客户和玻璃配套市场是A集团最需要关注的管理重点。为此，A集团砍掉了绝大多数产品类别，形成了分部门、分销售模式、分市场、分客户、分产品的销售预算方案。

二是成本预算环节。A集团主要的材料成本约占75%，而其他制造费用和人工成本占比仅为25%。因此，材料成本是成本管控中的重要环节。

三是费用预算环节。制造费用相对材料成本，在总成本中占比仅为25%，而且其中一大部分还是折旧（6%）。为此，A集团直接基于管控目标以及历史数据，制定单位制造成本，根据费用类型区分自编和统编费用。

"鲸鱼曲线"的应用使A集团的预算编制从按精细的核算颗粒度编制转变为按重要产品类别编制。同时，通过数据分析发现销售管理、成本管理、费用管理等环节存在着明显的"鲸鱼曲线"，有针对性地按照收入贡献度抓住每个环节的预算管理重点，从事无巨细的精细化管理转变为有的放矢的价值管理，最终全面提升企业管理水平。

任务二　全面预算管理的工具方法

一、预算管理方法

预算管理领域应用的管理会计工具方法，一般包括定期预算法、滚动预算法、增量预算法、零基预算法、固定预算法、弹性预算法、作业预算法等。

企业可根据其战略目标、业务特点和管理需要，结合不同工具方法的特征及适用范围，选择恰当的工具方法综合运用。

(一) 定期预算法

定期预算法是指以固定的会计期间(如日历年度或财年)作为预算期间的一种预算编制的方法。

优点:能够使预算期间与会计期间相对应,有利于将实际数和预算数比较,有利于对各预算执行单位的预算执行情况进行分析和评价。

缺点:①不能使预算编制常态化,不能使企业的管理人员始终有一个长期的计划和打算,可能促使一些短期行为的出现。②不利于前后各个时期的预算衔接,难以适应连续不断的业务活动过程。

定期预算法主要适用于企业内外部环境相对稳定的企业。

(二) 滚动预算法

滚动预算法是和定期预算法相对应的一种方法。滚动预算法是指企业根据上一期预算执行情况和新的预测结果,按既定的预算编制周期和滚动频率,对原有的预算方案进行调整和补充,逐期滚动,持续推进的预算编制方法。

预算编制周期指每次预算编制所涵盖的时间跨度。

滚动频率指调整和补充预算的时间间隔,一般以月度、季度、年度等为滚动频率。

根据预算周期的时间长短,滚动预算可分为中期滚动预算与短期滚动预算。中期滚动预算的预算编制周期通常为3年或5年,以年度作为预算滚动频率。企业实行中期滚动预算,应在中期预算方案的框架内滚动编制年度预算。第一年的预算约束对应年度的预算,后续期间的预算指引后续对应年度的预算。短期滚动预算通常以1年为预算编制周期,以月度、季度作为预算滚动频率。短期滚动预算服务于年度预算目标的实施。企业实行短期滚动预算,应以年度预算为基础,分解编制短期滚动预算。

优点:通过持续滚动预算编制和逐期滚动管理,实现动态反映市场、建立跨期综合平衡,从而有效指导企业营运,强化预算的决策与控制职能。

缺点:①预算滚动的频率越高,对预算沟通的要求越高,预算编制的工作量越大。②过高的滚动频率容易增加管理层的不稳定感,导致预算执行者无所适从。

滚动预算主要适用于运营环境变化比较大、最高管理者希望从更长远视角来进行决策的企业。

企业应建立先进、科学的信息系统,及时获取充足、可靠的外部市场数据和企业内部数据,以满足编制滚动预算的需要。

企业应对比分析上一期的预算信息和预算执行情况,结合新的内外部环境预测信息,对下一期预算进行调整和修正,持续进行预算的滚动编制。

企业可借助数据仓库等信息技术的支撑,实现预算编制方案的快速生成,减少预算滚动编制的工作量。

(三) 增量预算法

增量预算法是指以历史期实际经济活动及其预算为基础,结合预算期经济活动及相关影响因素的变动情况,通过调整历史期经济活动项目及金额形成预算的预算编制方法。

优点:编制简单,省时省力。

缺点:预算规模会逐步增大,可能会造成预算松弛及资源浪费。
前提条件:①企业原有业务活动是必须进行的。②原有的各项业务基本上是合理的。

(四)零基预算法

零基预算法是和增量预算法相对应的一种方法,是指企业不以历史期经济活动及其预算为基础,以零为起点,从实际需要出发分析预算期经济活动的合理性,经综合平衡,形成预算的预算编制方法。

优点:①以零为起点编制预算,不受历史期经济活动中的不合理因素影响,能够灵活应对内外部环境的变化,预算编制更贴近预算期企业经济活动需要。②有助于增加预算编制透明度,有利于进行预算控制。

缺点:①预算编制工作量较大、成本较高。②预算编制的准确性受企业管理水平和相关数据标准准确性影响较大。

零基预算法主要适用于企业不经常发生的预算项目或预算编制基础变化较大的预算项目。

企业应结合预算项目实际情况、预算管理要求和应用成本选择使用零基预算工具方法。

(五)固定预算法

固定预算法是指以预算期内正常的、最可能实现的某一业务量水平为固定基础,不考虑可能发生的变动的预算编制方法。

优点:由于业务量固定、期间固定,固定预算法编制相对简单,也容易使管理者理解。

缺点:不能适应运营环境的变化,容易造成资源错配和重大浪费。

固定预算法主要适用于业务量水平较为稳定的生产和销售业务的成本费用预算的编制,如直接材料预算、直接人工预算和制造费用预算等。

(六)弹性预算法

弹性预算法是与固定预算法相对应的一种方法,是指企业在分析业务量与预算项目之间数量依存关系的基础上,分别确定不同业务量及其相应预算项目所消耗资源的预算编制方法。

业务量是指企业销售量、产量、作业量等与预算项目相关的弹性变量。

企业应用弹性预算工具方法,应合理识别与预算项目相关的业务量,长期跟踪、完整记录预算项目与业务量的变化情况,并对两者的数量依存关系进行深入分析。

企业通常采用公式法或列表法构建具体的弹性预算模型,形成基于不同业务量的多套预算方案。

1. 公式法

公式法下弹性预算的基本公式为:

$$\text{预算总额} = \text{固定基数} + \sum(\text{与业务量相关的弹性定额} \times \text{预计业务量})$$

应用公式法编制预算时,相关弹性定额可能仅适用于一定业务量范围内。当业务量变动超出该适用范围时,应及时修正、更新弹性定额,或改为列表法编制。

【例题3-1】 某企业修理费用与修理工时的关系为:固定修理费用为8 000元,单位工时的变动修理费用为7元。

要求:运用公式法,测算预算工时为5 000小时时的修理费用总额。

【解析】 8 000＋7×5 000＝43 000(元)

【例题 3-2】 甲公司经过分析得出 A 产品的制造费用与机器工时密切相关，A 产品的制造费用与机器工时如表 3-7 所示。

表 3-7　A 产品的制造费用与机器工时资料

业务量范围	500～900(机器工时)	
费用项目	固定费用(元/月)	变动费用(元/人工工时)
电力费用	—	1.0
材料费用	—	1.1
修理费用	200*	0.8
油料费用	400	0.3
折旧费用	300	—
合计	900	3.2
备注	*当业务量超过 600 工时时，修理费用中的固定费用将由 200 元上升为 350 元	

要求：请根据公式法建立制造费用总额和机器工时之间的模型方程，并假设预算工时为 550 小时和 800 小时的情况下，计算预计制造费用总额。

【解析】

当预算工时为 500～600 小时时，模型方程为：$y=900+3.2x$。

因此，当机器的预算工时为 550 小时时，制造费用的预算总额为：$y=900+3.2\times550=2\,660$(元)。

当预算工时为 600～900 小时时，模型方程为：$y=1\,050+3.2x$。

因此，当机器的预算工时为 800 小时时，制造费用的预算总额为：$y=1\,050+3.2\times800=3\,610$(元)。

2. 列表法

列表法是指企业通过列表的方式，在业务量范围内依据已划分出的若干个不同等级，分别计算并列示该预算项目与业务量相关的不同可能预算方案的方法。

【例题 3-3】 承[例题 3-2]，甲公司采用列表法编制的某月制造费用预算如表 3-8 所示。

表 3-8　制造费用预算表　　　　　　　　　　　单位：元

业务量(机器工时)	560	640	720	800	880
占正常生产能力百分比	70%	80%	90%	100%	110%
变动成本：					
电力费用(b=1.0)	560	640	720	800	880
材料费用(b=1.1)	616	704	792	880	968
合计	1 176	1 344	1 512	1 680	1 848

(续表)

混合成本：					
修理费用	734	782	926	990	1 054
油料费用	544	562	616	640	664
合计	1 278	1 344	1 542	1 630	1 718
固定成本：					
折旧费用	300	300	300	300	300
合计	300	300	300	300	300
总计	2 754	2 988	3 354	3 610	3 866

企业预算管理责任部门应审核、评价和修正各预算方案，根据预算期最可能实现的业务量水平确定预算控制标准，并上报企业预算管理委员会等专门机构审议后报董事会等机构审批。

优点：考虑了预算期可能的不同业务量水平，更贴近企业经营管理实际情况。

缺点：①编制工作量大。②市场及其变动趋势预测的准确性、预算项目与业务量之间依存关系的判断水平等因素会对弹性预算的合理性造成较大影响。

弹性预算主要适用于企业各项预算的编制，特别是市场、产能等，存在较大不确定性，且其预算项目与业务量之间存在明显的数量依存关系的预算项目。

（七）作业预算法

作业预算法是指基于作业消耗资源、产出消耗作业的原理，以作业管理为基础的预算管理方法。

优点：①基于作业需求量配置资源，避免了资源配置的盲目性。②通过总体作业优化实现最低的资源费用耗费，创造最大的产出成果。③作业预算可以促进员工对业务和预算的支持，有利于预算的执行。

缺点：预算的建立过程复杂，需要详细地估算生产和销售对作业和资源费用的需求量，并测定作业消耗率和资源消耗率，数据收集成本较高。

作业预算法主要适用于具有作业类型较多且作业链较长、管理层对预算编制的准确性要求较高、生产过程多样化程度较高，以及间接或辅助资源费用所占比重较大等特点的企业。

任务三　全面预算的编制

一、全面预算的体系

（一）经营预算

对制造企业而言，经营预算是根据日常经营活动和管理活动编制的预算，具体包括销售预算、生产预算和销售及管理费用预算。预算编制既包括权责发生制下的各项经营预算,又包括收付实现制下的各项经营预算。

(二)专门决策预算

专门决策预算主要是企业围绕各项投资计划编制的长期投资预算及相关的筹资预算。通常情况下,专门决策预算是跨期的,需要分解到各年度。

经营预算和专门决策预算汇总起来形成企业的资源需求和预计可用资源。通过比较这两者,可以了解企业在预算中是有资源缺口还是资源冗余,由此需要财务部门进一步编制财务预算,统筹资金安排。

(三)财务预算

财务预算是用货币形式综合反映企业未来1年(一个经营周期)内经营预算和资本支出预算对企业经营成果和财务状况的影响,以及企业作出的资金安排。

财务预算主要包括现金预算及预计报表(预计利润表、预计现金流量表、预计资产负债表)。

全面预算的体系框架如图 3-4 所示。

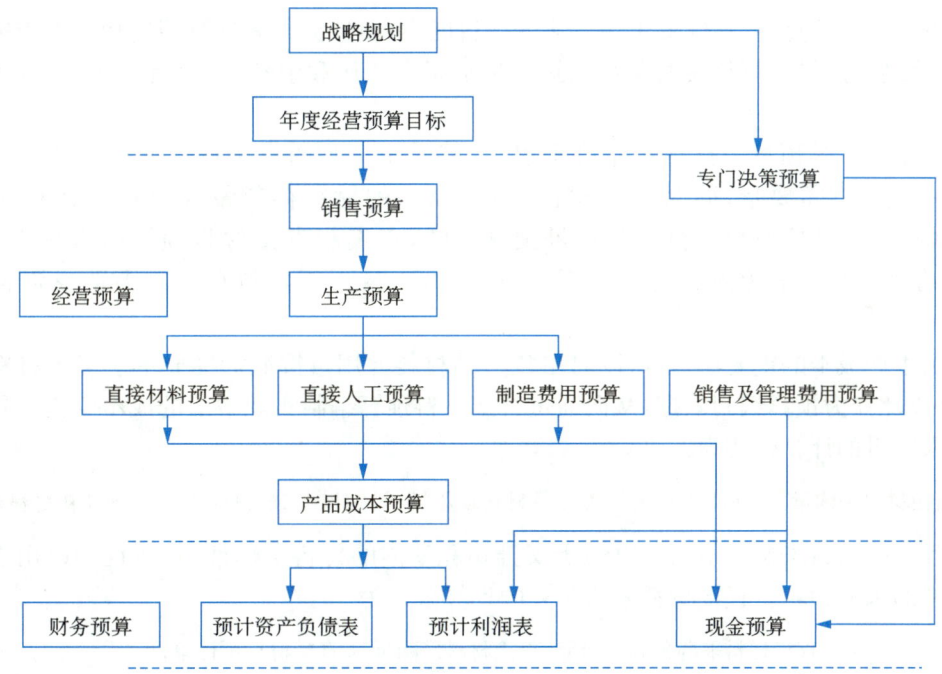

图 3-4　全面预算的体系框架

全面预算体系有助于企业综合考虑经营活动、投资决策和财务状况,为企业的经营决策和资金安排提供全面的参考依据。

二、编制全面预算的具体内容

预算编制在内容上包括经营预算、专门决策预算及财务预算。

(一) 经营预算

1. 销售预算的编制

销售预算是基于销售预测预计下一年度的销售量和销售价格进而得到预计销售收入，同时结合企业商业信用政策预计销售活动取得的现金流入。其相关计算公式如下：

$$销售收入 = 销售量 \times 销售价格$$

销售预算作为预算编制的起点，编制的准确程度对整个企业的预算编制起着至关重要的作用。

2. 生产预算的编制

基于销量预测和销售预算，企业遵循以销定产的逻辑编制生产预算。生产预算的编制通常先确定产量预算，随后根据生产流程中各项资源耗费和成本项目编制直接材料预算、直接人工预算和制造费用预算，最后形成产品成本预算和期末产成品存货预算。

(1) 产量预算。产量预算是根据预计的销售量和预计的期初、期末产成品存货量，计算出每一个产品的预计产量。预计产量的计算公式为：

$$预计产量 = 预计销售量 + 预计期末产成品存货量 - 预计期初产成品存货量$$

在编制产量预算时，不仅要考虑企业的销售能力，而且要考虑预算期期初和期末的存货量，将存货纳入产量预算是要避免存货过多造成资金积压和浪费，或存货不足、无货销售导致收入下降。

(2) 直接材料预算。预计产量确定以后，将单位产品的直接材料消耗量乘以预计产量可得本期生产需要量，同时考虑预计期初、期末的材料存货量便可得直接材料采购量，并据此编制直接材料预算。与产量预算相同，在编制直接材料预算时考虑期初、期末存货的目的在于避免因材料存货不足影响生产，或由于材料存货过多造成资金的积压和浪费。

作为生产成本的重要项目，可以对单位产品材料耗用量按照标准成本法确定材料耗用标准，并以此作为预算编制依据，从而通过直接材料预算编制实现事前的成本管控。预计直接材料采购量的计算公式为：

$$预计直接材料采购量 = 预计产量 \times 单位产品材料耗用量 + 预计期末材料存货 - 预计期初材料存货$$

预计直接材料采购量不仅可以用于安排预算期内的材料采购计划，而且可以用于计算直接材料的采购预算。直接材料采购预算的计算公式为：

$$直接材料采购预算 = 预计直接材料采购量 \times 直接材料预计单价$$

(3) 直接人工预算。直接人工预算与直接材料预算相似，也是在生产预算的基础上编制的。其计算公式为：

$$直接人工预算 = 预计生产量 \times 单位产品直接人工小时 \times 小时工资率$$

(4) 制造费用预算。制造费用预算是除直接材料和直接人工以外的其他产品成本预算。这些成本按照其与生产量的相关性（即成本性态）可分为变动制造费用和固定制造费用两类。不同性态的制造费用，其预算的编制方法不同。变动制造费用与生产量之间存在线性关系，因此其计算公式为：

$$变动制造费用预算 = 预计生产量 \times 单位产品预定分配率$$

固定制造费用与生产量之间不存在线性关系,其预算通常都是根据上年的实际水平,经过适当的调整而得。此外,固定资产折旧作为一项固定制造费用,由于不涉及现金支出,在编制制造费用预算中计算现金支出时,需要从固定制造费用中扣除。

(5)产品成本预算。产品成本预算是在生产预算的基础上,按预计的各项产品成本归集计算得出的。其计算公式为:

$$产品成本预算 = 直接材料预算 + 直接人工预算 + 变动制造费用预算 + 固定制造费用预算$$

结合产品生产周期,企业应该预计预算年度内的生产进度,将产品成本预算在完工产品和未完工产品成本之间分配,据此可得预算年度内的预计单位产品成本。其计算公式为:

$$产品销售成本预算 = 预计单位产品成本 \times 预计销售量$$

(6)期末产成品存货预算。期末产成品存货不仅影响生产预算,其预计金额也关乎预计资产负债表和预计利润表。其计算公式为:

$$期末产成品存货预算 = 产成品的预计单位成本 \times 预计期末产成品存货量$$

3. 销售及管理费用预算的编制

销售及管理费用主要是销售部门、管理部门编制的各项费用。这些费用的预算编制方法在企业实践中多种多样,通常会按照目标成本法确定费用控制目标,据此编制预算,或依据历史趋势编制费用预算,也可能完全依据未来发展计划逐一确定各项销售或管理计划的预算。

【例题 3-4】 星海企业预计 2024 年销售 A 产品 10 200 件,第 1—4 季度分别为 2 000 件、2 250 件、3 000 件、2 950 件,销售单价为 500 元。收款条件为当季现收占销售额的 60%,余款在后两个季度分别收到 30% 和 10%,不考虑坏账影响,2023 年第 3 季度和第 4 季度的销售额分别为 1 400 000 元和 1 350 000 元。

(1)经测算,预计在每季度末保有产品库存量为下一季度销售量的 20%(延续 2023 年度的政策)。2023 年产品单位成本为 260 元,预计 2025 年第 1 季度销售量为 1 900 件。

(2)假定生产 A 产品只耗用一种材料,预计 2024 年年末材料库存量为 1 600 千克。2023 年年末材料库存量为 1 400 千克。产品的材料消耗定额为 3 千克/件,材料单价为 50 元/千克。每一季度的期末材料库存量为下一季度的生产耗用量的 10%。材料采购货款季付现 70%,余款在下一季度付清。2023 年年末应付账款为 80 000 元。

(3)直接人工小时工资率为 15 元/小时,单位产品工时定额为 4 小时/件。

(4)变动制造费用与人工工时密切相关。变动制造费用分配率为 10 元/小时,其中:间接材料为 2 元/小时,间接人工为 1 元/小时,水电费为 3 元/小时,变动维修费为 1.5 元/小时,其他变动制造费用为 2.5 元/小时。假定固定制造费用各季均衡,全年预计为 600 000 元,其中:人员工资 200 000 元,折旧费 140 000 元,维修费 60 000 元,保险费 80 000 元,其他费用 120 000 元。预计所有费用均需当季支付。

(5)采用变动成本法,变动制造费用的产品工时定额为 4 小时/件。

(6)预计单位变动销售费用为 15 元/件。预计固定销售及管理费用为每季 106 000 元

(其中折旧费为每季 12 500 元)。

星海企业 2024 年销售预算表如表 3-9 所示,星海企业 2024 年生产预算表如表 3-10 所示,星海企业 2024 年直接材料预算表如表 3-11 所示,星海企业 2024 年直接人工预算表如表 3-12 所示,星海企业 2024 年制造费用预算表如表 3-13 所示,星海企业 2024 年单位产品生产成本预算表如表 3-14 所示,星海企业 2024 年期末库存产成品成本预算表如表 3-15 所示,星海企业 2024 年生产成本及销售成本预算表如表 3-16 所示,星海企业 2024 年销售及管理费用预算表如表 3-17 所示。

表 3-9 星海企业 2024 年销售预算表 金额单位:元

项目		1 季度	2 季度	3 季度	4 季度	全年
预计销售量(件)		2 000	2 250	3 000	2 950	10 200
预计销售单价(元/件)		500	500	500	500	500
预计销售额		1 000 000	1 125 000	1 500 000	1 475 000	5 100 000
预计现金收入	期初应收账款	545 000	135 000			680 000
	1 季度销售收入	600 000	300 000	100 000		1 000 000
	2 季度销售收入		675 000	337 500	112 500	1 125 000
	3 季度销售收入			900 000	450 000	1 350 000
	4 季度销售收入				885 000	885 000
	现金收入合计	1 145 000	1 110 000	1 337 500	1 447 500	5 040 000

表 3-10 星海企业 2024 年生产预算表 单位:件

项目	1 季度	2 季度	3 季度	4 季度	全年
预计销售量	2 000	2 250	3 000	2 950	10 200
减:预计期初存货	400	450	600	590	400
加:预计期末存货	450	600	590	380	380
预计生产量	2 050	2 400	2 990	2 740	10 180

表 3-11 星海企业 2024 年直接材料预算表 金额单位:元

项目	1 季度	2 季度	3 季度	4 季度	全年
预计生产量(件)	2 050	2 400	2 990	2 740	10 180
单耗定额(千克)	3	3	3	3	3
材料用量(千克)	6 150	7 200	8 970	8 220	30 540
加:预计期末材料库存量(千克)	720	897	822	1 600	1 600
减:预计期初材料库存量(千克)	1 400	720	897	822	1 400
预计材料采购量(千克)	5 470	7 377	8 895	8 998	30 740
采购单价(元/千克)	50	50	50	50	50

(续表)

项目		1季度	2季度	3季度	4季度	全年
预计采购金额		273 500	368 850	444 750	449 900	1 537 000
预计现金支出	期初应付账款	80 000				80 000
	1季度购料款	191 450	82 050			273 500
	2季度购料款		258 195	110 655		368 850
	3季度购料款			311 325	133 425	444 750
	4季度购料款				314 930	314 930
	现金支出合计	271 450	340 245	421 980	448 355	1 482 030

表3-12　星海企业2024年直接人工预算表　　　　　　　　　金额单位：元

项目	1季度	2季度	3季度	4季度	全年
预计生产量（件）	2 050	2 400	2 990	2 740	10 180
工时定额（小时）	4	4	4	4	4
人工总工时（小时）	8 200	9 600	11 960	10 960	40 720
小时工资	15	15	15	15	15
人工总成本	123 000	144 000	179 400	164 400	610 800

表3-13　星海企业2024年制造费用预算表　　　　　　　　　金额单位：元

项目		小时费用率	1季度	2季度	3季度	4季度	全年
	人工总工时（小时）		8 200	9 600	11 960	10 960	40 720
变动制造费用	间接材料	2	16 400	19 200	23 920	21 920	81 440
	间接人工	1	8 200	9 600	11 960	10 960	40 720
	水电费	3	24 600	28 800	35 880	32 880	122 160
	维修费	1.5	12 300	14 400	17 940	16 440	610 80
	其他费用	2.5	20 500	24 000	29 900	27 400	101 800
	小计	10	82 000	96 000	119 600	109 600	407 200
固定制造费用	人员工资		50 000	50 000	50 000	50 000	200 000
	折旧费		35 000	35 000	35 000	35 000	140 000
	维修费		15 000	15 000	15 000	15 000	60 000
	保险费		20 000	20 000	20 000	20 000	80 000
	其他费用		30 000	30 000	30 000	30 000	120 000
	小计		150 000	150 000	150 000	150 000	600 000

(续表)

项目	小时费用率	1季度	2季度	3季度	4季度	全年
制造费用合计		232 000	246 000	269 600	259 600	1 007 200
减：折旧费		35 000	35 000	35 000	35 000	140 000
预计现金支出		197 000	211 000	234 600	224 600	867 200

表 3-14　星海企业 2024 年单位产品生产成本预算表　　　　　　　　　单位：元

项目	定额（标准）	单价	单位变动成本
直接材料	3	50	150
直接人工	4	15	60
变动制造费用	4	10	40
合计	—	—	250

表 3-15　星海企业 2024 年期末库存产成品成本预算表　　　　　　　金额单位：元

季度	期末库存量（件）	单位成本	库存产成品成本
1季度	450	250	112 500
2季度	600	250	150 000
3季度	590	250	147 500
4季度	380	250	95 000

表 3-16　星海企业 2024 年生产成本及销售成本预算表　　　　　　　　　单位：元

项目	1季度	2季度	3季度	4季度	全年
直接材料	307 500	360 000	448 500	411 000	1 527 000
直接人工	123 000	144 000	179 400	164 400	610 800
变动制造费用	82 000	96 000	119 600	109 600	407 200
生产成本合计	512 500	600 000	747 500	685 000	2 545 000
加：期初库存产品成本	104 000	112 500	150 000	147 500	104 000
减：期末库存产品成本	112 500	150 000	147 500	95 000	95 000
销售成本合计	504 000	562 500	750 000	737 500	2 554 000

表 3-17　星海企业 2024 年销售及管理费用预算表　　　　　　　　　金额单位：元

项目	1季度	2季度	3季度	4季度	全年
预计销售量（件）	2 000	2 250	3 000	2 950	10 200
单位变动销售费用（元/件）	15	15	15	15	15

(续表)

项目	1季度	2季度	3季度	4季度	全年
变动销售费用小计	30 000	33 750	45 000	44 250	153 000
固定销售及管理费用	106 000	106 000	106 000	106 000	424 000
销售及管理费用合计	136 000	139 750	151 000	150 250	577 000
减:折旧费	12 500	12 500	12 500	12 500	50 000
预计现金支出	123 500	127 250	138 500	137 750	527 000

(二) 专门决策预算

由于这类预算涉及长期建设项目的投资资金的投放与筹措等,并经常跨年度,因此,除个别项目外一般不纳入经营预算,但应记入与此有关的现金预算与预计资产负债表。此部分预算并入现金预算展示,不再单独列表。

(三) 财务预算

1. 现金预算表

现金预算表是所有有关现金收支预算汇总而得的,通常包括现金收入、现金支出、现金节余或不足,以及资金的筹集与安排等。

现金预算表是企业现金管理的重要工具,有助于企业合理安排和运用资金,提高资金使用效率、降低资金使用成本。

2. 预计利润表

预计利润表是在各项经营预算的基础上,按照权责发生制的原则和期末利润表的编制方法编制而成的。

预计利润表揭示的是企业未来的盈利情况。企业管理者可据此了解未来一期的盈利状况,以便安排或调整其经营策略。

3. 预计资产负债表

预计资产负债表是在预算期初资产负债表的基础上,根据经营预算、资本支出预算和现金预算表等的有关结果,对有关项目进行调整后编制而成的。

预计资产负债表反映的是企业预算年度期末各资产负债账户的预计余额,企业管理者可以据此了解企业未来一期的财务状况,以便采取有效措施,防止不良财务状况的出现。

【例题3-5】 星海企业2023年年末现金余额为125 000元,每季季末最低现金余额为300 000元。预计4月全款购置一套价值500 000元的设备。企业现有未到期长期借款500 000元,年利率8%,每年年末付息。另获得银行3月期贷款授信额度600 000元,年利率10%,每季度初借入,下季度初还本付息。预计第4季度以现金900 000元对外投资入股。预计每季缴纳所得税80 000元(假定不考虑其他税费)。

星海企业2023年资产负债表(简表)如表3-18所示。

表 3-18 星海企业 2023 年资产负债表（简表）

单位：星海企业　　　　　　　　　　2023 年 12 月 31 日　　　　　　　　　　单位：元

资产	金额	负债及所有者权益（或股东权益）	金额
流动资产		负债	
货币资金	125 000	应付账款	8 000
原应收账款	680 000	长期借款	500 000
材料	70 000	负债小计	580 000
产成品	104 000	所有者权益（或股东权益）	
流动资产小计	979 000	股本	1 000 000
非流动资产		留存收益	116 000
固定资产	717 000	所有者权益（或股东权益）小计	1 116 000
资产总计	1 696 000	负债及所有者权益（或股东权益）总计	1 696 000

根据以上资料，编制星海企业 2024 年现金预算表如表 3-19 所示、星海企业 2024 年预计利润表如表 3-20 所示、星海企业 2024 年预计资产负债表如表 3-21 所示。

表 3-19 星海企业 2024 年现金预算表　　　　　　　　　　单位：元

项目	1 季度	2 季度	3 季度	4 季度	全年
期初现金余额	125 000	475 050	302 555	462 575	125 000
加：销售现金收入	1 145 000	1 110 000	1 337 500	1 447 500	5 040 000
可供使用的现金	1 270 000	1 585 050	1 640 055	1 910 075	5 165 000
减：现金支出					
直接材料	271 450	340 245	421 980	448 355	1 482 030
直接人工	123 000	144 000	179 400	164 400	610 800
制造费用	197 000	211 000	234 600	224 600	867 200
销售及管理费用	123 500	127 250	138 500	137 750	527 000
购置设备		500 000			500 000
对外投资				900 000	900 000
缴纳税费	80 000	80 000	80 000	80 000	320 000
现金支出合计	794 950	1 402 495	1 054 480	1 955 105	5 207 030
现金余缺	475 050	182 555	585 575	−45 030	−42 030
向银行贷款		120 000		400 000	520 000
归还贷款本金			120 000		120 000
支付贷款利息			3 000	40 000	43 000
期末现金余额	475 050	302 555	462 575	314 970	314 970

表 3-20　星海企业 2024 年预计利润表　　　　　　　　　　　　　　　　　　　　　　　　单位:元

项目	1 季度	2 季度	3 季度	4 季度	全年
销售收入	1 000 000	1 125 000	1 500 000	1 475 000	5 100 000
变动成本:					
销售成本	504 000	562 500	750 000	737 500	2 554 000
销售费用	30 000	33 750	45 000	44 250	153 000
小计	534 000	596 250	795 000	781 750	2 707 000
边际贡献	466 000	528 750	705 000	693 250	2 393 000
固定成本:					
制造费用	150 000	150 000	150 000	150 000	600 000
销售及管理费用	106 000	106 000	106 000	106 000	424 000
小计	256 000	256 000	256 000	256 000	1 024 000
营业利润	210 000	272 750	449 000	437 250	1 369 000
减:利息	10 000	13 000	10 000	20 000	53 000
税前利润	200 000	259 750	439 000	417 250	1 316 000
减:所得税	80 000	80 000	80 000	80 000	320 000
净利润	120 000	179 750	359 000	337 250	996 000

表 3-21　星海企业 2024 年预计资产负债表(简表)　　　　　　　　　　　　　　　　　　单位:元

资产	金额	负债及所有者权益 (或股东权益)	金额
流动资产		负债	
货币资金	314 970	应付账款	134 970
应收账款	740 000	短期借款及利息	410 000
材料	80 000	长期借款	500 000
产成品	95 000	负债小计	1 044 970
流动资产小计	1 229 970	所有者权益(或股东权益)	
非流动资产		股本	1 000 000
固定资产	1 027 000	留存收益	1 112 000
长期投资	900 000	所有者权益(或股东权益)小计	2 112 000
资产总计	3 156 970	负债及所有者权益(或股东权益)总计	3 156 970

 项目小结

在预算管理这一项目中,我们深刻了解到预算不仅是一种规划工具,更是协调和控制企业资源的有效手段。我们学习了多种预算编制方法,如固定预算、弹性预算、增量预算、零基预算等,每种方法都有其特点和适用场景。同时,了解了预算编制的流程,从目标设定到草案编制,再到审查和批准,每一个环节都至关重要。预算的执行与控制是确保预算目标实现的关键,通过实时监控和差异分析,能够及时发现问题并采取相应措施。此外,预算考核与评价也是对预算管理效果的检验,有助于不断提升预算管理水平。总的来说,预算管理是企业管理中不可或缺的一部分,为企业的战略规划和运营决策提供了有力支持。希望大家能深刻领会预算管理的内涵,将所学知识运用到实际工作中,为企业的发展贡献力量。

习题与实训

任务一 全面预算管理认知

一、判断题
1. 预算管理的内容主要包括经营预算、专门决策预算和财务预算。（ ）
2. 企业实施预算管理的基础环境包括战略目标、业务计划、组织架构、内部管理制度、信息系统等。（ ）
3. 预算管理委员会是预算管理决策机构,是组织领导公司预算管理的最高权力组织。（ ）
4. 预算委员会应由企业的全体财务人员组成。（ ）
5. 财务预算是指反映企业预算期现金支出的预算。（ ）
6. 预算的编制应采取自上而下、自下而上的方法,不断反复和修正,最后由有关机构综合平衡,并以书面形式向下传达,作为正式的预算落实到各有关部门付诸实施。（ ）
7. 预算控制是指企业以预算为标准,通过预算分解、过程监督、差异分析等促使日常经营不偏离预算标准的管理活动。（ ）

二、单项选择题
1. 将预算管理嵌入企业经营管理活动的各个领域、层次、环节是遵循了（　　）原则。
   A. 过程控制　　　B. 融合性　　　C. 平衡管理　　　D. 战略导向
2. 企业编制全面预算时,各个预算都是由（　　）细化和分解而来的。
   A. 资本预算　　　B. 现金预算　　　C. 生产预算　　　D. 企业战略
3. 预算管理的工作机构一般设在（　　）。
   A. 董事会办公室　　B. 总经理办公室　　C. 财会部门　　　D. 销售部门
4. 在管理会计中,用于概括与企业日常业务直接相关、具有实质性的基本活动的一系列预算的概念是（　　）。
   A. 专门决策预算　　B. 经营预算　　　C. 财务预算　　　D. 销售预算
5. 编制经营预算与财务预算的期间通常是（　　）。
   A. 1个月　　　　B. 1个季度　　　C. 半年　　　　D. 1年

三、多项选择题
1. 下列各项中,属于预算管理内容的有（　　）。
   A. 经营预算　　　B. 财务预算　　　C. 专门决策预算
   D. 零基预算方法　E. 滚动预算方法
2. 下列各项中,属于专门决策预算内容的有（　　）。
   A. 经营决策预算　　　　　　　B. 预计利润表
   C. 财务费用预算　　　　　　　D. 投资决策预算

3. 为了确保预算工作的顺利进行,通常需要成立预算管理委员会,预算管理委员会的作用包括(　　)。
   A. 制订和颁布有关预算制度的各项　　　B. 审查和协调各部门的预算申报工作
   C. 经常检查预算的执行情况　　　　　　D. 解决有关矛盾和争执
   E. 批准最终预算
4. 企业进行预算管理,一般应遵循(　　)原则。
   A. 战略导向　　　B. 过程控制　　　C. 融合性
   D. 平衡管理　　　E. 权变性
5. 企业预算编制流程包括(　　)。
   A. 分解下达预算目标　　　　　　　　　B. 分级编制上报预算草案
   C. 审查平衡预算草案　　　　　　　　　D. 汇总编制全面预算草案

任务二　全面预算管理的工具方法

一、判断题

1. 一般来说,固定预算方法只适用于业务量水平较为稳定的企业或非营利组织编制预算时采用。(　　)
2. 弹性预算方法只适用于编制利润预算。(　　)
3. 在实务中,企业并不需要每年都按零基预算方法来编制预算,而是每隔几年才按此方法编制一次预算。(　　)
4. 在应用滚动预算方法时,按逐季滚动方式编制的预算比按逐月滚动方式的工作量小,但预算精确度较差。(　　)
5. 定期预算方法的最大特点是预算期与会计年度相一致。(　　)
6. 编制弹性预算所依据的业务量是指企业销量、产量等与预算项目相关的弹性变量。(　　)
7. 传统的预算编制方法基本上采用的是增量预算方法,即以基期的实际预算为基础,对预算值进行增减调整。这种预算方法比较简便。(　　)
8. 滚动预算按其滚动的时间单位不同,分为中期滚动预算和短期滚动预算。(　　)

二、单项选择题

1. 下列各项中,能够揭示滚动预算方法基本特点的表述是(　　)。
   A. 预算期是相对固定的　　　　　　　　B. 预算期是连续不断的
   C. 预算期与会计年度一致　　　　　　　D. 预算期不可随意变动
2. 下列各项中,应当作为零基预算方法出发点的是(　　)。
   A. 基期的费用水平　　　　　　　　　　B. 历史上费用的最高水平
   C. 国内外同行业费用水平　　　　　　　D. 所有费用为零
3. 下列项目中,能够克服固定预算方法缺点的是(　　)。
   A. 固定预算　　　　　　　　　　　　　B. 弹性预算
   C. 滚动预算　　　　　　　　　　　　　D. 零基预算

4. 在基期成本费用水平基础上,结合预算期业务量及有关影响因素,通过调整有关原有成本费用项目而编制的预算是（　　）。
   A. 固定预算　　　B. 弹性预算　　　C. 增量预算　　　D. 零基预算
5. 下列各项中,属于编制弹性预算首先应当考虑及确定的因素是（　　）。
   A. 业务量　　　B. 变动成本　　　C. 固定成本　　　D. 计量单位

三、多项选择题

1. 按编制预算出发点的特征不同,可将编制成本费用预算的方法分为（　　）。
   A. 固定预算　　　B. 弹性预算　　　C. 增量预算
   D. 零基预算　　　E. 定期预算
2. 下列各项中,能揭示弹性预算方法优点的有（　　）。
   A. 可比性强　　　　　　　　　　B. 预算范围宽
   C. 各预算期预算相互衔接　　　　D. 不受现有费用项目的限制
   E. 能够调动企业各部门降低费用的积极性
3. 下列各项中,属于为克服传统预算方法的缺点而设计的先进预算方法的有（　　）。
   A. 固定预算　　　B. 弹性预算　　　C. 滚动预算
   D. 零基预算　　　E. 定期预算
4. 滚动预算按其滚动的时间单位不同,分为（　　）。
   A. 中期滚动预算　B. 短期滚动预算　C. 逐季滚动　　　D. 逐月滚动
5. 下列项目中,属于滚动预算方法优点的有（　　）。
   A. 完整性突出　　B. 及时性强　　　C. 连续性突出　　D. 透明度高
6. 下列项目中,属于作业预算方法优点的有（　　）。
   A. 能使成本与作业活动之间的联系更明确
   B. 确立更切实际的预算
   C. 将成本更好地与产出相联系
   D. 将成本更精确地分摊到员工职责

四、实训题

(一) 实训目标

掌握滚动预算方法的运用。

(二) 实训资料

某公司甲车间采用滚动预算方法编制制造费用预算。甲车间 2023 年分季度制造费用预算如表 3-22 所示(其中间接材料费用忽略不计)。

表 3-22　甲车间 2023 年分季度制造费用预算　　　　　　金额单位:元

项目	一季度	二季度	三季度	四季度	合计
直接人工预算总工时(小时)	11 400	12 060	12 360	12 600	48 420
变动制造费用:					
间接人工费用	50 160	53 064	54 384	55 440	213 048
水电与维修费用	41 040	43 416	44 496	45 360	174 312

(续表)

项目	一季度	二季度	三季度	四季度	合计
小计	91 200	96 480	98 880	100 800	387 360
固定制造费用：					
设备租金	38 600	38 600	38 600	38 600	154 400
管理人员工资	17 400	17 400	17 400	17 400	69 600
小计	56 000	56 000	56 000	56 000	224 000
制造费用合计	147 200	152 480	154 880	156 800	611 360

2023年3月31日，公司在编制2023年第二季度至2024年第一季度滚动预算时，发现未来的四个季度中将出现以下情况：

（1）间接人工费用预算工时分配率将上涨50%。

（2）原设备租赁合同到期，公司新签订的租赁合同中设备年租金将降低20%。

（3）预计直接人工总工时见表3-23。假定水电与维修费用预算工时分配率等其他条件不变。

实训要求：

（1）以直接人工工时为分配标准，计算下一滚动期间的以下指标：①间接人工费用预算工时分配率。②水电与维修费用预算工时分配率。

（2）根据有关资料计算下一滚动期间的以下指标：①间接人工费用总预算额。②每季度设备租金预算额。

（3）计算表3-23中用字母表示的项目（可不写计算过程）。

表3-23　2023年第二季度至2024年第一季度制造费用预算　　金额单位：元

项目	2023年		2024年		合计
	二季度	三季度	四季度	一季度	
直接人工预算总工时（小时）	12 100	*	*	11 720	48 420
变动制造费用：					
间接人工费用	A	*	*	B	*
水电与维修费用	C	*	*	D	*
小计	*	*	*	*	493 884
固定制造费用：					
设备租金	E	*	*	*	*
管理人员工资	F	*	*	*	*
小计	*	*	*	*	*
制造费用合计	171 700	*	*	*	687 004

任务三　全面预算的编制

一、判断题

1. 编制生产预算以销售预算为基础。（　　）
2. 为了便于编制现金预算,还应在编制销售预算的同时,编制与销售收入有关的经营现金收入预算表。（　　）
3. 生产预算是编制全面预算的关键和起点。（　　）
4. 各种经营预算的编制,均同时使用实物量和价值量作为计量单位。（　　）
5. 在编制生产预算时,应考虑预计期初存货和预计期末存货。（　　）
6. 产品成本预算需要在生产预算、直接材料预算、直接人工预算和制造费用预算的基础上编制。（　　）
7. 预计资产负债表和预计利润表构成了整个财务预算。（　　）

二、单项选择题

1. 某产品销售款的回收情况是：销售当月收款60%,次月收款40%,2023年1—3月的销售额估计为7 000元、9 000元、6 000元。由此可预测2023年2月的现金收入为（　　）元。
   A. 7 200   B. 7 800   C. 8 200   D. 9 000
2. 预计期初存货50件,期末存货40件,本期销售250件,则本期生产量为（　　）件。
   A. 250   B. 240   C. 260   D. 230
3. 直接材料预算编制基础是（　　）。
   A. 销售预算   B. 直接人工预算   C. 财务预算   D. 生产预算
4. 在编制制造费用预算时,计算现金支出应予剔除的项目是（　　）。
   A. 间接材料   B. 间接人工   C. 管理人员工资   D. 折旧费
5. 变动性制造费用预算的编制基础是（　　）。
   A. 生产预算   B. 现金预算   C. 制造费用预算   D. 销售预算
6. 下列预算中,不涉及货币金额,只反映实物量的是（　　）。
   A. 生产预算   B. 现金预算   C. 直接材料预算   D. 销售预算
7. 下列各项中,与生产预算没有直接联系的是（　　）。
   A. 直接材料预算   B. 直接人工预算
   C. 制造费用预算   D. 销售与管理费用预算
8. 现金预算属于（　　）。
   A. 经营预算   B. 生产预算   C. 专门决策预算   D. 财务预算
9. 下列各项中,可以总括反映企业在预算期间盈利能力的预算是（　　）。
   A. 专门决策预算   B. 现金预算
   C. 预计利润表   D. 预计资产负债表

三、多项选择题

1. 销售预算的主要内容有（　　）。
   A. 销售收入   B. 销售费用   C. 销售数量   D. 销售单价

2. 编制生产预算时需要考虑的因素有（   ）。
   A. 基期生产量
   B. 预算期预计期末存货量
   C. 预算期预计销售量
   D. 预算期期初存货量

3. 下列各项中，属于产品成本预算编制基础的有（   ）。
   A. 财务预算
   B. 生产预算
   C. 直接材料预算
   D. 直接人工预算
   E. 制造费用预算

4. 下列各项中，编制直接人工预算需要考虑的有（   ）。
   A. 基期生产量
   B. 生产预算中的预计生产量
   C. 基期销售量
   D. 标准单位直接人工工时
   E. 标准工资率

5. 下列预算中，在编制时需要以生产预算为基础的是（   ）。
   A. 直接材料预算
   B. 销售预算
   C. 直接人工预算
   D. 制造费用预算
   E. 单位产品成本预算

6. 下列各项中，能够为编制预计利润表提供信息来源的有（   ）。
   A. 销售预算
   B. 产品成本预算
   C. 专门决策预算
   D. 财务费用预算
   E. 销售费用及管理费用预算

7. 现金预算是各有关现金收支预算的汇总，通常包括（   ）。
   A. 现金收入
   B. 现金支出
   C. 现金多余或现金不足
   D. 资金的筹集与应用
   E. 资金的分配

8. 财务预算的内容包括（   ）。
   A. 经营预算
   B. 专门决策预算
   C. 预计资产负债表
   D. 预计利润表
   E. 现金预算

四、实训题

（一）实训目标

掌握经营预算和现金预算的编制。

（二）实训资料

梦星公司拟编制 2024 年的全面预算，公司 2024 年只生产并销售一种产品。相关资料如下：

（1）据估计，2024 年四个季度的销售量分别为 1 100 件、1 600 件、2 000 件、1 500 件，产品售价为 90 元。在产品每季的销售收入中，有 60% 能于当季收到现金，其余 40% 要到下季收回。上年年末的应收账款余额为 45 000 元。

（2）梦星公司各季度末的产成品存货按下一季度销售量的 10% 计算。2023 年年末产成品存货为 100 件，根据会计历史资料推断，2024 年年末产成品存货为 120 件。

（3）梦星公司生产产品耗用 A、B 两种材料，单位产品材料消耗定额分别为 3 千克、2 千克，材料单价分别为 5 元、3 元。公司每季度末的材料库存按下季度生产需用量的 30% 计算；各季度初存料量与上季度末存料量相等，A 材料第四季度末的存料量为 1 980 千克，B 材料第四季度的存料量为 1 200 千克。2024 年年初材料的存货量分别为：A 材料 1 030 千克、B 材料 830 千克。预计每季度材料采购的金额中，50% 在当季付款，其余在下季支付。2024 年年初，两种材料应付采购账款为 9 400 元。

(4)假定梦星公司全年预缴所得税 60 000 元,按季平均预缴。

(5)梦星公司生产产品的单位工时定额为 4 小时,小时工资率为 5 元。按照国家有关规定计提职工福利费率 14%。职工福利费的支用率预计为 90%。

(6)梦星公司在编制预算时采用变动成本法,变动性制造费用按各种产品直接人工工时比例分配,除折旧费以外的各项制造费用均以现金支付。梦星公司预计变动性制造费用项目有:间接材料 9 000 元,间接人工 8 600 元,维修费 6 832 元,水电费 6 300 元,其他 4 100 元。预计固定性制造费用项目有:管理人员工资 8 000 元,折旧费 17 000 元,办公费 5 500 元,保险费 5 300 元,其他 3 000 元。

(7)假定梦星公司在产品及自制半成品的期初、期末余额均为零,产成品期初余额为 5 000 元。

(8)预计单位变动性销售费用项目如下:销售佣金 0.90 元,交货运输费 0.80 元,其他 0.20 元。变动性销售费用总额按销售量计算。预计固定性销售费用项目如下:管理人员工资预计 6 000 元,广告费 15 000 元,保险费 5 000 元,其他 2 600 元。

(9)预计管理费用项目如下:公司经费 5 000 元,工会经费 1 100 元,董事会费 2 100 元,无形资产摊销费 900 元,职工培训费 600 元,其他 800 元。

(10)梦星公司 2024 年年初现金余额为 5 500 元,该年购买设备 138 000 元,各季支付数分别为 56 000 元、10 000 元、34 000 元、38 000 元。预计每季度支付投资者股利 2 500 元。梦星公司现金余额最低应保持 4 500 元,最高为 7 500 元。2024 年支付本期借款利息 8 000 元,每季度 2 000 元。当现金不足时向银行借款,多余时归还借款。借款在季初,还款在季末,还款时,同时支付所还借款的全部利息。梦星公司借款情况如下:第一季度短期借款 51 000 元,利率为 10%,以后分三季等额偿还;第三季度短期借款 22 000 元,分两季偿还,借款利率为 12%;第四季度发行公司债券 30 000 元,利率为 14%。该公司第二季度发行普通股 20 000 元。

(三)实训要求

根据资料编制梦星公司 2024 年的经营预算(不用编制期末存货预算)和现金预算(计算结果保留到整数位),如表 3-24 至表 3-35 所示。

表 3-24 2024 年梦星公司的销售预算 金额单位:元

季度	一季度	二季度	三季度	四季度	全年
销售单价					
预计销售量(件)					
预计销售收入					
期初应收账款					
第一季度经营现金收入					
第二季度经营现金收入					
第三季度经营现金收入					
第四季度经营现金收入					
经营现金收入合计					

表 3-25　2024 年梦星公司的生产预算　　　　　　　　　　　　　　单位：件

季度	一季度	二季度	三季度	四季度	全年
预计销售量					
加：预计期末存货量					
减：期初存货量					
预计生产量					

表 3-26　2024 年梦星公司直接材料需用量预算

品种	季度	一季度	二季度	三季度	四季度	全年
A 材料	材料单耗（千克/件）					
	预计生产量（件）					
	预计生产需用量（千克）					
B 材料	材料单耗（千克/件）					
	预计生产量（件）					
	预计生产需用量（千克）					

表 3-27　2024 年梦星公司直接材料采购预算　　　　　　　　　　　金额单位：元

品种	季度	一季度	二季度	三季度	四季度	全年
A 材料	材料采购单价					
	材料耗用量					
	加：期末材料存量					
	减：期初材料存量					
	本期采购量					
	材料采购成本					
B 材料	材料采购单价					
	材料耗用量					
	加：期末材料存量					
	减：期初材料存量					
	本期采购量					
	材料采购成本					
	预计采购金额合计					
	期初应付账款					
	第一季度采购现金支出					
	第二季度采购现金支出					
	第三季度采购现金支出					

(续表)

品种 季度	一季度	二季度	三季度	四季度	全年
第四季度采购现金支出					
现金支出合计					

表 3-28　2024 年梦星公司直接人工预算　　　　金额单位：元

季度	一季度	二季度	三季度	四季度	全年
工资率					
单位产品工时定额（小时）					
预计生产量（件）					
直接人工工时总数（小时）					
预计直接工资					
提取福利费					
单位工时直接人工成本					
预计福利费现金支出					
直接人工成本现金支出合计					

表 3-29　2024 年梦星公司制造费用预算　　　　金额单位：元

变动性制造费用		固定性制造费用	
间接材料		管理人员工资	
间接人工		折旧费	
维修费		办公费	
水电费		保险费	
其他		其他	
合计		合计	
直接人工工时数（小时）		减：折旧	
预算分配率＝		现金支出合计	
		各季支出数＝	

表 3-30　2024 年梦星公司制造费用现金支出预算　　　　金额单位：元

季度	一季度	二季度	三季度	四季度	全年
变动性制造费用分配率					
直接人工工时（小时）					

(续表)

季度	一季度	二季度	三季度	四季度	全年
变动性制造费用					
固定性制造费用					
现金支出合计					

表 3-31　2024 年梦星公司产品成本预算　　　　　　　　　　　　　　金额单位：元

成本项目	单价	单位用量（千克、小时）	单位成本	总成本
直接材料				
A 材料				
B 材料				
小计				
直接人工				
变动性制造费用				
合计				
加：在产品及自制半成品的期初余额				
减：在产品及自制半成品的期末余额				
预计产品生产成本				
加：产成品期初余额				
减：产成品期末余额				
预计产品销售成本				

表 3-32　2024 年梦星公司销售费用预算　　　　　　　　　　　　　　　　单位：元

变动性销售费用		固定性销售费用	
项目	单位产品标准费用额	项目	单位产品标准费用额
销售佣金		管理人员工资	
销售运杂费		广告费	
其他		保险费	
		其他	
合计		合计	

表 3-33　2024 年梦星公司销售费用预算现金支出预算　　　　金额单位：元

季度	一季度	二季度	三季度	四季度	全年
单位产品标准费用额					
预计销售量（件）					
变动性销售费用					
固定性销售费用					
现金支出合计					

表 3-34　2024 年梦星公司管理费用预算　　　　单位：元

费用项目	金额
公司经费	
工会经费	
董事会费	
无形资产摊销	
职工培训费	
其他	
合计	
减：无形资产摊销	
现金支出	
平均每季支付数	

表 3-35　2024 年梦星公司现金预算　　　　单位：元

季度	一季度	二季度	三季度	四季度	全年
期初现金余额					
加：销售现金收入					
可供使用的现金					
经营现金支出：					
采购直接材料					
支付直接人工					
支付制造费用					
支付管理费用					
支付销售费用					
预缴所得税					
预分股利					
资本性现金支出：					

(续表)

季度	一季度	二季度	三季度	四季度	全年
购置固定资产					
减:现金支出合计					
现金余缺					
资金筹措及运用					
加:短期借款					
发行普通股					
发行公司债券					
减:支付短期借款利息					
支付长期借款利息					
支付公司债券利息					
归还借款本金					
购买有价证券					
期末现金余额					

项目四
成本管理

 学习目标

1. 知识目标
（1）熟悉成本的概念，了解成本的不同分类。
（2）理解成本管理的概念及成本管理的基本原则。
（3）熟悉成本管理领域应用的工具方法。
（4）掌握常用工具方法的应用。

2. 能力目标
（1）能够运用大数据Python，进行营运管理、预测分析、成本管控、科学决策和绩效评价等，出具决策分析报告，呈现可视化图表。
（2）掌握在不同内外部环境下可选择的成本管理工具方法，结合企业的具体情况对其进行熟练的应用。
（3）提升业务调研、数据挖掘、财务分析、决策管理等核心能力。

思政课堂

改革开放以来，我国大力引进国际先进的存货管理技术，海纳百川，有容乃大。古老的中华文明保持生生不息的一个重要因素，便是她始终以博大的胸怀、开放的姿态，促进东西方相互交流学习，兼收并蓄。

充分认识做好财务工作既是专业的要求，更是职业的使命。学生要通过学业训练，树立爱岗敬业的职业精神、实事求是的科学精神、协作共进的团队精神等职业道德和职业精神，为委托人提供科学评价结论，为决策提供详实依据。

 情境导入

对建筑企业而言，质量竞争与价格竞争是十分重要的内容。加强项目成本核算，降本增效，将成为企业的长期经营战略，并且这一战略决定了企业在市场中的发展潜力。中国二十二冶集团冶金公司（以下简称冶金公司）为实现降本增效，通过成本控制抢占经营高地，保持管理能力的发展，多措并举，实现了在建项目的降本增效。

在施工过程中，冶金公司要求每位项目管理人员都具备一专多能的素质，其中成本核算工作就是重要的内容之一。每位管理人员的核算结果将按既定核算体系汇总给项目经理，作为其制定成本控制措施的重要依据。项目经理及管理人员通过进行成本核算、数据汇总和整理，也使自己的管理水平得到大幅度提高。

与此同时，冶金公司通过专栏宣传、技能竞赛等多种形式，全方位、有重点地进行"降本增效"宣传引导，向职工反复宣传"降本增效是一种责任，节约是新时期赋予的使命"理念，让职工立足岗位思考"我能为降本增效做什么，我应该从何处着手"，确保全员在"降"字上下功夫、在"增"字上做文章，用实际行动助力企业降本增效。

成本在企业管理中的作用不言而喻，正确管理成本是财务人员的必备技能。让我们一起来探讨管理会计中成本的界定。

思考：

(1) 什么是成本管理，成本管理的好坏对企业有何影响？

(2) 企业成本管理一般运用哪些工具方法进行管理？

(3) 该企业在生产经营中是如何进行成本管理的？

(4) 如何判断一个企业成本管理的水平高低？

带着这些问题，让我们进入本项目的学习吧！

任务一 成本性态分析

一、成本的概念

管理会计中的成本是指企业生产经营过程中以货币表现的、为达到一定目的而消耗的各种经济资源的价值。

管理会计中的成本概念较财务会计和经济学中的成本概念要宽泛很多，它们的区别表现在：

(1) 不仅包括已经发生的各项费用支出，而且包括某项经济业务将要发生的和可能发生的各项费用消耗。

(2) 仅考虑与某项经济业务相关的成本，剔除了已经发生但与当前业务无关的成本。

(3) 不仅可以按产品归集成本，而且可以根据需要按不同经济管理目的和用途确定成本归集对象。

值得注意的是，管理会计中的成本内涵并不是一成不变的，而是随着管理需要不断丰富和发展的。例如，变动成本法下的产品成本包括直接材料、直接人工和变动制造费用，而完全成本法下的产品成本除上述内容外，还包含固定制造费用。管理会计在履行预测、决策、规划控制和业绩评价职能时，所需成本信息各不相同，可以依据不同标准对成本进行多种分类。

成本是管理会计的核心对象，在管理会计中具有十分重要的作用。在决策方案的评价过程中，评价有关方案的优劣无非是两个标准：成本最低或收益最大。成本往往对收益起着制约作用,因此,在决策会计中,对有关方案的相关成本的预计是决策程序中的重要环节。例如,在定价决策中,无论是成本加成定价法还是最优价格定价法,都需要计算成本或边际成本;在零部件自制与外购决策中,需要比较自制成本和外购成本;在固定资产更新决策中,需要比较新旧设备的年使用成本。在对经营活动实施控制的过程中,主要的控制内容就是对经营过程中发生的成本进行控制,如执行会计中的标准成本控制、存货成本控制和责任成本控制。可以看出,成本在管理会计中自始至终都处于中心地位。

二、成本的分类

按照企业管理的不同要求,可以按不同的依据将成本划分为不同的类型。

(一) 按经济用途分类

成本按经济用途分类,可分为制造成本和非制造成本。

1. 制造成本

对制造企业而言,制造成本又称生产成本或生产经营成本,是指为制造(生产)产品或提供劳务发生的各项支出。这些支出依据资源类型及其具体的经济用途通常分为直接人工、直接材料和制造费用三类。

(1) 直接人工是指在制造过程中直接对制造对象施加影响以改变其性质或性态所耗费的人工成本,核算上通常是生产工人的薪酬。

(2) 直接材料是指在制造过程中直接构成产品实体的各种材料和(或)半成品成本。

直接人工与直接材料的共同特征是,资源耗费在经济用途上都直接服务于产品制造,都与产品制造有直接的因果关系,由此这两项成本都可以直接归集到制造产品,成为产品成本的主要组成部分。

(3) 制造费用是指为制造产品或提供劳务而发生的各项间接费用。从核算的角度,制造费用包括为制造产品或提供劳务而发生的直接人工、直接材料以外的全部支出。这部分支出在经济用途上间接服务于产品制造,内容比较繁杂,通常将其细分为间接人工、间接材料和其他制造费用等。

间接人工是指在制造过程中,间接服务于制造产品或提供劳务的人工成本,如设备养护、维修人员的薪酬等。

间接材料是指在制造过程中间接耗用的材料成本,如多个产品共同耗用、不容易归入某一特定产品的材料成本,或因为管理条件的制约难以单独计入某一特定产品的材料成本,如生产线上各种工具、物料的消耗成本等。

其他制造费用是指不属于直接人工和直接材料的其他各种间接费用,如固定资产的折旧费、维修费、保险费,车间用动力费、照明费等。

当制造费用按一定的标准在各受益对象即产品中分配完毕后,制造成本也就演化成为所谓的"产品成本",即以产品品种来识别的成本。

2. 非制造成本

非制造成本又称期间费用,通常分为销售费用、管理费用和财务费用。销售费用是指为销售产品而发生的各项费用,如专职销售人员的工资、津贴、差旅费,专门销售机构固定资产的折旧费、保险费、广告费、运输费等。管理费用是指企业管理部门在组织和管理过程中发生的办公和管理费用,如董事会经费,行政管理人员的工资、差旅费、办公费,行政管理部门固定资产的折旧费及相应的保险费和财产税等。财务费用是指企业在筹集和使用债务资金过程中发生的各种费用,如借款的利息支出等。

销售费用与管理费用的共同点是可以使企业整体受益,但往往难以可靠地确定这项支出与产品制造具有直接的因果关系。因此,销售费用和管理费用在财务会计上被确认为期间费用,直接计入当期损益,我国的会计准则对此作出了明确规定。

以上按经济用途进行的成本分类最终形成产品销售成本、期间费用以及存货成本,符合会计准则对外报告的要求,但却无法完全满足企业内部管理的需要。

管理会计理论与实践中,在成本按经济用途分类的基础上,又对各类成本如何围绕业务量发生变化开展深入的分析,以支持各类管理决策。这就是成本性态分析,它是成本按经济用途分类的延续和再分类。

(二) 按可辨认性分类

成本的可辨认性又称可追溯性,是指成本的发生与特定的归集对象之间的联系。成本的发生与特定的归集对象之间的联系越紧密,成本的可辨认性越强,成本计算的准确性就越高。成本按可辨认性分类,可分为直接成本和间接成本。

直接成本是指那些与特定的归集对象有直接联系,能够明确判断其归宿的成本,又称可追溯成本。

间接成本是指那些与特定的归集对象并无直接联系或无法追踪其归宿的成本,又称不可追溯成本。

区分直接成本和间接成本有助于确定成本归集和成本分配时的计算对象,提高成本计算的准确性,为企业管理提供更加有用的成本信息。需要说明的是,直接成本与间接成本是一对相对概念,有时一项成本可能既是直接成本又是间接成本,这完全取决于考察成本的角度和具体情况。

(三) 按可控性分类

成本的可控性是指责任单位对其成本的发生是否可以在事先预计并落实责任、在事中施加影响以及在事后进行考核的性质。成本按可控性分类,可分为可控成本和不可控成本。

可控成本是指责任单位可以进行事先预计、事中计量、施加影响,并在事后落实责任考核的那部分成本;反之,则属于不可控成本。

区分可控成本和不可控成本可以分清各部门的责任,确定相应的责任成本,考核各部门的工作业绩。

(四) 按实际发生的时态分类

成本按实际发生的时态分类,可分为历史成本和未来成本。

历史成本是指以前时期已经发生或本期刚发生的成本,也就是财务会计中的实际成本。

未来成本又称预计成本,是指预先测算的成本,如估算成本、计划成本、预算成本和标准成本。未来成本实际上是一种目标成本和控制成本。

区分历史成本和未来成本有助于合理组织事前的预决策、事中成本的控制和事后成本的计算、分析、考核。

(五) 按相关性分类

成本按相关性分类,可分为相关成本和无关成本。

相关成本是指与某一特定方案相联系,直接影响该方案预期效益及决策方向的成本。对于相关成本,决策者必须着重予以考虑,并将其纳入相应的决策分析过程。

无关成本是指不与某一特定方案相联系,不会对方案的预期效益及决策方向构成影响的成本。因此,对于无关成本,决策者无须加以考虑,也不必将其纳入相应的决策分析过程。

区分相关成本和无关成本有助于成本预测和成本决策,有利于正确开展对未来成本的规划。

(六) 按成本性态分类

随着生产自动化水平的提高,机器设备节约了生产中的人力,现代企业的制造成本结构发生较大改变,如机器设备折旧比重的提高及直接人工比重的下降。另外,生产专业化分工的加深可能会导致制造费用与产品制造的关系更加直接。成本管理有必要探索成本围绕什么因素发生变化,即分析成本动因,揭示成本数额围绕成本动因的变化规律,在西方的管理会计教材中称作成本行为(cost behavior)。

管理会计以企业运营的业务量(可以是产量,也可以是销售量。在生产决策中往往指产量,而在销售决策中往往指销售量,是导致成本变动的主要和直接原因)为主要动因,分析成本同业务量的关系,称为成本性态分析。在制造业背景下,企业成本围绕产量、销售量的变化关系,是成本性态分析的主要内容。

成本性态分析是管理会计服务于决策的重要方法,也是管理会计不同于财务会计和成本会计的重要体现。

成本性态分析是在一定的基本假设下进行的。在一定期间、一定业务量范围内,依据数理统计的原理(如中心极限定理、大数定律),常常可以从成本数据中找到内在的变化规律,而超出一定期间、一定业务量范围,这些规律就可能发生改变。由此,成本性态分析是在一定期间和一定业务量假设下进行的,简称为相关范围假设。

成本性态分析将成本划分为固定成本、变动成本,以及兼具固定成本和变动成本特征的混合成本。

1. 固定成本

1) 固定成本总额与单位固定成本

固定成本是指成本总额在一定期间和一定业务量范围内,不受业务量变动的影响而保持不变的成本。例如,行政管理人员的工资、办公费、财产保险费、不动产税,以及按直线法计提的固定资产折旧、职工教育培训费等,均属于固定成本。在成本曲线上,固定成本表现为一条水平线。

单位固定成本是成本总额除以业务量的结果,在成本曲线上表现为边际递减的凹曲线,即随着业务量的增加,单位固定成本呈下降趋势,但是下降速度逐渐放缓。利用固定成本的这些特征,企业可以开展相应的成本管理,尤其是对那些固定成本比重较高的"重资产"企业而言,将固定成本的特性应用于成本管理中对企业创造更多的盈利较为重要。

【例题 4-1】 某企业生产一种产品,其专用生产设备的月折旧额为 10 000 元。该设备最大加工能力为 4 000 件/月,当该设备分别生产 1 000 件、2 000 件、3 000 件和 4 000 件时,单位产品所负担的固定成本如表4-1所示。

表 4-1　基础数据表　　　　　　　　　　　　　　　　　　金额单位：元

产量(件)	总成本	单位产品负担的固定成本
1 000	10 000	10
2 000	10 000	5
3 000	10 000	3.33
4 000	10 000	2.50

从表4-1中可以看出，单位产品所负担的固定成本与产量呈相反变化关系，即产量的增加会导致单位产品负担的固定成本下降，反之亦然。若以 F 表示固定成本，x 表示业务量，a 表示单位业务量所负担的固定成本，则上述关系（即固定成本的性态）可以通过 $a=F/x$ 这样一个简单的数学模型来表达。

基于[例题4-1]的有关数据，绘制固定成本总额曲线和单位固定成本曲线，如图4-1所示。

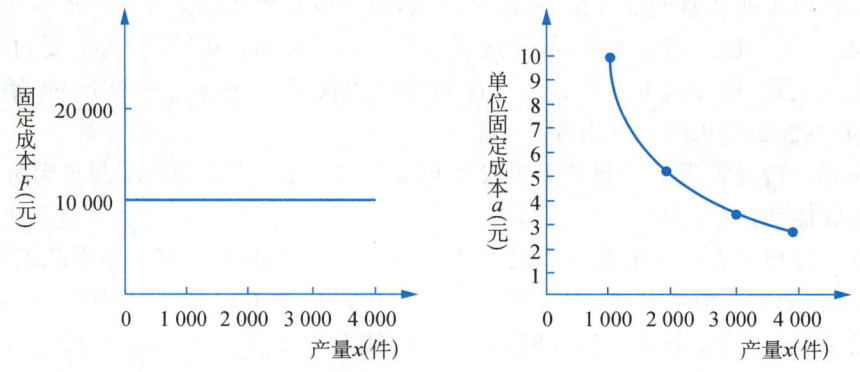

图 4-1　固定成本总额曲线与单位固定成本曲线

2）固定成本的分类

固定成本总额虽然一定，但是从决策的角度来看，有些固定成本可以为决策所改变，有些则不能为决策所改变。在管理会计中，分别称之为酌量性固定成本和约束性固定成本。

酌量性固定成本是指管理者的决策可以改变其支出数额的固定成本，如广告费、职工教育培训费、技术开发费等。企业管理者通常在每一会计年度开始前，制定酌量性固定成本年度安排，决定每一项开支的多寡以及新增或取消某项开支。许多酌量性固定成本的大小直接关系到企业未来竞争力，因此管理者的判断力非常重要。

约束性固定成本是指管理者的当前决策无法改变其支出数额的固定成本。典型的约束性固定成本是维持正常生产经营能力所必须负担的最低固定成本，其数额大小只取决于企业生产经营的规模与质量，因而具有很大的约束性，这类固定成本又称经营能力成本。例如，厂房及机器设备按直线法计提的折旧、房屋及设备租金、不动产税、财产保险费、照明费、行政管理人员的薪金等，均属于约束性固定成本。企业的经营能力形成后，其在短期内难以改变，即使经营暂时中断，该项固定成本仍将维持不变，因而这类固定成本又被称为能量成本。

约束性固定成本的性质决定了该项成本只能着眼于合理地利用企业的生产经营能力。

从短期决策的角度看,酌量性固定成本与约束性固定成本和企业的业务量水平均无直接关系。

3) 固定成本的相关范围

成本保持固定通常是在一定的时期和业务量范围之内。如果处于较长时期,所有成本都可能发生变化,即使约束性固定成本也可能随时间而发生变化。例如,随着时间推移,企业的经营规模发生变化,厂房扩大、设备更新、行政管理人员增加等,均会增加折旧费用、财产保险费、不动产税以及行政管理人员薪金,使固定成本的水平呈阶段性跃升。同理,业务量一旦超过一定水平,企业也要扩大厂房、更新设备和增加行政管理人员,从而使固定成本随着业务量的增加而上升。

所以,从长期来看,成本按性态划分是相对的。当原有的相关范围被打破,固定成本就不再是一成不变的。

2. 变动成本

1) 变动成本总额与单位变动成本

在一定期间和业务量范围内,当成本表现出随业务量变动而变动时,就是成本性态分析中的变动成本。而在现实中,企业的变动成本同业务量的变化关系多种多样,基于数理统计原理(如中心极限定理、大数定律),企业可以在一定条件下采用线性模型去刻画成本函数,即这些成本在金额上同业务量呈正比例变动。

管理会计将总额同业务量呈正比例变动的成本(线性模型)定义为变动成本。若以 V 表示变动成本总额,x 表示业务量,b 表示单位变动成本,则变动成本模型为:$V = bx$。

单位变动成本是单位业务量下的变动成本。在一定期间和业务量范围内,变动成本如果定义为线性模型,则单位变动成本保持不变。

在制造业背景下,典型的变动成本包括直接材料、直接人工(计件工人薪金)、销售费用中的推销佣金以及按加工量计算的固定资产折旧(工作量法折旧)等。

【例题 4-2】 承[例题 4-1],某企业生产一种产品,其专用生产设备的月折旧额为 10 000 元。现假定该企业单位产品的直接材料成本为 20 元,当产量分别为 1 000 件、2 000 件、3 000 件和 4 000 件时,材料的总成本和单位产品的材料成本如表 4-2 基础数据表所示。

表 4-2 基础数据表 金额单位:元

产量(件)	材料总成本	单位产品材料成本
1 000	20 000	20
2 000	40 000	20
3 000	60 000	20
4 000	80 000	20

基于[例题 4-2]中的有关数据,绘制变动成本总额曲线和单位变动成本曲线,如图 4-2 所示。

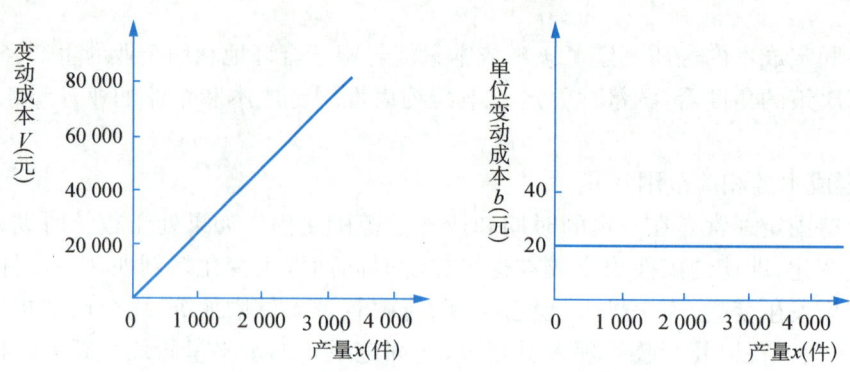

图 4-2 变动成本总额曲线和单位变动成本曲线

2) 变动成本的分类

与固定成本分类同理,变动成本也可以依据决策能否改变其数额,进一步分为酌量性变动成本和约束性变动成本。

酌量性变动成本是指企业管理者的当前决策可以改变支出数额的变动成本,如按产量计酬的工人薪金、按销售收入的一定比例计算的销售佣金等,均可以由管理者根据劳动力市场情况和所销产品的市场情况等进行调整。

约束性变动成本是指企业管理者的当前决策无法改变支出数额的变动成本。例如,企业加工工艺和质量要求导致直接材料在品质和用量上难以改变,如果这类成本发生改变,往往意味着企业的产品进行了改型,因此这类直接材料成本是管理者在当前决策中难以改变的,具有很大的约束性。

由此,成本性态中无论是变动成本,还是固定成本,其性态特征都是对短期经营决策而言的。成本性态分析也是短期经营决策的重要方法。

3. 混合成本

在现实中,企业的成本可能并不严格符合变动成本或固定成本的性态特征,例如成本的发生额虽然受业务量大小的影响,但不存在严格的比例关系。对此,管理会计将兼有固定成本和变动成本两种性态的成本称为混合成本。

企业的总成本是一项最大的混合成本,在总成本之内也会有许多混合成本。在短期经营决策中,会计师需要对混合成本进行分解,以更为精确地解析成本结构并基于成本性态开展成本管理。

混合成本通常可以分为以下三类:

(1) 半变动成本。特征是业务量为零时,仍然有成本基数发生,在该基数之上,成本随业务量变动呈正比例变动,即在给定的成本基数之上,成本呈现出变动成本性态。

在现实中,企业的电费、水费、电话费等均属于半变动成本,因为企业支付的上述费用通常都有一个基数部分,超出部分则随业务量的增加而增加。

以电费为例,假设企业每月电费支出的基数为 1 000 元,超基数费用为 0.2 元/千瓦,每生产 1 件产品需耗电 5 千瓦。假如企业本月共生产 2 000 件产品,其支付的电费总额为 3 000 元。如以 y 代表企业支付的电费总额,a 代表每月电费基数(1 000 元),b 代表单位产品所需电费(0.2×5),x 代表产品产量(2 000 件),则本例各数据之间的关系可以通过"$y =$

$a+bx=1\,000+(0.2\times5)x$"这一成本模型来表示，如图 4-3 所示。

(2) 半固定成本。其特征是在一定业务量范围内，成本具有固定成本性态，但当业务量的增长达到一定水平后，成本总额会跃升到一个新的水平，且在业务量增长的一定限度内（即一个新的相关范围内），成本又保持不变，从而随业务量增加呈阶梯性增加，也称为阶梯式变动成本。

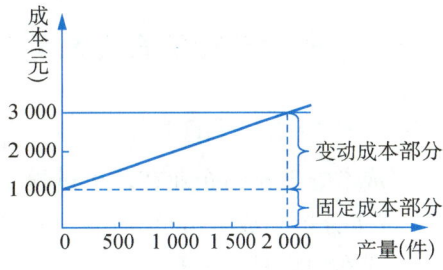

图 4-3 半变动成本模型的特征

在现实中，企业一些岗位薪酬就呈现出半固定成本的性态，如化验员、质检员的工资等。假设某企业的产品下线之后，需经专门的质检员检查方能入成品库，每个质检员最多检验 500 件产品，也就是说产量每增加 500 件就必须增加一名质检员。那么，该企业质检员的工资成本就属于半固定成本。随着产品产量的增加，该项成本呈现阶梯式跃升，即产量每增加 500 件，就增加一名质检员工资。假设质检员的工资标准为 2 000 元，则质检员的工资支出如图 4-4 所示。

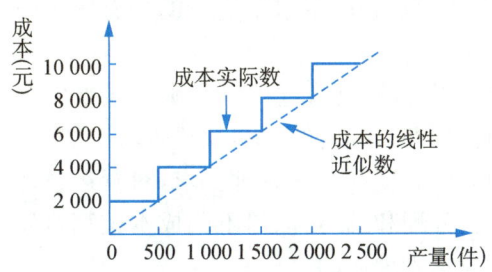

图 4-4 质检员的工资支出呈现阶梯式

当产量的变动范围较小（如上例中，产量在 500～1 000 件变动）时，半固定成本可以视为固定成本。当产量的变动范围较大（如产量在 500～2 500 件变动）时，半固定成本应该视为变动成本。因为在这种情况下，质检员工资固定不变的相关产量范围只占整个产量的很小一部分。此时，需要用平滑的方式将半固定成本描述为一种近似的变动成本性态，即图 4-4 中虚线所示的成本线性拟合。其数学模型与变动成本总额的数学模型相同，即 $y=bx$，其变动率 b（即图中虚线的斜率）为 4 元/件（即企业为单位产品所支付的质检员工资）。

(3) 延伸变动成本。其特征是在业务量的某一临界点以下表现为固定成本，超过这一临界点则表现为变动成本，即随着业务量的"延伸"，原本固定不变的成本成为变动成本。比较典型的例子是：企业支付给职工的正常工作时间内的工资总额是固定不变的，但职工的工作时间一旦超过了正常水平，企业需按规定支付加班工资，并且加班工资的高低与加班时间的长短存在正比例关系。

假设某企业职工正常工作时间为 3 000 小时，正常工资总额为 30 000 元，即小时工资率为 10 元，职工加班时按规定需支付双薪。该企业工资总额的成本性态如图 4-5 所示。

将图 4-3 与图 4-5 进行比较，不难看出，延伸变动成本就是将纵轴延伸至业务量临界点（正常工作时间 3 000 小时）时的半变动成本。

现实经济生活中，成本种类繁杂、形态各异，上面所讲的变动成本、固定成本和各种混合成本不能囊括成本的全部内容，但我们可以将其近似地描述为某种性态。

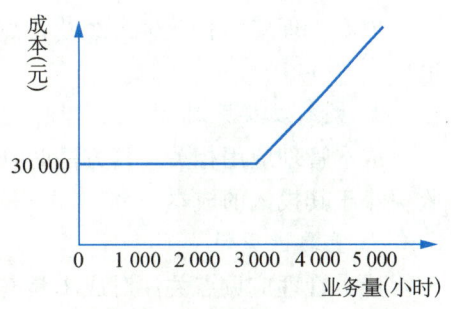

图 4-5 企业工资总额的成本性态

三、成本管理的含义与原则

（一）成本管理的含义

成本管理是指企业在营运过程中实施成本预测、成本决策、成本计划、成本控制、成本核算、成本分析和成本考核等一系列管理活动的总称。

成本预测是以现有条件为前提，在历史成本资料的基础上，根据未来可能发生的变化，利用科学的方法，对未来的成本水平及发展趋势进行描述和判断的成本管理活动。

成本决策是在成本预测及有关成本资料的基础上，综合经济效益、质量、效率和规模等指标，运用定性和定量的方法对各个成本方案进行分析并选择最优方案的成本管理活动。

成本计划是以营运计划和有关成本数据、资料为基础，根据成本决策所确定的目标，通过一定的程序，运用一定的方法，针对计划期企业的生产耗费和成本水平进行的具有约束力的成本管理活动。

成本控制是成本管理者根据预定的目标，对成本发生和形成的过程以及影响成本的各种因素条件施加主动的影响或干预，把实际成本控制在预期目标内的成本管理活动。

成本核算是根据成本核算对象，按照国家统一的会计制度和企业管理要求，对营运过程中实际发生的各种耗费按照规定的成本项目进行归集、分配和结转，取得不同成本核算对象的总成本和单位成本，向有关使用者提供成本信息的成本管理活动。

成本分析是利用成本核算提供的成本信息及其他有关资料，分析成本水平与构成的变动情况，查明影响成本变动的各种因素和产生的原因，并采取有效措施控制成本的成本管理活动。

成本考核是对成本计划及有关指标实际完成情况进行定期总结和评价，并根据考核结果和责任制的落实情况，进行相应的奖励和惩罚，以监督和促进企业加强成本管理责任制，提高成本管理水平的成本管理活动。

（二）成本管理的原则

企业进行成本管理，一般应遵循以下原则。

1. 融合性原则

成本管理应以企业业务模式为基础，将成本管理嵌入至业务的各领域、各层次、各环节，实现成本管理责任到人、控制到位、考核严格、目标落实。

2. 适应性原则

成本管理应与企业生产经营特点和目标相适应，尤其要与企业发展战略或竞争战略相适应。

3. 成本效益原则

成本管理应用相关工具方法时，应权衡其为企业带来的收益和付出的成本，避免获得的收益小于其投入的成本。

4. 重要性原则

成本管理应重点关注对成本具有重大影响的项目，对于不具有重要性的项目可以适当简化处理。

四、成本管理的工具方法

（一）目标成本法

目标成本法是指企业以市场为导向，以目标售价和目标利润为基础，确定产品的目标成本，从产品设计阶段开始，通过各部门、各环节乃至与供应商的通力合作，共同实现目标成本的成本管理方法。

目标成本法一般适用于制造业企业成本管理，也可在物流、建筑、服务等行业应用。

当企业的销售价格、销售额（份额）受外界（市场）的限制而难以掌控，通过内部挖潜来控制成本成为必然选择时，目标成本法是检验企业各项工作对企业盈利贡献大小的有效工具。

企业的目标成本应分解、细化为其各分支机构的成本目标，以便于系统地、事前性地控制成本，否则可能因责任不清而流于形式。因此，目标成本往往用于企业（成本）预算或（成本）竞争战略规划的场合。

（二）标准成本法

标准成本法是指企业以预先制定的标准成本为基础，通过比较标准成本与实际成本，计算和分析成本差异，揭示成本差异动因，进而实施成本控制、评价经营业绩的一种成本管理方法。

标准成本法一般适用于产品及其生产条件相对稳定，或生产流程与工艺标准化程度较高的企业。

通过调查、分析与技术测定而制定的，在有效经营条件下应控制与实现的产品正常成本，可作为对生产部门的实际成本、控制成本支出的效率与综合成果进行评价的基本依据或尺度。相对而言，定额成本更侧重于基层的作业及其技术角度，而标准成本更应被理解为一种对生产部门或车间的管理工具。

（三）变动成本法

变动成本法是指企业以成本性态分析为前提条件，仅将生产过程中消耗的变动生产成本作为产品成本的构成内容，而将固定生产成本和非生产成本作为期间成本，直接由当期收益予以补偿的一种成本管理方法。

某项成本若能随业务量的变动而变动，则被称为变动成本，反之则被称为固定成本。因此，划分变动成本和固定成本是为了识别和认清各成本项目的变动规律。这种基础性信息对于企业的成本管理及基于此的各方面经营决策而言都是相当重要的。

另外，无论是变动成本还是固定成本都不能绝对而论，即任何变动规律都是在一定的时期、一定的业务量范围、一定的管理制度条件下才适用的。超出了这个限定，固定成本也会发生变化，变动成本的变化形态也会改变。

（四）作业成本法

作业成本法是指以作业消耗资源、产出消耗作业为原则，按照资源动因将资源费用追溯或分配至各项作业，计算作业成本，然后再根据作业动因，将作业成本追溯或分配至各成本对象，最终完成成本计算的一种成本管理方法。

作业是指企业基于特定目的重复执行的任务或活动，是连接资源和成本对象的桥梁。

一项作业既可以是一项非常具体的任务或活动,也可以泛指一类任务或活动。它揭示了一种新型的成本计量与管理的思路与方法,即:实现某成本对象(如产品、服务、工程、订单、顾客等)需要发生哪些生产活动(制造业中的搬运、车、铣、磨、切割等;餐饮业中的烹、焖、炒等),以及这些生产活动各自(需要)发生或消耗多少成本或资源(物料、人工等)。其逻辑关系如图4-6所示。

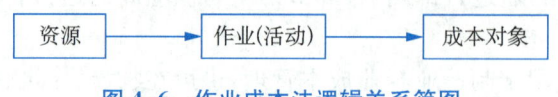

图4-6　作业成本法逻辑关系简图

五、成本管理的应用程序

企业应用成本管理工具方法,一般按照事前管理、事中管理、事后管理等阶段进行。

(一)事前成本管理阶段

事前成本管理阶段,主要是对未来的成本水平及其发展趋势所进行的预测与规划,一般包括成本预测、成本决策和成本计划等步骤。

(二)事中成本管理阶段

事中成本管理阶段,主要是对营运过程中发生的成本进行监督和控制,并根据实际情况对成本预算进行必要的修正,即成本控制步骤。

(三)事后成本管理阶段

事后成本管理阶段,主要是在成本发生之后进行的核算、分析和考核,一般包括成本核算、成本分析和成本考核等步骤。

任务二　目标成本法

一、目标成本法的含义及适用要求

(一)目标成本的含义

目标成本是保证企业目标利润实现所必须达到的成本水平,它是企业经营目标的重要组成部分,是指为获取预定的市场份额所需的、顾客愿意支付的竞争性价格(即目标价格)与企业要求达到的目标利润之间的差额。目标成本计算是致力于产品总生命周期成本降低的综合性成本管理工具,是在保证产品功能前提下的全面性成本降低管理,包括产品研发与设计阶段,生产、营销与客户服务阶段,回收与处置阶段所发生的总成本的降低。目标成本计算公式如下:

单位产品目标成本 = 单位产品预计售价 − 单位产品应纳税费 − 单位产品目标利润

在科技蓬勃发展的今天,企业间的竞争不外乎市场份额的竞争,而市场份额的竞争主要表现为产品功能和价格的竞争。产品功能竞争表现为新产品开发能力的竞争,价格竞争的实质是成本水平的竞争,不断降低成本是提升企业竞争力的根本保证。

(二) 目标成本法的含义

目标成本法是指企业以市场为导向,以目标售价和目标利润为基础,确定产品的目标成本,从产品设计阶段开始,通过各部门、各环节乃至与供应商的通力合作,共同实现目标成本的一种成本管理方法。

目标成本法起源于欧美,20世纪60年代为丰田汽车制造公司所运用并且发扬光大。目前在日本各行各业的生产链中都存在熟练的目标成本法运用。一些日本企业对产品的成本设计、产品的零部件成本控制以及产品售后的成本都有很系统、很详细的研究,这促进了日本企业的发展和进步,使日本企业在国际上的竞争力显著加强。

(三) 目标成本法的适用要求

目标成本法一般适用于制造业企业成本管理,也可适用于物流、建筑、服务等行业。一般来说,在企业管理过程中应用目标成本法,应遵循以下要求:

(1) 企业应用目标成本法,要求其处于比较成熟的买方市场环境中,且产品的设计、性能、质量、价值等需呈现较为明显的多样化特征。

(2) 企业应以创造和提升客户价值为前提,以成本降低或成本优化为主要手段,谋求竞争中的成本优势,保证目标利润的实现。

(3) 企业应成立由研究与开发、工程、供应、生产、营销、财务、信息等有关部门组成的跨部门团队,负责目标成本的制定、计划、分解、下达与考核,并建立相应的工作机制,有效协调有关部门之间的分工与合作。

(4) 企业能及时、准确地取得目标成本计算所需的产品售价、成本、利润以及性能、质量、工艺、流程、技术等方面的各类财务和非财务信息。

二、目标成本法的应用

(一) 目标成本法应用的一般程序

企业应用目标成本法,一般按照确定应用对象、成立跨部门团队、收集相关信息、计算市场容许成本、设定目标成本、分解可实现目标成本、落实目标成本责任、考核成本管理业绩以及持续改善目标成本等程序进行。

1. 确定应用对象

企业应根据目标成本法的应用目标及其应用环境和条件,综合考虑产品的产销量和盈利能力等因素,确定应用对象。企业一般应将拟开发的新产品作为目标成本法的应用对象,或选择那些功能与设计存在较大的弹性空间、产销量较大且处于亏损状态或盈利水平较低、对企业经营业绩具有重大影响的老产品作为目标成本法的应用对象。

2. 成立跨部门团队

在企业负责目标成本管理的跨部门团队之中,可以建立成本规划、成本设计、成本确认、成本实施等小组,各小组根据管理层授权协同合作完成相关工作。

3. 收集相关信息

目标成本计算是从销售部门对销售价格的详细测定开始的,即从产品在市场上被承认接受的价格开始,一个工序接一个工序地剖析其潜在的效益,从后向前核定。比如,公司在现有汽车上添加功能,生产出新型汽车,新型汽车的市场价格决定了在原有汽车售价基础上的价格增量部分。因此,采用目标成本法就需要收集原有的成本资料、生产工艺的改进对成本的影响、人力资源成本的升降等信息。

4. 计算市场容许成本

市场容许成本是指目标售价减去目标利润之后的余额。企业一般采取价值工程、拆装分析、流程再造、全面质量管理、供应链全程成本管理等措施和手段,寻求消除当前成本或设计成本与容许成本之间差异的措施,使容许成本转化为可实现的目标成本。

5. 设定目标成本

企业应将容许成本与新产品设计成本或老产品当前成本进行比较,确定差异及成因,设定可实现的目标成本。应用目标成本法一般需经过目标成本的设定、分解、达成、再设定、再分解、再达成的多重循环,以持续改进产品方案。

6. 分解可实现目标成本

企业应按主要功能对可实现的目标成本进行分解,确定产品所包含的每一个零部件的目标成本。在分解时,首先应确定主要功能的目标成本,然后寻求实现这种功能的方法,并把主要功能和主要功能级的目标成本分配给零部件,形成零部件级目标成本。同时,企业应将零部件级目标成本转化为供应商的目标售价。

7. 落实目标成本责任

企业应将设定的可实现目标成本、功能级目标成本、零部件级目标成本和供应商目标售价进一步量化为可控制的财务和非财务指标,落实到各责任中心,形成各责任中心的责任成本和成本控制标准,并辅之以相应的权限,将达成的可实现目标成本落到实处。

8. 考核成本管理业绩

企业应依据各责任中心的责任成本和成本控制标准,按照业绩考核制度和办法,定期进行成本管理业绩的考核与评价,为各责任中心和人员的激励奠定基础。

9. 持续改善目标成本

企业应定期将产品实际成本与设定的可实现目标成本进行对比,确定其差异及其性质。分析差异的成因,提出消除各种重要不利差异的可行途径和措施,进行可实现目标成本的重新设定、再达成,推动成本管理的持续优化。

(二)目标成本法实际应用——价值工程法

目标成本控制经常采用拆卸分析、价值工程和再造工程等方法,其中价值工程是评价设计方案最基础的方法,下面简单加以介绍。

1. 价值工程的含义

价值工程是一项以功能分析为核心,用最低成本实现产品或作业必要功能的有组织的活动,具有以下三个方面的特征:

(1)价值工程以最低成本实现某种产品或作业应具备的必要功能,使产品或作业达到最佳价值。这里的功能指产品和作业的必要功能,即产品和作业必须具备的用途,以满足消费者需求为前提,避免功能过剩和功能不足。这里的成本指产品寿命周期成本,包括生产成本(设计成本、开发成本、制造成本和非制造成本)和使用成本(运行成本、维修成本和保养成本)。

（2）价值工程的核心是对产品或作业进行功能分析。产品或作业设计的核心是功能分析，确定实现必要功能的最优方案。价值分析可以发现哪些功能是消费者需要的、存在哪些过剩和不足的功能，通过改进方案使产品或作业的功能结构更加合理。

（3）价值工程是一项有组织的活动。价值工程需要用最低成本达到必要功能，需要由各部门专业人员联手，发挥集体智慧来实现，因此是一项有计划、有组织的活动。

2. 价值工程法实施步骤

价值工程包括计划阶段、执行阶段、检查评价阶段和处理阶段。目标成本的制定发生在计划阶段，通过功能分析选择最佳方案，在此基础上确定某一功能的目标成本，并将其分解到各个零部件。具体步骤如下：

（1）选择价值分析对象。企业不可能对所有产品或作业都进行价值分析，只能针对薄弱环节，选择重点对象进行分析。实践中通常选择成本高于同类产品或高于功能相近产品的产品作为研究对象。

（2）收集信息。根据选定对象的性质、范围和要求，了解和把握本企业与国内外同行业同类产品的成本构成及成本水平，包括材料费、加工费、外购件成本等。

（3）功能评价。实现某一功能可以有多个方案，功能评价就是通过比较不同方案的最低成本和目前成本，确定实现该功能的目前最优方案。该方案是目前条件下相对而言比较合理的一个方案。功能评价通常采用"功能价值"和"成本降低幅度"作为评价标准，其计算公式如下：

$$功能价值 = 实现某一功能的最低成本 \div 实现某一功能的目前成本$$

$$成本降低幅度 = 实现某一功能的目前成本 - 实现某一功能的最低成本$$

功能价值越大，说明该方案目前成本越接近最低成本，该方案相对较优。成本降低幅度越小，说明该方案改进的潜力越小，该方案相对较优。

（4）制订方案。在功能分析基础上，选择实现该功能的目前最优方案。对选定方案提出进一步的改进对策，包括提出改进方案、评价改进方案和选定最优改进方案三个步骤。

（5）确定目标成本。首先，针对选择的最优改进方案，运用"目标成本＝目标售价－目标利润"原理，确定产品目标成本。其次，计算各个零部件的"功能评价系数"。其步骤为：①在作业成本法分析基础上，找出成本比重较大的零部件，按顺序排列起来，依据功能重要程度一一对比，重要零件得1分，次要零件得0分。②将各零件得分加以累计，再除以全部零件总分数，即可求得各零件的"功能评价系数"。③采用"功能评价系数"将产品目标成本分配给各零部件，计算出零部件的目标成本，作为事前控制的依据。④将产品目标成本乘以各个零部件的"功能评价系数"，即可得到各个零部件的目标成本。

三、目标成本法的评价

（一）目标成本法的主要优点

（1）突出从原材料到产品出货全过程的成本管理，有助于提高成本管理的效率和效果。

（2）强调产品寿命周期成本的全过程和全员管理，有助于提高客户价值和产品市场竞争力。

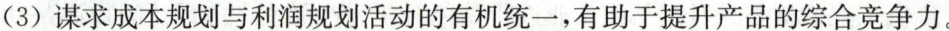

　　(3) 谋求成本规划与利润规划活动的有机统一,有助于提升产品的综合竞争力。

(二) 目标成本法的主要缺点

　　目标成本法在实际应用中不仅要求企业具有各类所需要的人才,更需要各有关部门和人员的通力合作,对管理水平要求较高,其实施有一定的难度。

　　【例题 4-3】 某公司是一家生产多媒体音箱的企业。该公司 2023 年销售额为 11 310 万元,2023 年生产成本中的直接材料为 6 202 万元,直接人工为 918 万元,制造费用为 1 923 万元(其中制造工程部 390 万元,喇叭生产车间 460 万元,音箱车间 1 073 万元),管理费用为 1 105 万元,销售费用为 71 万元,财务费用为 135 万元。实现利润 964 万元。

　　经董事会决定,2024 年在全公司实行目标成本法,努力降低成本,并提出以下措施:
　　(1) 由于市场竞争日益激烈,在音箱市场价格会下跌 25% 的情况下,销售量保持不变。
　　(2) 确保目标利润总额不低于 880 万元。
　　(3) 直接材料、直接人工和制造费用均下降 25%。
　　(4) 制造费用中制造工程部负担部分下降 20%,喇叭生产车间负担部分下降 25%,其余费用由音箱车间负担。
　　(5) 销售费用保持上年水平。
　　(6) 管理费用和财务费用兜底,按同等比例下降。

　　【解析】
　　(1) 计算预算年度的销售额 $=11\ 310 \times (1-25\%) = 8\ 482.5$(万元)
　　(2) 市场容许成本 $=8\ 482.5 - 880 = 7\ 602.5$(万元)
　　(3) 直接材料成本 $=6\ 202 \times (1-25\%) = 4\ 651.5$(万元)
　　(4) 直接人工 $=918 \times (1-25\%) = 688.5$(万元)
　　(5) 制造费用 $=1\ 923 \times (1-25\%) = 1\ 442.25$(万元)
　　其中:
　　制造工程部制造费用 $=390 \times (1-20\%) = 312$(万元)
　　喇叭生产车间制造费用 $=460 \times (1-25\%) = 345$(万元)
　　音箱车间负担制造费用 $=1\ 442.25 - 312 - 345 = 785.25$(万元)
　　(6) 销售费用保持上年水平,即 71 万元。
　　(7) 管理费用和财务费用总额 $=7\ 602.5 - 4\ 651.5 - 688.5 - 1\ 442.25 - 71 = 749.25$(万元)
　　其中:
　　管理费用 $=749.25 \times 1\ 105 \div (1\ 105 + 135) = 667.68$(万元)
　　财务费用 $=749.25 \times 135 \div (1\ 105 + 135) = 81.57$(万元)

任务三　标准成本法

一、标准成本及成本差异

　　标准成本法是指通过制定标准成本,将标准成本与实际成本进行比较,进而得出差异值并对成本差异进行因素分析,据此加强成本控制的一种成本计算方法。

(一) 标准成本的类型

标准成本是在正常生产经营条件下应该实现的,作为控制开支、衡量效率、评价效益的依据和尺度的一种目标成本。在制定标准成本时,根据要求达到的不同效率目标,分为理想标准成本、正常标准成本和现实标准成本。

1. 理想标准成本

理想标准成本是在最佳工作状态下可以达到的成本水平,是排除了一切失误、浪费和资源闲置等因素,根据理论耗用量、价格以及满负荷生产能力制定的标准成本。理想标准成本是影响成本的所有因素都在最佳状态时的成本水平,而这种情况实际上是不存在的,因而只是"理想成本",它指出了企业努力的方向和目标。

2. 正常标准成本

正常标准成本是在正常生产经营条件下应该达到的成本水平,是根据正常的耗用水平、正常的价格和正常的生产经营能力利用程度制定的标准成本。正常标准成本通常反映过去一段时期实际成本水平的平均值,反映该行业平均的生产能力和技术能力,在生产技术和经营管理条件变动不大的情况下,是一种可以在较长时间内采用的标准成本。

3. 现实标准成本

现实标准成本是在现有的生产条件下应该达到的成本水平,是根据现在的价格水平、生产耗用量以及生产经营能力利用程度制定的标准成本。现实标准成本最接近实际成本、最切实可行,通常是员工经过努力可以达到的标准,并为管理层提供衡量的依据。与正常标准成本不同的是,它需要根据现实情况的变化不断修改,而正常标准成本则可以在较长一段时间内固定不变。

(二) 标准成本的制定

标准成本的制定是标准成本法应用的第一步。为了便于进行成本控制、成本核算和成本差异分析工作,标准成本可以按车间、产品、成本项目分别反映。标准成本的成本项目与会计日常核算所使用的成本项目应当一致,直接材料可以按材料的不同种类或规格详细列出标准,直接人工可以按不同工种列出标准,制造费用应按固定制造费用和变动制造费用分项列出标准,将各个成本项目的标准成本加总,即构成产品标准成本。

各个成本项目的标准成本,通常是由数量标准和价格标准两个因素决定的,即:某成本项目的标准成本=数量标准×价格标准。直接材料标准制定中,数量标准表现为材料定额消耗量(即材料标准消耗量),价格标准表现为材料的预算价格(即标准价格)。则单位产品直接材料标准成本的计算公式如下:

$$单位产品直接材料标准成本 = 单位产品材料定额消耗量 \times 单位材料预算价格$$

直接人工标准制定中,数量标准表现为工时定额消耗量,价格标准表现为预算小时工资率。则单位产品直接人工标准成本的计算公式如下:

$$单位产品直接人工标准成本 = 单位产品工时定额消耗量 \times 预算小时工资率$$

制造费用标准制定中,数量标准是指工时定额消耗量,价格标准是指制造费用标准分配率。则单位产品制造费用标准成本的计算公式如下:

单位产品制造费用标准成本＝单位产品工时定额消耗量×制造费用标准分配率

式中，制造费用标准分配率一般以制造费用预算数除以按预算产量计算的定额工时来确定，即：

制造费用标准分配率＝制造费用预算数÷（工时定额消耗量×预算产量）

制造费用预算数一般按固定制造费用和变动制造费用分别确定，固定制造费用的预算数按以往年度（一般是前3年）的平均总额确定，变动制造费用按成本动因及年度经营目标的要求确定。原则上，制造费用＝变动制造费用＋固定制造费用。

标准成本一旦制定，就应在一个固定时期内保持相对稳定。通常在企业的组织结构、外部市场、产品品种和生产规模等发生较大变化时，才有必要进行修订。所以，标准成本法通常适用于大批量稳定生产的企业，可以通过提高效率来降低成本。

（三）成本差异的种类

成本差异是指实际成本与标准成本之间的差额，也称标准差异。成本差异按成本的构成，分为直接材料成本差异、直接人工成本差异和制造费用差异。其中，制造费用差异按其形成的原因和分析方法的不同，又可分为变动制造费用差异和固定制造费用差异。

直接材料成本差异、直接人工成本差异和变动制造费用差异都属于变动成本差异，决定变动成本数额的因素是价格和耗用数量。因此，直接材料成本差异、直接人工成本差异和变动制造费用差异按其形成原因，可分为价格差异和数量差异。

固定制造费用是固定成本，不随业务量的变动而变动，其差异分为开支差异、生产能力利用差异和效率差异。

（四）标准成本的实施步骤

企业应用标准成本法，一般按照确定应用对象、制定标准成本、实施过程控制、计算成本差异与分析动因，以及修订与改进标准成本等程序进行。

（1）为了实现成本的精细化管理，企业应根据标准成本法的应用环境，结合内部管理要求，确定应用对象。标准成本法的成本对象可以是不同种类、不同批次或不同步骤的产品。

（2）企业制定标准成本，可由跨部门团队采用"上下结合"的模式进行，经企业管理层批准后实施。

在制定标准成本时，一般应结合经验数据、行业标杆或实地测算的结果，运用统计分析、工程试验等方法，按照以下程序进行：

第一，就不同的成本或费用项目，分别确定消耗量标准和价格标准。

第二，确定每一成本或费用项目的标准成本。

第三，汇总不同成本项目的标准成本，确定产品的标准成本。

（3）企业应在制定标准成本的基础上，将产品成本及其各成本或费用项目的标准用量和标准价格层层分解，落实至部门及相关责任人，形成成本控制标准。各相关部门（或成本中心）应根据相关成本控制标准，控制费用开支与资源消耗，监督、控制成本的形成过程，及时分析偏离标准的差异及其成因，并及时采取措施加以改进。

（4）在标准成本法的实施过程中，各相关部门（或成本中心）应对其所管理的项目进行跟踪分析。生产部门一般应根据标准用量、标准工时等，实时跟踪和分析各项耗用差异，从操作人员、机器设备、原料质量、标准制定等方面寻找差异原因，采取应对措施，控制现场成本，并及时反馈给人力资源、技术、采购、财务等相关部门，共同实施事中控制。

（5）企业应定期将实际成本与标准成本进行比较和分析，确定差异数额及性质，揭示差异形成的动因，落实责任中心，寻求可行的改进途径和措施。

（五）标准成本法的优缺点

1. 标准成本法的主要优点

（1）能及时反馈各成本项目不同性质的差异，有利于考核相关部门及人员的业绩。

（2）标准成本的制定及其差异和动因的信息可以使企业预算的编制更为科学和可行，有助于企业的经营决策。

2. 标准成本法的主要缺点

（1）要求企业产品的成本标准比较准确、稳定，在使用条件上存在一定的局限性。

（2）对标准管理水平要求较高，系统维护成本较高。

（3）标准成本需要根据市场价格波动频繁进行更新，导致成本差异可能缺乏可靠性，降低成本控制的效果。

二、标准成本法的具体应用

（一）制定标准成本

产品标准成本通常由直接材料标准成本、直接人工标准成本和制造费用标准成本构成。每一个成本项目的标准成本应分为用量标准（包括单位产品消耗量、单位产品人工小时等）和价格标准（包括原材料单价、小时工资率、小时制造费用分配率等）。

（1）直接材料成本标准是指直接用于产品生产的材料成本标准，包括标准用量和标准单价两个方面。直接材料标准成本的计算公式如下：

$$直接材料标准成本 = 单位产品的标准用量 \times 材料的标准单价$$

制定直接材料的标准用量，一般由生产部门负责，会同技术、财务、信息等部门，按照以下程序进行：

第一，根据产品的图纸等技术文件进行产品研究，列出所需的各种材料以及可能的替代材料，并说明这些材料的种类、质量以及库存情况。

第二，在对过去用料经验记录进行分析的基础上，采用过去用料的平均值、最高与最低值的平均数、最节省数量、实际测定数据或技术分析数据等，科学地制定标准用量。

制定直接材料的标准单价，一般由采购部门负责，会同财务、生产、信息等部门，在考虑市场环境及其变化趋势、订货价格以及最佳采购批量等因素的基础上综合确定。材料按计划成本核算的企业，材料的标准单价可以采用材料计划单价。

【例题4-4】 兴盛公司生产NH-1型产品需要A、B两种材料，NH-1型产品耗用的直接材料标准成本如表4-3所示。

表 4-3　NH-1型产品直接材料标准成本

标准	A材料	B材料
价格标准(元/千克)：		
购买单价	36	54
运杂费	2	4
正常损耗	2	2
合　计	40	60
用量标准(千克)：		
实际用量	4	2
允许损耗量	1	0.5
合　计	5	2.5
标准成本(元)	40×5=200	60×2.5=150
直接材料的标准成本(元)	200+150=350	

(2) 直接人工成本标准是指直接用于产品生产的人工成本标准,包括标准工时和标准工资率。直接人工标准成本的计算公式如下：

$$直接人工标准成本 = 单位产品的标准工时 \times 小时标准工资率$$

制定直接人工的标准工时,一般由生产部门负责,会同技术、财务、信息等部门,在对品生产所需作业、工序、流程工时进行技术测定的基础上,考虑正常的工作间隙,并适当考虑生产条件的变化,生产工序、操作技术的改善,以及相关工作人员主观能动性的充分发挥等因素,合理确定单位产品的工时标准。

制定直接人工的标准工资率,一般由人力资源部门负责,根据企业薪酬制度等制定。

【例题 4-5】 兴盛公司生产NH-1型产品实行计时工资制,该产品的直接人工标准成本如表4-4所示。

表 4-4　NH-1型产品直接人工标准成本

标准	工序一
工资率标准(元)：	
单位小时工资率	8
附加福利工资	2
直接人工工资率标准	10
合　计	
用量标准(小时)：	
必要时间	2.2
调整设备时间	0.3
工间休息	0.3

(续表)

标准	工序一
其他	0.2
合 计	3
直接人工的标准成本(元)	10×3＝30

(3) 制造费用成本标准,应区分变动制造费用项目和固定制造费用项目分别确定。

变动制造费用是指通常随产量变化而成正比例变化的制造费用。变动制造费用项目标准成本的计算公式如下:

变动制造费用项目标准成本 ＝ 变动制造费用项目标准用量 × 变动制造费用项目标准价格

变动制造费用的标准用量可以是单位产量的燃料、动力等标准用量,也可以是产品的直接人工标准工时,或者是单位产品的标准机器工时。标准用量的选择需考虑用量与成本的相关性,制定方法与直接材料的标准用量以及直接人工的标准工时类似。

变动制造费用的标准价格可以是燃料、动力、辅助材料等标准价格,也可以是小时标准工资率等。制定方法与直接材料的价格标准以及直接人工的标准工资率类似。

固定制造费用是指在一定产量范围内,其费用总额不会随产量的变化而变化,始终保持固定不变的制造费用。固定制造费用一般按照费用的构成项目实行总量控制;也可以根据需要,通过计算标准分配率,将固定制造费用分配至单位产品,形成固定制造费用的标准成本。固定制造费用标准成本相关计算公式如下:

$$固定制造费用总成本 = \sum 各固定制造费用构成项目的标准成本$$

$$固定制造费用标准分配率 = 单位产品的标准工时 \div 预算总工时$$

$$固定制造费用标准成本 = 固定制造费用总成本 \times 固定制造费用标准分配率$$

其中,预算总工时是指由预算产量和单位工时标准确定的总工时。单位工时标准可以依据相关性原则在直接人工工时或者机器工时之间作出选择。

【例题 4-6】 兴盛公司生产 NH-1 型产品,该企业采用完全成本计算法,NH-1 型产品的制造费用标准成本如表 4-5 所示。

表 4-5　NH-1 型产品制造费用标准成本

标准	第一车间
直接人工标准总工时(小时)	5 280
变动制造费用预算:	
间接材料费用	10 400
间接人工费用	10 000
水电费	6 000
合计(元)	26 400
变动制造费用分配率标准(元/小时)	5

(续表)

标准	第一车间
工时用量标准(小时/件)	3
变动制造费用标准成本(元/件)	5×3＝15
固定制造费用预算：	
折旧费	2 200
管理人员工资	2 400
其他费用	680
合计(元)	5 280
固定制造费用分配率标准(元/小时)	1
工时用量标准(小时/件)	3
固定制造费用标准成本(元/件)	1×3＝3
制造费用标准成本(元)	15＋3＝18

【例题 4-7】承[例题 4-4]至[例题 4-6]，兴盛公司 NH-1 型产品的单位标准成本构成如表 4-6 所示。

表 4-6 NH-1 型产品的单位标准成本

成本项目	价格标准	用料标准	标准成本
直接材料：			
A 材料	40 元/千克	5 千克	200 元
B 材料	60 元/千克	2.5 千克	150 元
合　计			350 元
直接人工：	10 元/小时	3 小时	30 元
变动制造费用：	5 元/小时	3 小时	15 元
固定制造费用：	1 元/小时	3 小时	3 元
制造费用合计			18 元
单位产品标准成本		350＋30＋18＝398(元)	

（二）成本差异的计算与分析

1. 直接材料成本差异

直接材料成本差异是指直接材料实际成本与标准成本之间的差额，直接材料成本属于变动成本，该项差异可分解为直接材料价格差异和直接材料数量差异。其中，价格差异是实际价格脱离预算价格所产生的差异，数量差异是单位产品材料实际消耗量脱离单位产品材料定额消耗量所产生的差异。

直接材料成本差异相关计算公式如下：

直接材料成本差异 = 实际成本 − 标准成本

      = 实际耗用量 × 实际单价 − 标准耗用量 × 标准单价

直接材料成本差异 = 直接材料价格差异 + 直接材料数量差异

直接材料价格差异 = 实际耗用量 × (实际单价 − 标准单价)

直接材料数量差异 = (实际耗用量 − 标准耗用量) × 标准单价

【例题 4-8】承[例题 4-7]，NH-1 型产品的标准成本资料，已知 2023 年 12 月该公司实际生产 NH-1 型产品 125 件，实际耗用 A 材料 500 千克，其实际单价是 36 元/千克；实际耗用 B 材料 450 千克，其实际单价是 64 元/千克。计算并分析 NH-1 型产品的直接材料成本差异如下：

  A 材料成本差异 = 36 × 500 − 40 × 5 × 125 = −7 000(元)

  其中：A 材料价格差异 = 500 × (36 − 40) = −2 000(元)

     A 材料数量差异 = (500 − 5 × 125) × 40 = −5 000(元)

  B 材料成本差异 = 64 × 450 − 60 × 2.5 × 125 = 10 050(元)

  其中：B 材料价格差异 = 450 × (64 − 60) = 1 800(元)

     B 材料数量差异 = (450 − 2.5 × 125) × 60 = 8 250(元)

  NH-1 型产品的直接材料成本差异 = −7 000 + 10 050 = 3 050(元)

以上计算结果表明，NH-1 型产品直接材料成本形成了 3 050 元的不利差异。其中，A 材料发生了 7 000 元的有利差异，这是 A 材料实际价格下降而降低 2 000 元成本及耗用量减少而节约 5 000 元成本共同作用的结果；B 材料发生了 10 050 元的不利差异，这是由 B 材料实际价格提高而增加 1 800 元成本和耗用量增加而超支 8 250 元成本共同造成的。因此，该企业对 A、B 两种材料的成本控制效果是不一样的，应进一步分析评价，明确相关部门的责任。

分析成本差异应注意以下几点：

(1) 不能简单依据成本差异的方向(节约或超支)来判断优劣和好坏，如节约就好，超支就不好。成本的发生是为了满足预期目标或目的，进而实现价值增值，因此在实现预期目标时成本的达成或节约才是有利的(也是有价值的)；反之，如果不能实现预期目标，则成本的节约是不利的(也是没有价值的)。例如，从北京到广州出差，如果任务紧急，坐飞机显然是最优选择；而如果任务不紧急，坐火车显然也是可以选择的。任务与成本相比，任务第一，成本第二，成本是为了保证任务实现。

(2) 要确定成本差异的责任部门。材料价格差异通常应由采购部门负责，因为影响材料采购价格的因素(如采购批量、供应商的选择、交货方式、材料质量、运输工具等)一般由采购部门控制并受其决策影响。材料数量差异通常应由生产部门负责，因为影响材料用量的因素(如任务安排、人员调配、设备使用、现场组织等)一般由生产部门控制并受其决策影响。

(3) 要明确成本差异的产生原因并确定责任。虽然材料价格差异通常应由采购部门负责，但有些因素是采购部门无法控制的。例如，通货膨胀因素的影响、市场对原材料价格的调整等。因此，对材料价格差异一定要做进一步的分析研究，查明产生差异的真正原因，分清各部门的责任。只有在科学分析的基础上，才能进行有效控制。同理，影响材料用量的因素也是多种多样的，包括生产工人的技术熟练程度和对工作的责任感、材料的质量、生产设备的状况等。一般来说，用量超过标准大多是工人粗心大意、缺乏培训或技术素质较低等原因造成的，应由生产部门负责，但用量差异有时也会由其他部门造成。例如，采购部门购入低质量的材料,导致生产部门用料过多,由此产生的材料用量差异应由采购部门负责;再如,由于设备管理部门的原因致使生产设备不能完全发挥其生产能力,造成材料用量差异,则应由设备管理部门负责。找出和分析造成差异的原因是进行有效控制的基础。

2. 直接人工成本差异

直接人工成本差异是指直接人工实际成本与标准成本之间的差额,该差异可分解为工资率差异和人工效率差异。工资率差异是指实际工资率偏离标准工资率形成的差异,按实际工时计算确定;人工效率差异是指实际工时偏离标准工时形成的差异,按标准工资率计算确定。

直接人工成本差异相关计算公式如下:

$$直接人工成本差异 = 实际成本 - 标准成本$$
$$= 实际工时 \times 实际工资率 - 标准工时 \times 标准工资率$$
$$直接人工成本差异 = 直接人工工资率差异 + 直接人工效率差异$$
$$直接人工工资率差异 = 实际工时 \times (实际工资率 - 标准工资率)$$
$$直接人工效率差异 = (实际工时 - 标准工时) \times 标准工资率$$

【**例题 4-9**】承[例题 4-8],2023 年 12 月,该公司为生产 NH-1 型产品,实际耗用的人工小时数为 390 小时,实际发生的直接人工成本是 4 095 元。计算并分析 NH-1 型产品的直接人工成本差异如下:

$$实际人工价格 = 4\ 095 \div 390 = 10.5(元/小时)$$
$$直接人工成本差异 = 4\ 095 - 3 \times 10 \times 125 = 345(元)$$

其中:

$$直接人工工资率差异 = 390 \times (10.5 - 10) = 195(元)$$
$$直接人工效率差异 = (390 - 3 \times 125) \times 10 = 150(元)$$

以上计算结果表明,NH-1 型产品直接人工成本形成了 345 元的不利差异。

实际小时工资率高于标准小时工资率可能是由于生产过程中工资级别较高、技术水平较高的工人从事了要求较低的工作,从而造成了工资费用的超支。如果这种超支导致生产效益提高(如产量增加、质量提高),从而产生了价值增值,显然应该予以好评;如果这种超支并没有导致生产效益提高,只是保证既定任务的完成,没有产生价值增值,则应进行检讨。

直接人工工时消耗量差异是考核每个工时生产能力的重要指标,降低单位产品成本的关键在于不断提高单位工时的生产能力。影响直接人工工时利用的因素是多方面的,包括生产工人的技术水平和熟练程度、生产过程的安排和组织、生产工艺的选择、原材料的质量以及设备的状况等。

所以,在找出差异的同时要分析产生差异的具体原因,分清不同的责任部门,才能采取有效的控制措施。

3. 变动制造费用项目差异

变动制造费用项目差异是指变动制造费用项目的实际发生额与变动制造费用项目的标准成本之间的差额,该差异可分解为变动制造费用项目的价格差异和数量差异。

变动制造费用项目的价格差异是指燃料、动力、辅助材料等变动制造费用项目的实际价格偏离标准价格的差异;变动制造费用项目的数量差异是指燃料、动力、辅助材料等变动制造费用项目的实际消耗量偏离标准用量的差异。变动制造费用项目成本差异的计算和分析原理,与直接材料和直接人工成本差异的计算和分析原理相同。

变动制造费用成本差异相关计算公式如下：

变动制造费用成本差异 ＝ 实际成本 － 标准成本
　　　　　　　　　　 ＝ 实际耗用量×实际单价 － 标准耗用量×标准单价
变动制造费用成本差异 ＝ 变动制造费用价格差异 ＋ 变动制造费用数量差异
变动制造费用价格差异 ＝ 实际耗用量×（实际单价 － 标准单价）
变动制造费用数量差异 ＝（实际耗用量 － 标准耗用量）×标准单价

【例题 4-10】 承[例题 4-9]，2023 年 12 月该公司为生产 NH-1 型产品，实际耗用的机器工时数是 400 小时，实际工时变动制造费用分配率是 6 元/小时。计算并分析 NH-1 型产品的变动制造费用成本差异如下：

变动制造费用成本差异 ＝ 6×400 － 5×3×125 ＝ 525（元）

其中：

变动制造费用耗费差异 ＝ 400×（6 － 5）＝ 400（元）
变动制造费用效率差异 ＝（400 － 3×125）×5 ＝ 125（元）

以上计算结果表明，NH-1 型产品变动制造费用形成了 525 元的不利差异。

变动制造费用是由许多明细项目组成的，并且与一定的生产水平相联系，因而仅通过计算来反映变动制造费用差异总额，并不能达到日常控制与考核的要求。应注意：

（1）按照"二八"原则，对数量占 20% 但金额占 80% 的项目，应逐一进行分析，以确保重点控制的有效性。

（2）按照成本动因找出关联因子，如车间范围内属于照明用电的电费，取决于照明灯具的总功率、照明时间和每度电的价格。

（3）按成本效益原则对差异进行评价。如果某车间日工作时间为 8 小时，而实际照明为 9 小时，显然存在成本浪费问题。

（4）将变动制造费用各明细项目的弹性预算与实际发生数进行对比分析，并采取必要的控制措施。

4. 固定制造费用项目成本差异

固定制造费用项目成本差异是指固定制造费用项目实际成本与标准成本之间的差额。固定制造费用属于固定成本，在一定业务量范围内不随业务量的变动而变动。因此，固定制造费用成本差异不能简单地分为价格差异和数量差异两种类型。根据固定制造费用不随业务量的变动而变动的特点，为了计算固定制造费用标准分配率，必须设定一个预算工时，实际工时与预算工时之间的差异造成的固定制造费用差异叫作固定制造费用生产能力利用程度差异。固定制造费用成本差异相关计算公式如下：

固定制造费用项目成本差异 ＝ 固定制造费用项目实际成本 － 固定制造费用项目标准成本

【例题 4-11】 2023 年 12 月兴盛公司车间实际发生的固定制造费用总额是 5 000 元。12 月固定制造费用预算总成本为 32 000 元，预算总工时为 18.75 小时。NH-1 型产品的单位标准工时为 3 小时/件。分析计算 NH-1 型产品的固定制造费用成本差异如下：

固定制造费用标准分配率 ＝ 3÷18.75 ＝ 0.16
固定制造费用标准成本 ＝ 32 000×0.16 ＝ 5 120（元）
固定制造费用成本差异 ＝ 5 000 － 5 120 ＝ － 120（元）

以上计算结果表明，NH-1 型产品固定制造费用形成了 120 元的有利差异。

固定制造费用是由各个部门的众多明细项目构成的，因此固定制造费用预算应按每个部门及明细项目分别编制。于是，固定制造费用应按每个部门及明细项目分别记录，固定制造费用成本差异的分析和控制应按每个部门及明细项目分别进行。

（1）与变动制造费用成本差异分析同理，按照"二八"原则，对数量占 20％但金额占 80％的项目逐一进行分析，以确保重点控制的有效性。

（2）根据经验数据、预算数据和管理要求确定各明细项目的标准，编制预算，进行控制。如按定岗、定员、定编的要求确定员工的类别、数量、工资标准等，为工资费用的控制提供依据。

（3）将固定制造费用各明细项目的固定预算与实际发生数进行对比分析，按成本效益原则对差异进行评价，并采取必要的控制措施。就预算差异来说，其产生的原因可能是资源价格的变动（如办公用品价格的变动、工资率的增减、电价和水价的提高等），某些固定成本（如职工培训费、折旧费、办公费等）因管理决定而有所增减，资源数量比预算有所增减（如职工人数的增减），为了完成预算而推迟某些固定成本的开支等。所有这些都应分不同情况进行分析和控制。

任务四　变动成本法

一、变动成本法的含义及适用要求

（一）变动成本法的含义

变动成本法是指企业以成本性态分析为前提条件，仅将生产过程中消耗的变动生产成本作为产品成本的构成内容，而将固定生产成本和非生产成本作为期间成本，直接由当期收益予以补偿的一种成本管理方法。

成本性态是指成本与业务量之间的相互依存关系。按照成本性态，成本可划分为固定成本、变动成本和混合成本。

固定成本是指在一定范围内，其总额不随业务量变动而发生变动，但单位成本随业务量增加而相对减少的成本。

变动成本是指在一定范围内，其总额随业务量变动发生相应的正比例变动，而单位成本保持不变的成本。

混合成本是指总额随业务量变动但不成正比例变动的成本。

（二）变动成本法的适用要求

在管理会计中，变动成本法通常用于分析各种产品的盈利能力，为正确制定经营决策，科学进行成本计划、成本控制和成本评价与考核等工作提供有用信息。

一般来说，在企业管理过程中应用变动成本法，应遵循以下要求：

（1）企业所处的市场竞争环境激烈，需要频繁进行短期经营决策。

（2）市场相对稳定，产品差异化程度不大，以利于企业进行价格等短期决策。

(3)企业应保证成本基础信息记录完整,财务会计核算基础工作完善。

(4)企业应建立较好的成本性态分析基础,具有划分固定成本与变动成本的科学标准,以及划分标准的使用流程与规范。

(5)企业能够及时、全面、准确地收集与提供有关产量、成本、利润以及成本性态等方面的信息。

二、混合成本的分解

成本按性态分析的重要内容就是将现实中各项混合成本进行分解,使得成本数据呈现出固定成本与变动成本的性态特征,从而在成本管理中有效运用这些成本变化规律。

混合成本的分解方法随着数理分析技术的运用和相关成本管理软件模块的开发逐步迭代升级。万变不离其宗的是,企业采用成本分析方法是要从成本数据中找到关键的影响因素,并用数学模型刻画出来,从而洞悉成本变化的规律,使得成本管理不再单纯依靠主观经验或局限于数据表象。

(一)历史成本法

历史成本法是以历史成本数据开展统计推断,拟合出成本总额与业务量之间的函数关系,从而探寻成本总额哪一部分具有变动成本性态,哪一部分具有固定成本性态。

1. 高低点法

高低点法是历史成本法中最简便的一种分解方法。基本做法是以某一期间内最高业务量(即高点)的混合成本与最低业务量(即低点)的混合成本的差数,除以最高业务量与最低业务量的差数,得出的商数即业务量的成本变量(即单位业务量的变动成本额),进而确定混合成本中的变动成本部分和固定成本部分。

如前所述,在一定的相关范围内,混合成本可以用"$y=a+bx$"这样的线性模型来近似地描述,其中 a 是固定成本,bx 是变动成本。在相关范围内,依据业务量和成本总额选择高点和低点,形成坐标图上的两个样本点,将两点连成一条直线,则完成了对混合成本函数"$y=a+bx$"的拟合。

运用高低点法分解混合成本的过程如下。

设高点的成本性态为:

$$y_1 = a + bx_1 \tag{4.1}$$

低点的成本性态为:

$$y_2 = a + bx_2 \tag{4.2}$$

用式(4.1)减式(4.2),有:

$$y_1 - y_2 = b(x_1 - x_2) \tag{4.3}$$

式(4.3)表明总成本的差量是业务量的差量与单位变动成本的乘积,即全部为变动成本。

移项后则可求解 b。

将 b 求解的结果代入式(4.1)或式(4.2)中并移项,可求解 a。

【例题 4-12】 假定某企业 2023 年 12 个月的产量和电费的有关数据如表 4-7 所示。

表 4-7　某企业 2023 年 12 个月的产量和电费数据

月份	产量(件)	电量(元)
1	800	2 000
2	600	1 700
3	900	2 250
4	1 000	2 550
5	800	2 150
6	1 100	2 750
7	1 000	2 460
8	1 000	2 520
9	900	2 320
10	700	1 950
11	1 100	2 650
12	1 200	2 900

2023 年产量最高的月份是 12 月,为 1 200 件,相应电费为 2 900 元;产量最低的月份是 2 月,为 600 件,相应电费为 1 700 元。按前面的运算过程计算如下:

$$b = \frac{2\,900 - 1\,700}{1\,200 - 600} = 2(元/件)$$

$$a = 2\,900 - 2 \times 1\,200 = 500(元)$$

以上计算表明,该企业电费这项混合成本属固定成本的为 500 元;单位变动成本为每件 2 元。用数学模型来描述这项混合成本,即:

$$y = 500 + 2x$$

运用高低点法分解混合成本有其局限性,因为高点和低点的业务量(即上例中的 1 200 件和 600 件)为该项混合成本相关范围的两个极点,从中找到一条成本曲线(直线)并不能充分拟合其他成本数据点,势必会造成一些偏差。如果加入更多的观察值,应采用更科学的方法,从以上多个散点中找到成本曲线(直线)。

2. 回归直线法

回归直线法运用的是数理统计中的线性回归原理,具体做法是从一组成本数据的散点中找到一条直线近似地拟合成本散点数据的分布,围绕各项因素将成本数据刻画成线性模型。所以,回归直线法是探索成本变化规律的一个数理统计方法,通过将成本拟合成线性模型,使得混合成本数据显现出变动成本与固定成本的性态。

现在假设企业有 n 个成本数据的观测值 (x, y), y 代表成本, x 代表业务量。采用回归直线法就是将这组成本数据拟合成线性模型,用 $y = a + bx$ 表示,截距项 a 就是固定成本,斜率 b 代表单位变动成本。通过回归直线法得到 a, b 的回归估计值 $(\hat{a}, \hat{b})$,从而将成本 y 分解为变动成本部分 (bx) 和固定成本部分 (a)。

回归直线模型常见的估计方法是最小二乘法。

假定有 n 个成本的观测值 (x,y),一组决定回归直线的联立方程式用和的形式表示为:

$$\sum y = na + b\sum x$$

各观测值与最终确定的回归直线离差平方和最小,计算过程如下:

$$\delta = \sum_{i=1}^{n}[y_i-(a+bx_i)]^2$$

δ 为方差。现在要求 δ 最小时的 a 和 b。为此,需要对 δ 求一阶导数,令导数为零,即可估计出 a 和 b 值。

当以 a 或 b 为横轴、以 δ 为纵轴建立直角坐标系时,δ 的数值呈现为一条凹形曲线。δ 值最小即 δ 的导数 δ' 为零时,a 和 b 的数值就是那条回归直线的截距和斜率。δ 的曲线示意图如图 4-7 所示。

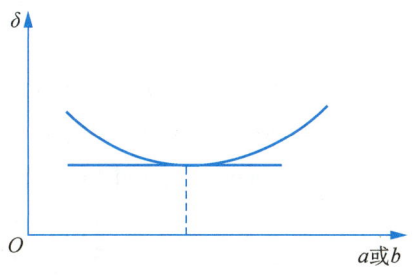

图 4-7　δ 的曲线示意图

于是,a 和 b 值的计算公式如下(求导过程略):

$$b = \frac{n\sum xy - \sum x\sum y}{n\sum x^2 - (\sum x)^2}$$

$$a = \frac{\sum x^2\sum y - \sum x\sum xy}{n\sum x^2 - (\sum x)^2}$$

【例题 4-13】　承[例题 4-12],具体说明如何用回归直线法对混合成本进行分解。

为了便于说明和计算,我们将计算所需的有关数据列入基础数据表。基础数据表如表 4-8 所示。

表 4-8　基础数据表

月份 n	产量(件)x_i	电费(元)y_i	x_iy_i	x_i^2
1	800	2 000	1 600 000	640 000
2	600	1 700	1 020 000	360 000
3	900	2 250	2 025 000	810 000
4	1 000	2 550	2 550 000	1 000 000
5	800	2 150	1 720 000	640 000
6	1 100	2 750	3 025 000	1 210 000
7	1 000	2 460	2 460 000	1 000 000
8	1 000	2 520	2 520 000	1 000 000
9	900	2 320	2 088 000	810 000
10	700	1 950	1 365 000	490 000
11	1 100	2 650	2 915 000	1 210 000
12	1 200	2 900	3 480 000	1 440 000
合计	11 100	28 200	26 768 000	10 610 000

将表 4-8 中的有关数值代入公式,则有

$$b = \frac{n\sum xy - \sum x \sum y}{n\sum x^2 - (\sum x)^2} = \frac{12 \times 26\,768\,000 - 11\,100 \times 28\,200}{12 \times 10\,610\,000 - (11\,100)^2} = 1.99(元/件)$$

$$a = \frac{\sum x^2 \sum y - \sum x \sum xy}{n\sum x^2 - (\sum x)^2} = \frac{10\,610\,000 \times 28\,200 - 11\,100 \times 26\,768\,000}{12 \times 10\,610\,000 - (11\,100)^2} = 505.40(元)$$

需要说明的是,当回归直线的 b 值确定之后,可以通过 $\sum y = na + b\sum x$ 比较简便地得到 a 值,但 b 值应该尽量保留尾数,否则误差会因不断累积而过大。在上例中,如取 b 值为 1.99,则通过公式计算的 a 值为:

$$a = \frac{\sum y - b\sum x}{n} = \frac{28\,200 - 1.99 \times 11\,100}{12} = 509.25(元)$$

如果 b 值为 1.994 16(保留五位小数),则计算出来的 a 值是 505.40。

在现代管理实践中,回归直线法可以通过软件模块完成计算,会计人员只需选择需要成本拟合的数据,导入软件,就可以得到混合成本的线性模型估计结果,也就完成了混合成本的分解。

3. 账户分析法

企业在开展混合成本分解时,除了要运用数理统计等技术手段进行成本分解,还有一个重要问题是明确哪些成本数据需要分解,这就要求首先确定成本核算账户包含的内容,通过职业判断识别成本核算内容与成本动因之间的关系,从而确定其成本性态。这种针对账户内容开展成本性态分析的方法,称为账户分析法。

账户分析法的基本做法是根据各成本、费用账户的具体内容,判断它们是更接近固定成本还是更接近变动成本,进而直接将其确定为固定成本或变动成本。例如,"管理费用"账户内各项目发生额的大小在正常产量范围内与产量变动没有关系,或没有明显关系,就将管理费用全部视为固定成本;"制造费用"账户中的车间管理部门办公费、按折旧年限计算的设备折旧费等,虽与产量的关系比管理费用密切一些,但基本特征仍属"固定",所以也应视为固定成本;而"制造费用"账户内的燃料动力费、维修费等,虽然不像直接材料费那样与产量成正比例变动,但其发生额的大小与产量变动的关系很明显,因而可以将其视为变动成本。

【例题 4-14】 假设以某企业的某一生产车间作为分析对象,某月的成本数据表如表 4-9 所示。

表 4-9 成本数据表　　　　　　　　　　　　　　　　　　　　单位:元

项目	成本
生产成本——材料	240 000
——工资	30 000
制造费用——燃料、动力	12 000
——修理费	4 000
——工资	8 000
——折旧费	20 000
——办公费	6 000
合计	320 000

如果该车间只生产单一产品,那么本月发生的 320 000 元费用将全部构成该产品的成本。如果生产多种产品,并假定上述属于共同费用的数据是在合理分配的基础上得到的,则有关成本的分解过程如表 4-10 所示。

表 4-10 成本分解表　　　　　　　　　　　　　　　　　　　　单位:元

账户	总成本	固定成本	变动成本
生产成本——材料	240 000		240 000
——工资	30 000		30 000
制造费用——燃料、动力	12 000		12 000
——修理费	4 000		4 000
——工资	8 000		8 000
——折旧费	20 000	20 000	
——办公费	6 000	6 000	
合计	320 000	26 000	294 000

表 4-10 的分解理由是:直接材料和直接人工(即"生产成本"账户成本项目)通常为变动成本;燃料动力费、修理费、间接人工费虽然不与产量成正比例变动关系,但有明显的变动关系,所以也确定为变动成本;折旧费和办公费与产量变动没有明显关系,因而确定为固定成本。不难看出,上述分解过程是在一定的假设条件下进行的:假设生产工人的工资实行计件工资制,那么直接人工就是变动成本;假设生产设备的折旧额不是按加工量或加工时间计算的,那么折旧费就属于固定成本。如果假设条件不是这样的,分解的结果就不一样了。不过,对于特定的分解对象而言,相应的假设条件由于经常使用而约定俗成为既定前提。所以,对于一些常见的成本费用,如折旧费、直接材料、直接人工等,可以依据前述的既定前提,直接将其确定为固定成本或变动成本。

根据表 4-10,该车间的总成本被分解为固定成本和变动成本两部分,其中:

$$a = 26\,000(元)$$

假设该车间当月产量为 1 000 件,则:

$$b = \frac{294\,000}{1\,000} = 294(元/件)$$

以数学模型来描述该车间的总成本,即:

$$y = 26\,000 + 294x$$

账户分析法是混合成本分解的诸多方法中最为简便的一种,也是相关决策分析中应用比较广泛的一种。但其分析结果的可靠性在很大程度上取决于有关分析人员的判断能力,因而不可避免地带有片面性和局限性。

就账户分析法的应用对象而言,这一方法通常用于特定期间总成本的分解,对成本性态的确认通常只限于成本性态比较典型的成本项目;对于成本性态不那么典型的成本项目,则应该选择其他的成本分解方法。

从混合成本分解的各种方法中不难看出,成本分解的过程也是一个对成本性态进行探索的过程。在现代企业管理中,随着管理信息系统的完善与成本核算数据的逐步累积,许多企业已具备了对成本开展更精确分析的基础,与成本管理有关的实务人士也更加精通企业成本的变化规律,包括成本性态及其分解。

三、变动成本法与完全成本法的比较

(一)变动成本法与完全成本法的区别

变动成本法与完全成本法对固定制造费用的不同处理方式导致两种方法的一系列差异,主要表现在产品成本的构成内容、存货成本的构成内容以及各期损益三个方面。

1. 产品成本的构成内容不同

完全成本法将所有成本分为制造成本(或称生产成本,包括直接材料、直接人工和制造费用)和非制造成本(包括管理费用、销售费用和财务费用)两大类,将制造成本完全计入产品成本,而将非制造成本作为期间费用。

变动成本法的产品成本包括直接材料、直接人工和变动制造费用,固定制造费用与非制造成本都作为期间费用。

两种方法在产品成本计算上的差异可以从图4-8中看出:

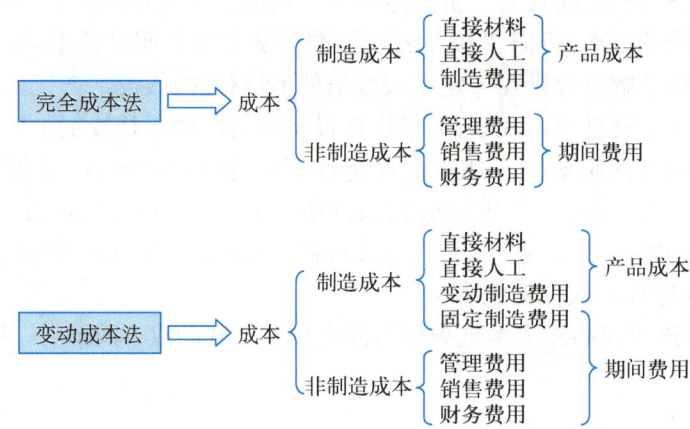

图4-8 变动成本法与完全成本法的构成

现举例说明两种成本法下产品成本计算的差异。

【例题4-15】 某企业月初没有在产品和产成品存货。当月共生产某种产品50件,销售40件,月末结存10件。该产品的制造成本资料和企业的非制造成本资料如表4-11所示。

表4-11 成本资料表 单位:元

成本项目	单位产品成本	总成本
直接材料	200	10 000
直接人工	60	3 000
变动制造费用	20	1 000

(续表)

成本项目	单位产品成本	总成本
固定制造费用		2 000
管理费用		3 000
销售费用		2 500
财务费用		1 500
合计		23 000

如果采用变动成本法,则单位产品成本为 280 元(200+60+20);如果采用完全成本法,则需要将固定制造费用分配至本期生产的 50 件产品上,单位产品成本不仅包含直接材料、直接人工,而且包含单位产品分担的变动制造费用和固定制造费用,具体为 320 元(200+60+20+2 000÷50)。

变动成本法将固定制造费用处理为期间费用,因此其单位产品成本比完全成本法下的单位产品成本低。当然,变动成本法下的期间费用就比完全成本法下的该费用高。变动成本法下的期间费用为 9 000 元(2 000+3 000+2 500+1 500),而完全成本法下的期间费用则为 7 000 元(3 000+2 500+1 500)。

产品成本的构成内容不同是变动成本法与完全成本法的主要区别,两种方法其他方面的区别均由此而生。

2. 存货成本的构成内容不同

产品成本的构成内容不同,存货成本的构成内容也就随之不同。采用变动成本法,不论是库存产成品、在产品还是已销产品,其成本均只包括制造成本中的变动部分,期末存货计价只是这一部分。而采用完全成本法时,不论是库存产成品、在产品还是已销产品,其成本均包括一定份额的固定制造费用,期末存货计价相应地也包括这一份额。

很显然,变动成本法下的期末存货计价必然小于完全成本法下的期末存货计价。前例中如假设该月末无在产品,当按变动成本法计算时,期末存货的成本为 2 800 元(280×10);而按完全成本法计算,期末存货的成本则为 3 200 元(320×10)。

产品成本和存货成本上的差异又会对损益的计算产生影响。

3. 各期损益不同

从期间损益来看,变动成本法将固定制造费用计入期间费用,抵减当期损益。而完全成本法将固定制造费用计入产品成本,只有产品销售时才会随产品的其他成本项目(直接材料、直接人工)一并结转当期损益。这意味着变动成本法与完全成本法对各期损益的影响的关键在于当期生产的产品是否销售完毕,即产销是否平衡。

在适时制生产模式下,产销基本平衡,每期以销售量定产量,则企业当期没有存货。那么,在完全成本法下与产品生产有关的全部成本(变动成本加固定成本)会作为产品的销售成本结转出去。此类情形如果换成变动成本法核算,则产品的全部成本也就是变动成本会随着产品销售完毕结转出去,与产品相关的固定制造费用计入期间费用。所以,在产销平衡时,两种方法的期间损益相同,所不同的只是固定制造费用列入产品销售成本还是列入期间费用。

当产销不平衡时,将出现两类情形:其一是当期产量大于销售量,形成当期新增库存;其二是当期产量小于销售量,需要调动期初库存来满足当期销售。

【例题 4-16】 承[例题 4-15],假设每件产品售价为 500 元;销售费用中有变动费用,为 20 元/件。当分别采用变动成本法和完全成本法时,所计算出的当期税前利润如表 4-12 所示。

表 4-12 变动成本法和完全成本法下当期税前利润的比较　　　　　单位:元

项目	变动成本法	完全成本法
销售收入(40×500)	20 000	20 000
销售成本	11 200 (40×280)	12 800 (40×320)
管理费用		3 000
销售费用		2 500
变动销售费用(40×20)	800	
财务费用		1 500
营业贡献毛益	8 000	
固定成本		
固定制造费用	2 000	
管理费用、财务费用、固定管理费用	6 200	
税前利润	−200	200

从表 4-12 可以看出,不同成本计算法下所计算出的税前利润不同。采用变动成本法时为 −200 元(亏损),采用完全成本法时则为 200 元(盈利),相差 400 元。这 400 元正是完全成本法所确认的应由期末存货负担的固定制造费用部分(2 000÷50×10),而在变动成本法下,这 400 元全部作为期间费用计入当期损益。这 400 元在完全成本法下被视为"一种可以在将来换取收益的资产"列入资产负债表,而在变动成本法下则被视为费用列入利润表。所以,上例中假设企业期初没有存货,且产量大于销售量,此时变动成本法与完全成本法计算得到的损益差别就是当期生产但未销售出去的产品所应负担的固定制造费用。

(二) 变动成本法与完全成本法的特点比较与评价

完全成本法和变动成本法的根本区别在于如何看待固定制造费用,从而决定了两种成本计算方法各自的特点。以此为线索,通过对比完全成本法与变动成本法,可以进一步认识这两种方法的优点和不足。

1. 变动成本法的特点与利弊

变动成本法能在管理会计实践中获得应用,一个关键的原因是以成本性态的分解为基础,由此延伸出以下特点:

(1) 以成本性态分析为基础计算产品成本。变动成本法将产品的制造费用按成本性态划分为变动制造费用和固定制造费用两部分,认为只有变动制造费用才与产品制造决策相关,应构成产品成本,在产品销售收入中获得补偿。而固定制造费用是短期内经营决策无法改变的成本,与产品的销售量无关,只与企业是否生产有关,因此不应列为产品制造成本,而是作为期间费用处理。或者说,变动成本法认为固定制造费用属于为取得收益而丧失的资产。

(2) 强调销售环节对企业利润的贡献。变动成本法将固定制造费用作为期间费用,产品只包含变动成本,这使得存货部分不再负担固定制造费用。于是,当销售品种构成、销售价格、单位变动成本不变时,企业利润将只随销售数量的变化而变化,销售量大则利润高,这导致变动成本法下的经营损益对销售量的变化更为敏感。这一点在买方市场中(即供应量大于需求量的环境)对企业经营有指导意义。

(3) 变动成本法是管理会计开展本量利分析的基础。产品销售收入与产品成本(变动成本)的差量对应管理会计的一个重要概念——贡献毛益,因此变动成本法提供的信息可以直接应用于企业的经营决策分析,促使企业关注成本性态对利润的影响。

由此可见,变动成本法提供的损益信息、贡献毛益信息对销售量变化更敏感,促使企业在经营决策中更重视销售环节,将注意力更多地集中在分析市场动态、开拓销售渠道、搞好售后服务方面,符合竞争市场环境下企业经营决策的要求。

此外,变动成本法将固定制造费用全部作为期间费用,省去了固定制造费用的分摊工作,避免了分摊中的主观随意性。当然,变动成本法也有一定局限性,主要表现在:按成本性态确定产品成本构成,在很大程度上依赖成本按性态分解的合理性与可靠性。

2. 完全成本法的特点与利弊

与变动成本法相比,完全成本法最主要的特点是不区分成本的性态,产品成本既包含变动成本部分,也包含固定制造费用。因此,完全成本法有如下特点:

(1) 强调固定制造费用和变动制造费用在成本补偿方式上的一致性。完全成本法认为,只要是与产品生产有关的耗费,均应从产品销售收入中得到补偿,固定制造费用不应被人为区别对待。

(2) 强调生产环节对企业利润的贡献。如例题分析所示,完全成本法提供的损益信息是产量大则利润高,这是因为产量大则摊薄固定制造费用,客观上有刺激产量扩张的作用。

当然,完全成本法符合公认会计原则的要求,即成本核算应当反映企业全部的资源耗费。固定制造费用作为制造环节的关键消耗,应该按照相关性原则和权责发生制完整、及时、准确地计入产品成本。所以,以完全成本法核算的成本可以直接用于对外报告,弥补了变动成本法只能满足对内决策需要的不足。

因此,在评价和应用完全成本法和变动成本法时,应注意和强调成本信息决策有用性的差异(如不同市场环境下,管理的目的不同;不同利益主体,其考核角度不同),不能简单处理。

任务五 作业成本法

一、作业成本法的含义与适用要求

(一) 作业成本法的含义及相关概念

作业成本法是指以"作业消耗资源、产出消耗作业"为原则,按照资源动因将资源费用追溯或分配至各项作业,计算出作业成本,然后再根据作业动因,将作业成本追溯或分配至各成本对象,最终完成成本计算的一种成本管理方法。

1. 资源费用

资源费用是指企业在一定期间内开展经济活动所发生的各项资源耗费。资源费用既包括房屋及建筑物、设备、材料、商品等有形资源的耗费,也包括信息、知识产权、土地使用权等各种无形资源的耗费,还包括人力资源耗费以及其他各种税费支出等。企业的资源既包括直接材料、直接人工、生产维持成本(如采购人员的工资),还包括制造费用以及生产过程中的其他费用(如销售推广费用)。为便于将资源费用直接追溯或分配至各作业中心,企业还可以按照资源与不同层次作业的关系,将资源分为以下五类:

(1) 产量级资源。包括为单个产品(或服务)所取得的原材料、零部件、人工、能源等。

(2) 批别级资源。包括用于生产准备、机器调试的人工等。

(3) 品种级资源。包括为生产某一种产品(或服务)所需要的专用化设备、软件或人力等。

(4) 顾客级资源。包括为服务特定客户所需要的专门化设备、软件和人力等。

(5) 设施级资源。包括土地使用权、房屋及建筑物,以及所保持的不受产量、批别、产品、服务和客户变化影响的人力资源等。

对产量级资源费用,应直接追溯至各作业中心的产品等成本对象。对于其他级别的资源费用,应选择合理的资源动因,按照各作业中心的资源动因量比例,分配至各作业中心。企业为执行每一种作业所消耗的资源费用的总和,构成该种作业的总成本。

2. 作业

作业是指企业基于特定目的重复执行的任务或活动,是连接资源和成本对象的桥梁。一项作业既可以是一项非常具体的任务或活动,也可以泛指一类任务或活动。从不同的角度出发,作业有不同的分类:

(1) 按消耗对象不同,作业可分为主要作业和次要作业。

主要作业是指被产品、服务或客户等最终成本对象消耗的作业。

次要作业是指被原材料、主要作业等介于中间地位的成本对象消耗的作业。

(2) 企业可按照受益对象、层次和重要性,将作业分为以下五类,并分别设计相应的作业中心。

产量级作业是指明确地为个别产品(或服务)实施的、使单个产品(或服务)受益的作业。该类作业的数量与产品(或服务)的数量成正比例变动。它包括产品加工、检验等。

批别级作业是指为一组(或一批)产品(或服务)实施的、使该组(或批)产品(或服务)受益的作业。该类作业的发生是由生产的批量数而不是单个产品(或服务)引起的,其数量与产品(或服务)的批量数成正比例变动。它包括设备调试、生产准备等。

品种级作业是指为生产和销售某种产品(或服务)实施的、使该种产品(或服务)的每个单位都受益的作业。该类作业用于产品(或服务)的生产或销售,但独立于实际产量或批量,其数量与品种的多少成正比例变动。它包括新产品设计、现有产品质量与功能改进、生产流程监控、工艺变换需要的流程设计、产品广告等。

客户级作业是指为服务特定客户所实施的作业。该类作业保证企业将产品(或服务)销售给个别客户,但作业本身与产品(或服务)数量独立。它包括向个别客户提供的技术支持活动、咨询活动、独特包装等。

设施级作业是指为提供生产产品（或服务）的基本能力而实施的作业。该类作业是开展业务的基本条件，其使所有产品（或服务）都受益，但与产量或销量无关。它包括管理作业、针对企业整体的广告活动等。

3. 成本对象

成本对象是指企业追溯或分配资源费用、计算成本的对象物。成本对象可以是工艺、流程、零部件、产品、服务、分销渠道、客户、作业、作业链等需要计量和分配成本的项目。

4. 成本动因

成本动因是指诱导成本发生的原因，是成本对象与其直接关联的作业和最终关联的资源之间的中介。按其在资源流动中所处的位置和作用，成本动因可分为资源动因和作业动因。

（1）资源动因。资源动因是分配作业所耗资源的依据。按照作业成本会计原则，资源消耗量的高低与最终的产量没有直接的关系，作业量的多少决定着资源的消耗量，这种关系称为资源动因。资源动因作为一种分配基础，反映了作业中心对资源的耗费情况，是将资源成本分配到作业中心的标准。

（2）作业动因。作业动因是将作业中心的成本分配到成本对象的标准，反映了产品生产与作业量之间的关系。通过对作业动因的分析，可以揭示哪些作业是多余的，应该减少，以及整体成本应该如何改善。

（二）作业成本法的适用要求

1. 适用作业成本法企业的特征

作业成本法一般适用于具备以下特征的企业：

（1）作业类型较多且作业链较长。

（2）同一生产线生产多种产品。

（3）企业规模较大且管理层对产品成本准确性要求较高。

（4）产品、客户和生产过程多样化程度较高。

（5）间接或辅助资源费用所占比重较大。

2. 应用作业成本法企业的环境特点

企业应用作业成本法所处的外部环境，一般应备以下特点之一：

（1）客户个性化需求较高，市场竞争激烈。

（2）产品的需求弹性较大，价格敏感度高。

3. 其他

企业应能够清晰地识别作业、作业链、资源动因和成本动因，为资源费用以及作业成本的追溯或分配提供合理的依据。

二、作业成本计算的具体应用

企业应用作业成本法，一般按照资源识别及资源费用的确认与计量、成本对象选择、作业认定、作业中心设计、资源动因选择与计量、作业成本汇集、作业动因选择与计量、作业成本分配、作业成本信息报告等程序进行。

(一)资源识别及资源费用的确认与计量

识别出由企业拥有或控制的所有资源,遵循国家统一的会计制度,合理选择会计政策,确认和计量全部资源费用,编制资源费用清单,为资源费用的追溯或分配奠定基础。

资源识别及资源费用的确认与计量应由企业的财务部门负责,在基础设施管理、人力资源管理、研究与开发、采购、生产、技术、营销、服务、信息等部门的配合下完成。

(二)成本对象选择

在作业成本法下,企业应将当期所有的资源费用,遵循因果关系和受益原则,根据资源动因和作业动因,分项目经由作业追溯分配至相关的成本对象,确定成本对象的成本。

企业应根据国家统一的会计制度,并考虑预算控制、成本管理、营运管理、业绩评价以及经济决策等方面的要求来确定成本对象。一般可以按照产品品种、批别或步骤作为成本对象。

(三)作业认定

作业认定是指企业识别由间接或辅助资源执行的作业集,确认每一项作业完成的工作以及执行该作业所耗费的资源费用,并据以编制作业清单的过程。

作业认定的内容主要包括对企业每项消耗资源的作业进行识别、定义和划分,确定每项作业在生产经营活动中的作用、同其他作业的区别以及每项作业与耗用资源之间的关系。

(四)作业中心设计

作业中心设计是指企业将认定的所有作业按照一定的标准进行分类,形成不同的作业中心,作为资源费用追溯或分配对象的过程。

作业中心可以是某一项具体的作业,也可以是由若干个相互联系的能够实现某种特定功能的作业的集合。

(五)资源动因选择与计量

资源动因是引起资源耗用的成本动因,它反映了资源耗用与作业量之间的因果关系。资源动因选择与计量为将各项资源费用归集到作业中心提供了依据。企业应识别当期发生的每一项资源消耗,分析资源耗用与作业中心作业量之间的因果关系,选择并计量资源动因。企业一般应选择那些与资源费用总额呈正比例关系变动的资源动因作为资源费用分配的依据。

(六)作业成本归集

作业成本归集是指企业根据资源耗用与作业之间的因果关系,将所有的资源成本直接追溯或按资源动因分配至各作业中心,计算各作业总成本的过程。

(七)作业成本分配

作业成本分配是指企业将各作业中心的作业成本按作业动因分配至产品等成本对象,并结合直接追溯的资源费用,计算出各成本对象的总成本和单位成本的过程。

(八)作业成本信息报告

作业成本信息报告的目的,是通过设计、编制和报送具有特定内容和格式要求的作业成本报表,向企业内部各有关部门和人员提供其所需要的作业成本及其他相关信息。

作业成本报表的内容和格式应根据企业内部管理需要确定。作业成本报表提供的信息一般应包括以下内容：

（1）企业拥有的资源及其分布以及当期发生的资源费用总额及其具体构成的信息。

（2）每一成本对象总成本、单位成本及其消耗的作业类型、数量及单位作业成本的信息，以及产品盈利性分析的信息。

（3）每一作业或作业中心的资源消耗及其数量、成本，以及作业总成本与单位成本的信息。

（4）与资源成本分配所依据的资源动因以及作业成本分配所依据的作业动因相关的信息。

（5）资源费用、作业成本，以及成本对象成本预算完成情况及其原因分析的信息。

（6）有助于作业、流程、作业链（或价值链）持续优化的作业效率、时间和质量等方面的非财务信息。

（7）有助于促进客户价值创造的有关增值作业与非增值作业的成本信息及其他信息。

（8）有助于业绩评价与考核的作业成本信息及其他相关信息。

【例题 4-17】 兴盛公司同时生产 N1、N2 两种产品，单位售价分别为 440 元和 360 元。2023 年 10 月，该公司发生的制造费用总计 600 000 元，过去该公司按制造成本法计算产品成本，制造费用按直接人工工时进行分配。经过核算，N1、N2 两种产品均实现盈利。但管理者认为，这种粗放式计算分配制造费用的方法不正确，往往掩盖了成本管理的实质问题。为此，公司采用作业成本法进行成本核算。产品相关历史资料如表 4-13 所示。

表 4-13　产品相关历史资料表　　　　　　　　　　　　　　　　　　金额单位：元

项目	N1 产品	N2 产品
产量（件）	1 000	2 000
直接材料成本（元/件）	60	80
材料用量（千克）	3 000	2 000
直接人工工时（小时/件）	2	1.5
机器调控次数	15	5
产品抽检比例	50%	25%
小时工资率（元/小时）	30	30

采用全部成本法和作业成本法分别计算产品成本，并加以分析。

（1）按全部成本法计算确定产品成本。全部成本法成本计算表如表 4-14 所示。

表 4-14　全部成本法成本计算表　　　　　　　　　　　　　　　　　金额单位：元

项目	N1 产品	N2 产品	合计
直接材料总成本	60 000	160 000	220 000
直接人工总成本	60 000	90 000	150 000
应分配的制造费用	240 000	360 000	600 000

113

(续表)

项目	N1 产品	N2 产品	合计
合计	360 000	610 000	970 000
产量(件)	1 000	2 000	—
单位成本(元)	360	305	—

（2）按作业成本法进行动因分析及成本追溯。作业成本法成本动因分析及成本追溯如表 4-15 所示。

表 4-15　作业成本法成本动因分析及成本追溯　　　　　　　　　　　　　单位：元

作业	成本动因	成本库	制造费用
质量控制	抽检件数	质量控制	300 000
机器调控	调控次数	机器调控	200 000
材料整理	整理数量	材料整理	100 000
制造费用合计			600 000

（3）按作业成本法的动因确定分配率。作业成本法制造费用分配率计算表如表 4-16 所示。

表 4-16　作业成本法制造费用分配率计算表　　　　　　　　　　　　　金额单位：元

成本库	制造费用	成本动因	分配率
质量控制	300 000	抽检件数 N1 产品：1 000×50%＝500(件) N2 产品：2 000×25%＝500(件) 合计：1 000 件	300 000÷1 000＝300(元/件)
机器调控	200 000	15＋5＝20(次)	200 000÷20＝10 000(元/次)
材料整理	100 000	N1 产品：3 000 千克 N2 产品：2 000 千克 合计：5 000 千克	100 000÷5 000＝20(元/千克)

（4）按作业成本法的动因分解制造费用。作业成本法制造费用分配表如表 4-17 所示。

表 4-17　作业成本法制造费用分配表　　　　　　　　　　　　　金额单位：元

成本库	制作费用	分配率	N1 产品		N2 产品	
			消耗动因	分配成本	消耗动因	分配成本
质量控制	300 000	300 元/件	500 件	150 000	500 件	150 000
机器调控	200 000	10 000 元/次	15 次	150 000	5 次	50 000
材料整理	100 000	20 元/千克	3 000 千克	60 000	2 000 千克	40 000
合计	600 000			360 000		240 000

（5）按作业成本法重新计算产品成本。作业成本法产品成本计算表如表 4-18 所示。

表 4-18 作业成本法产品成本计算表　　　　　　　　　　　　　　单位:元

成本项目	N1 产品(1 000 件)		N2 产品(2 000 件)	
	单位成本	总成本	单位成本	总成本
直接材料成本	60	60 000	80	160 000
直接人工成本	30×2=60	60 000	30×1.5=45	90 000
制造费用	360 000÷1 000=360	360 000	240 000÷2 000=120	240 000
合计	480	480 000	245	490 000

(6) 不同成本计算方法结果比较,如表 4-19 所示。

表 4-19 产品成本计算表　　　　　　　　　　　　　　金额单位:元

成本项目	全部成本法			作业成本法		
	N1 产品	N2 产品	合计	N1 产品	N2 产品	合计
直接材料成本	60 000	160 000	220 000	60 000	160 000	220 000
直接人工成本	60 000	90 000	150 000	60 000	90 000	150 000
制造费用	240 000	360 000	600 000	360 000	240 000	600 000
合计	360 000	610 000	970 000	480 000	490 000	970 000
产量(件)	1 000	2 000	—	1 000	2 000	—
单位成本(元/件)	360.00	305.00	—	480.00	245.00	—
单位售价	440.00	360.00	—	440.00	360.00	—
毛利(亏)	80.00	55.00	—	−40.00	115.00	—

从表 4-19 可以看出,传统成本管理方法下,N1 和 N2 产品均实现盈利,分别实现毛利为 80 元和 55 元。但是,在作业成本法下,计算结果就完全不同了:N1 产品发生毛亏 40 元,而 N2 产品实现毛利 115 元。因此,传统方法低估了 N2 产品为企业作出的贡献。

三、作业成本法的优缺点

(一) 作业成本法的主要优点

(1) 能够提供更加准确的各维度成本信息,有助于企业提高产品定价、作业与流程改进、客户服务等决策的准确性。

(2) 改善和强化成本控制,促进绩效管理的改进和完善。

(3) 推进作业基础预算,提高作业、流程、作业链(或价值链)管理的能力。

(二) 作业成本法的主要缺点

作业成本法是一个复杂的成本核算系统,需要对错综复杂的企业组织和经营活动进行分解,提出作业链分析,实施作业管理,实施过程中的工作量较大。部分作业的识别、划分、合并与认定,成本动因的选择以及成本动因计量方法的选择等均存在较大的主观性,这需要财务人员和其他管理人员具备较高的素质。在作业成本法中,多方的共同协作操作过程较为复杂,开发和维护费用较高。

 ## 项目小结

  本项目主要介绍了成本按不同标准分类情况,并重点阐述了成本性态分析及多种成本分析法的基本原理。在实际工作中,为了适应企业经营管理的不同需要,成本可以从不同角度按照不同的标准进行分类。传统的成本分类方法是按经济用途分类,这是财务会计中成本分类的主要方法。成本按经济用途分类可以分为生产成本和非生产成本。成本性态又称为成本习性,是指成本总额与业务量之间的依存关系。成本按性态分类是管理会计中成本分类的主要方法。成本按性态可以分为固定成本、变动成本、混合成本三大类。混合成本可以采用高低点法、散布图法、回归直线法、账户分析法、技术测定法和合同确认法等分解方法分解为固定成本和变动成本。变动成本法和完全成本法对固定性制造费用的处理不同,导致了两种方法下成本计算的一系列差异,主要表现为企业产品生产成本组成内容、企业产品生产成本核算流程、企业在产品及产成品存货估价、企业盈亏计算、适用范围等方面的不同。最后对完全成本法和变动成本法进行了评价。

习题与实训

任务一　成本性态分析

一、判断题

1. 成本管理是指企业在营运过程中实施成本预测、成本决策、成本计划、成本核算、成本分析和成本考核等一系列管理活动的总称。（　　）
2. 成本会计的对象是企业营运过程中的各种耗费。（　　）
3. 日常运营良好的企业不需要进行成本管理。（　　）
4. 成本核算属于成本管理的事中成本管理阶段。（　　）
5. 企业应根据其内外部环境选择适合的成本管理工具方法。（　　）
6. 适应性原则要求企业成本管理应与生产经营特点和目标相适应,其要与企业发展战略或竞争战略相适应。（　　）

二、单项选择题

1. 下列各项中,属于事中成本管理的是(　　)。
   A. 成本考核　　　　B. 成本计划　　　　C. 成本决策　　　　D. 成本分析
2. 成本管理应与企业生产经营特点和目标相适应,尤其要与企业发展战略或竞争战略相适应。这是成本管理一般原则中的(　　)。
   A. 适应性原则　　　B. 融合性原则　　　C. 成本效益原则　　D. 重要性原则
3. 下列各项中,属于成本管理领域应用的管理会计工具方法的是(　　)。
   A. 平衡计分卡　　　　　　　　　　　B. 本量利分析
   C. 目标成本法　　　　　　　　　　　D. 贴现现金流量法
4. 成本考核是指对(　　)及其有关指标的实际完成情况进行定期总结和评价。
   A. 成本预测　　　　B. 成本核算　　　　C. 成本计划　　　　D. 成本控制
5. 某企业实行一周5天工作制,正常工作时间每天8小时,但是生产零件的车间经常会因为活多而加班加点,工人在正常工作时间的基本工资是每月3 200元,如果超过正常工作时间,加班费按每小时35元计算。那么此车间的人工成本是(　　)。
   A. 延期变动成本　　　　　　　　　　B. 半变动成本
   C. 阶梯式成本　　　　　　　　　　　D. 非线性成本
6. 关于混合成本,下列说法中不正确的是(　　)。
   A. 混合成本就是"混合"了固定成本和变动成本两种不同性质的成本
   B. 混合成本要随业务量的变化而变化
   C. 混合成本的变化与业务量的变化保持着纯粹的正比例关系
   D. 混合成本变化不能与业务量的变化保持着纯粹的正比例关系

7. 下列各项中,属于酌量性固定成本的是(　　)。
   A. 固定的设备折旧费　　　　　　　　B. 保险费
   C. 直接材料费　　　　　　　　　　　D. 新产品研究开发费
8. 在下列各项中,属于半固定成本内容的是(　　)。
   A. 计件工资费用
   B. 按年支付的广告费用
   C. 按直线法计提的折旧费用
   D. 按月薪制开支的质检人员工资费用

三、多项选择题

1. 下列各项中,属于成本管理原则的有(　　)。
   A. 融合性原则　　　　　　　　　　　B. 适应性原则
   C. 成本效益原则　　　　　　　　　　D. 重要性原则
2. 下列各项中,属于成本管理应用环境的有(　　)。
   A. 健全成本管理的制度体系　　　　　B. 健全成本相关原始记录
   C. 建立计量验收管理制度　　　　　　D. 充分利用现代信息制度
3. 下列成本管理活动中,属于事前成本管理阶段的有(　　)。
   A. 成本预测　　　B. 成本决策　　　C. 成本核算　　　D. 成本计划
4. 下列各项中,属于成本管理工具和方法的有(　　)。
   A. 作业成本法　　B. 变动成本法　　C. 目标成本法　　D. 标准成本法
5. 综合应用不同成本管理工具方法时,应以考虑各成本管理工具方法(　　)为前提,通过综合运用成本管理的工具方法实现最大效益。
   A. 具体目标的兼容性　　　　　　　　B. 资源的共享性
   C. 适用对象的差异性　　　　　　　　D. 方法的协调性和互补性
6. 下列各项中,属于企业成本管理的制度体系的有(　　)。
   A. 费用申报制度　　　　　　　　　　B. 定额管理制度
   C. 责任成本制度　　　　　　　　　　D. 存货管理制度
7. 企业应用成本管理工具方法,一般按照(　　)等程序进行。
   A. 事前成本管理　　B. 事中成本管理　　C. 事后成本管理　　D. 绩效考核管理
8. 下列成本管理活动中,属于事后成本管理阶段的有(　　)。
   A. 成本分析　　　B. 成本决策　　　C. 成本核算　　　D. 成本考核

任务二　目标成本法

一、判断题

1. 从形式上看,目标成本可以是计划成本、标准成本,也可以是定额成本或估计成本。(　　)
2. 当企业的产品具有成熟的买方市场,且产品的设计、质量、价值等呈现明显的多样化特征时,适合使用目标成本法这个成本管理工具。(　　)
3. 价值工程以最高成本实现某种产品或作业应具备的必要功能,使产品或作业达到最高

价值。 （ ）
4. 目标成本是指为实现目标利润或价格竞争优势而应控制的成本水平的上限。（ ）
5. 财务部门人员只要工作能力强、认真负责,就能独立完成目标成本法在企业日常管理中的运用。 （ ）
6. 目标成本法中的成本设计小组需要由企业的业务人员和财务人员组成。 （ ）
7. 目标成本的计算是从确定可容许成本开始的。 （ ）
8. 各种类型的企业的成本管理都可以使用目标成本法。 （ ）
9. 目标成本法,是要求从产品生产阶段开始,通过各部门、各环节乃至与供应商的通力合作,共同实现目标成本的成本管理方法。 （ ）
10. 市场容许成本是指目标售价减去目标利润之后的余额。 （ ）

二、单项选择题

1. 目标成本是一种（ ）。
   A. 预计成本　　　B. 历史成本　　　C. 重置成本　　　D. 变现成本
2. 目标成本控制能够得到如此广泛的应用,取决于产业的（ ）。
   A. 社会环境　　　B. 金融环境　　　C. 市场环境　　　D. 法律环境
3. 价值工程是以（ ）为核心的。
   A. 价格分析　　　B. 数量分析　　　C. 功能分析　　　D. 质量分析
4. 我国引入目标成本管理思想,在机械行业实行全过程的目标成本管理开始于（ ）。
   A. 20世纪60年代　B. 20世纪50年代　C. 20世纪80年代　D. 20世纪90年代
5. 目标成本法下确定零部件的目标成本之后把压力传递给了（ ）。
   A. 客户　　　　　B. 生产车间　　　C. 采购部门　　　D. 供应商
6. 下列各项中,不属于对目标成本法应用环境的要求的是（ ）。
   A. 产品处于一个比较成熟的卖方市场环境
   B. 产品呈现出较明显的同质化特征
   C. 产品呈现出较明显的多样化特征
   D. 企业能及时、准确地获得财务和非财务信息
7. 下列产品中,不适合使用目标成本法的是（ ）。
   A. 新开发的产品
   B. 产销量较大,且处于亏损状态的产品
   C. 产品呈现出较明显的多样化特征
   D. 产销量不大,且处于很好的盈利状态的产品
8. 目标成本法下需要成立成本确认小组,下列各项中,不需要加入成本确认小组是（ ）。
   A. 业务人员　　　　　　　　　　　B. 技术人员
   C. 财务人员　　　　　　　　　　　D. 有关部门负责人
9. 下列各项中,属于成本规划小组工作职责的是（ ）。
   A. 设定和分解可实现目标成本
   B. 收集相关信息、计算市场驱动产品成本等
   C. 落实目标成本责任、考核成本管理业绩等
   D. 评价和确认可实现目标成本的设定与分解等

10. 根据目标售价和目标利润倒推出来的成本类型为（ ）。
   A. 标准成本　　　B. 责任成本　　　C. 作业成本　　　D. 目标成本

三、多项选择题

1. 进行目标成本计算的时候，需要依次确定出的成本有（ ）。
   A. 可容许成本　　　　　　　　　B. 可实现的目标成本
   C. 零部件级目标成本　　　　　　D. 产品实际生产成本

2. 可容许目标成本是根据（ ）确定的。
   A. 目标售价　　　　　　　　　　B. 目标利润
   C. 实际售价　　　　　　　　　　D. 预算利润额

3. 企业采用目标成本法需要成立一个跨部门的团队，该团队主要由（ ）小组组成。
   A. 成本规划　　　　　　　　　　B. 成本设计
   C. 成本确认　　　　　　　　　　D. 成本实施

4. 确定可以实现的目标成本时主要可以从（ ）方面努力。
   A. 改进产品设计　　　　　　　　B. 改进生产工艺
   C. 寻找替代材料　　　　　　　　D. 加强设备维修，减少闲置设备

5. 目标成本法下成本规划小组成员主要由（ ）组成。
   A. 生产人员　　　B. 财务人员　　　C. 管理人员　　　D. 业务人员

6. 下列各项中，适合使用目标成本法的有（ ）。
   A. 新开发的产品
   B. 产销量较大，且处于亏损状态的产品
   C. 呈现出较明显多样化特征的产品
   D. 产销量不大，且处于很好盈利状态的产品

7. 价值工程包括（ ）阶段。
   A. 计划　　　　　　B. 执行　　　　　C. 检查评价　　　D. 处理

8. 目标成本法的应用需要收集大量信息，这些信息包括（ ）。
   A. 产品成本构成及料、工、费等财务和非财务信息
   B. 产品功能及其设计、生产流程与工艺等技术信息
   C. 材料的主要供应商、供求状况、市场价格及其变动趋势等信息
   D. 本企业及同行业标杆企业产品盈利水平等信息

9. 在确定目标售价时，需综合考虑的因素有（ ）。
   A. 客户感知的产品价值　　　　　B. 竞争产品的预期相对功能和售价
   C. 针对该产品的战略目标　　　　D. 该产品的竞争地位分析

10. 目标成本法的优点包括（ ）。
    A. 突出从原材料到产品出货全过程的成本管理，有助于提高成本管理的效率和效果
    B. 强调产品寿命周期成本的全过程和全员管理，有助于提高客户价值和产品市场竞争力
    C. 谋求成本规划与利润规划活动的有机统一，有助于提升产品的综合竞争力
    D. 对管理水平要求不高

任务三　标准成本法

一、判断题

1. 成本差异的分析是采用标准成本制度的前提和关键。（　　）
2. 标准成本制度不仅是一种成本计算方法,更是目标成本管理的一种手段。（　　）
3. 材料数量差异控制的重点是材料采购环节。（　　）
4. 企业应用标准成本法,要求处于较稳定的外部市场经营环境中,且市场对产品的需求相对平稳。（　　）
5. 企业制定标准成本,可由跨部门团队采用上下结合的模式进行。（　　）
6. 正常标准成本与现实标准成本不同的是,它需要根据现实情况的变化不断进行修改,而现实标准成本则可以保持较长一段时间固定不变。（　　）
7. 直接材料成本标准是指直接或间接用于产品生产的材料成本标准。（　　）
8. 标准成本法是一种成本核算与成本控制相结合的方法。（　　）
9. 在制定标准成本时,理想标准成本因为要求高而成为最合适的一种标准成本。（　　）
10. 对固定制造费用的分析和控制通常是通过编制固定制造费用预算与实际发生数对比来进行的。（　　）

二、单项选择题

1. 在标准成本差异分析中,材料价格差异是根据实际数量与价格脱离标准的差额计算的,其中实际数量是指材料的（　　）数量。
   A. 采购　　　B. 入库　　　C. 领用　　　D. 耗用
2. 变动制造费用的价格差异即（　　）差异。
   A. 效率　　　B. 耗用　　　C. 预算　　　D. 能力
3. 在现有的生产技术水平和正常生产经营能力的前提下应达到的标准为（　　）的标准成本。
   A. 平均　　　B. 理想　　　C. 历史　　　D. 现实
4. 直接人工工时耗用量是指单位（　　）耗用量脱离单位标准人工工时所产生的差异。
   A. 实际人工工时　　　　　　B. 定额人工工时
   C. 预算人工工时　　　　　　D. 正常人工工时
5. 直接人工的小时工资率标准,在采用计时工资制下就是（　　）。
   A. 实际工资率　B. 标准工资率　C. 定额工资率　D. 正常工资率
6. 计算数量差异要以（　　）为基础。
   A. 标准价格　B. 实际价格　C. 标准成本　D. 实际成本
7. 标准成本可以按成本项目分别反映,每个成本项目的标准成本可按（　　）计算得到。
   A. 标准价格×实际用量　　　B. 实际价格×标准用量
   C. 实际价格×实际用量　　　D. 标准价格×标准用量
8. 下列变动成本差异中,无法从生产过程的分析中找出产生原因的是（　　）。
   A. 变动制造费用效率差异　　B. 变动制造费用耗费差异
   C. 直接人工成本差异　　　　D. 材料价格差异

9. 材料价格差异通常应由（　　）部门负责。
   A. 财务　　　　　　B. 生产　　　　　　C. 人事　　　　　　D. 采购
10. 计算价格差异要以（　　）为基础。
   A. 标准数量　　　　B. 标准价格　　　　C. 实际数量　　　　D. 实际价格

三、多项选择题

1. 正常标准成本是在正常生产经营条件下应该达到的成本水平，它是根据（　　）制定的标准成本。
   A. 现实的耗用水平　　　　　　　　　B. 正常的价格
   C. 正常的生产经营能力利用程度　　　D. 现实的价格
2. 在制定标准成本时，根据要求达到效率的不同，应采取的标准有（　　）。
   A. 理想标准成本　　　　　　　　　　B. 正常标准成本
   C. 现实标准成本　　　　　　　　　　D. 定额成本
3. 构成直接材料成本差异的基本因素有（　　）。
   A. 效率差异　　　　B. 耗用差异　　　　C. 用量差异　　　　D. 价格差异
4. 下列标准成本差异中，通常应由生产部门负责的有（　　）。
   A. 直接材料的价格差异　　　　　　　B. 直接人工的数量差异
   C. 变动制造费用的价格差异　　　　　D. 变动制造费用的数量差异
5. 材料价格差异的原因，可能会有（　　）。
   A. 进料数量未按经济订购量办理　　　B. 购入低价材料
   C. 折扣期内延期付款，未获优惠　　　D. 增加运输途中耗费
6. 制造费用的工时标准，通常可采用（　　）。
   A. 直接人工工时　　B. 定额工时　　　　C. 机器工时　　　　D. 标准工时
7. 影响材料采购价格的各种因素有（　　）。
   A. 采购批量　　　　B. 运输工具　　　　C. 交货方式　　　　D. 材料质量
8. 标准成本法的主要内容包括（　　）。
   A. 标准成本的制定　　　　　　　　　B. 成本差异的计算
   C. 成本差异的分析　　　　　　　　　D. 成本差异的账务处理
9. 标准成本法的主要作用有（　　）。
   A. 有利于企业的目标管理　　　　　　B. 有助于责任会计制度的推行
   C. 有利于及时提供成本资料　　　　　D. 有利于作出产品定价决策
10. 下列成本差异中，通常不属于生产部门责任的有（　　）。
    A. 直接材料价格差异　　　　　　　　B. 直接人工工资率差异
    C. 直接人工效率差异　　　　　　　　D. 变动制造费用效率差异

四、实训题

实训一

（一）实训目的

熟悉标准成本法及其应用。

（二）实训资料

已知某企业生产 A 产品，有关资料如下：①生产 A 产品，耗用甲、乙两种材料。其中甲

材料标准价格为每千克 20 元,乙材料标准价格为每千克 32 元。单位产品耗用甲材料标准为每件 5 千克,乙材料为每件 9 千克。②甲产品单位标准工时为 13 小时,直接人工标准工资率为每小时 7.5 元。③固定性制造费用预算数为 61 000 元;变动性制造费用预算数为 38 000 元。标准总工时数为 10 000 小时。

(三) 实训要求

制定 A 产品的标准成本。

实训二

(一) 实训目的

熟悉标准成本法及其应用。

(二) 实训资料

某企业生产甲产品,其标准成本的相关资料如下:单件产品耗用 A 材料 10 千克,每千克标准单价为 3 元;耗用 B 材料 8 千克,每千克标准单价为 5 元;单位产品的标准工时为 3 小时,标准工资率为每小时 12 元;标准变动性制造费用率为每小时 8 元;标准固定性制造费用率为每小时 12 元。

假定本期实际产量为 1 300 件,发生实际工时 4 100 小时,直接人工总差异为 3 220 元,属于超支差。

(三) 实训要求

(1) 计算甲产品的单位标准成本。

(2) 计算实际发生的直接人工。

(3) 计算直接人工的效率差异和工资率差异。

任务四　变动成本法

一、判断题

1. 间接人工是指为生产提供劳务而不直接进行产品制造的人工成本,如企业管理人员的工资。（　　）
2. 生产自动化水平的提高会导致制造费用在生产成本总量中所占比重增大,生产专业化分工的加深会导致制造费用的形式更加间接化。（　　）
3. 固定成本是指其总额在一定期间内不受业务量的影响而保持固定不变的成本。（　　）
4. 若从单位业务量所负担固定成本多寡的角度来考察,固定成本是一个变量。（　　）
5. 约束性固定成本通常是由企业管理当局在每一个会计年度开始前制定年度预算,一旦预算制定之后,将对年度内固定成本的支出起约束作用。（　　）
6. 酌量性固定成本的大小完全取决于管理当局的决定,它并不能形成顾客所认为的价值,因此在进行成本控制时应尽量压缩其总量。（　　）
7. 约束性固定成本作为经营能力成本这一属性,决定了该项成本的预算期通常比较长,约束性固定成本预算应着眼于经济,合理地利用企业的生产经营能力。（　　）
8. 酌量性固定成本与经营能力成本均与企业的业务量水平无直接关系。（　　）
9. 相关成本与无关成本的区分并不是绝对的。（　　）

10. 生产成本中的直接成本就是变动成本,间接成本就是固定成本。（　　）
11. 按照变动成本法的解释,期间成本只包括固定成本。（　　）
12. 变动成本法和完全成本法计入利润表的期间费用,虽然形式上不同,但内容上相同。（　　）
13. 无论哪种成本计算法,对非生产成本都作为期间成本处理,必须在发生的当期全额计入利润表,不同之处是计入利润表的位置或补偿的顺序。（　　）
14. 无论在什么情况下,固定成本法和变动成本法都可以直接应用公式"销货成本＝单位产品×本期销售量"。（　　）
15. 当存货量不为零时,按变动成本法确定的存货成本必然小于按完全成本法确定的存货成本。（　　）

二、单项选择题

1. 在管理会计的发展过程中,变动成本法最初被称为(　　)。
   A. 吸收成本法　　　B. 归纳成本法　　　C. 直接成本法　　　D. 边际成本法
2. 下列各项中,与吸收成本法、归纳成本法、兼收成本法或制造成本法内涵完全相同的是(　　)。
   A. 完全成本法　　　B. 变动成本法　　　C. 历史成本法　　　D. 标准成本法
3. 下列各项中,能构成变动成本法下产品成本内容的是(　　)。
   A. 变动成本　　　　B. 固定成本　　　　C. 生产成本　　　　D. 变动生产成本
4. 下列各项中,不能列入变动成本法产品成本的是(　　)。
   A. 直接材料　　　　　　　　　　　　　B. 直接人工
   C. 固定性制造费用　　　　　　　　　　D. 变动性制造费用
5. 下列各项中,不属于完全成本法下期间成本内容的是(　　)。
   A. 变动非生产成本　B. 固定非生产成本　C. 生产成本　　　　D. 财务费用
6. 在变动成本法下,销售收入与变动成本之差等于(　　)。
   A. 净利润　　　　　B. 营业利润　　　　C. 销售毛利　　　　D. 边际贡献
7. 在前后期产量和成本水平均不变的条件下,若本期完全成本法下计算的利润小于变动成本法下计算的利润,则意味着(　　)。
   A. 本期生产量大于本期销售量　　　　　B. 本期生产量等于本期销售量
   C. 期末存货量大于期初存货量　　　　　D. 期末存货量小于期初存货量
8. 当产品的销售价格和成本水平均不变时,按变动成本法计算的营业利润与当期实现的销售量之间是(　　)关系。
   A. 正比例　　　　　B. 同方向变动　　　C. 反比例　　　　　D. 反方向变动
9. 在其他条件不变的情况下,如果本期销售量比上期增加,则可断定按变动成本法计算的本期营业利润(　　)。
   A. 一定等于上期　　　　　　　　　　　B. 应当小于上期
   C. 一定大于上期　　　　　　　　　　　D. 可能等于上期
10. 在应用高低点法进行成本性态分析时,选择高点坐标的依据是(　　)。
    A. 最高的业务量　　　　　　　　　　　B. 最高的成本
    C. 最高的业务量和最高的成本　　　　　D. 最高的业务量或最高的成本

三、多项选择题

1. 变动成本法下,产品成本中包含的项目有(　　)。
   A. 生产产品所耗原材料　　　　　　　B. 生产工人计件工资
   C. 车间照明用电　　　　　　　　　　D. 按直线法计提的折旧费

2. 两种成本计算法共同的期间成本包括(　　)。
   A. 财务费用　　　　　　　　　　　　B. 固定制造费用
   C. 销售费用　　　　　　　　　　　　D. 管理费用

3. 贡献式利润表中的变动生产成本等于(　　)。
   A. 本期销货成本　　　　　　　　　　B. 本期生产成本
   C. 单位变动生产成本×本期销量　　　D. 单位变动生产成本×本期产量

4. 下列各项中,不会引起变动成本法和完全成本法确定的营业利润产生差异额的有(　　)。
   A. 非生产成本　　　　　　　　　　　B. 固定生产成本
   C. 销售收入　　　　　　　　　　　　D. 变动生产成本

5. 变动成本法的优点主要包括(　　)。
   A. 简化成本核算　　B. 便于成本控制　　C. 便于短期决策　　D. 便于长期决策

6. 在变动成本法下,变动非生产成本包括(　　)。
   A. 变动制造费用　　B. 变动管理费用　　C. 变动销售费用　　D. 变动财务费用

7. 变动成本法与完全成本法之间存在(　　)方面的不同。
   A. 变动制造费用的构成　　　　　　　B. 产品生产成本
   C. 计算利润的步骤　　　　　　　　　D. 服务对象

8. 在完全成本法下,影响计入当期损益的固定制造费用数额的有(　　)。
   A. 当期发生的固定制造费用总额　　　B. 当期营业收入总额
   C. 期末存货量　　　　　　　　　　　D. 期初存货量

9. 下列关于变动成本法的论述中,正确的有(　　)。
   A. 单位产品成本不受产量的影响
   B. 提供的资料不适应长期决策的需要
   C. 提供的产品成本信息不符合对外报表的要求
   D. 所提供的信息能够反映成本、业务量和利润之间的依存关系

10. 在不考虑其他附加条件的情况下,将完全成本法下期末存货吸收的固定性制造费用与期初存货释放的固定性制造费用进行比较,下列表述中正确的有(　　)。
    A. 当前者等于后者时,广义营业利润差额等于零
    B. 当前者大于后者时,广义营业利润差额大于零
    C. 当前者小于后者时,广义营业利润差额小于零
    D. 当前者大于后者时,广义营业利润差额小于零

11. 变动成本法所提供的信息对强化企业管理的积极作用包括(　　)。
    A. 加强成本管理　　　　　　　　　　B. 促进以销定产
    C. 调动企业增产的积极性　　　　　　D. 简化成本计算

12. 如果不考虑其他限定条件,在下列关于完全成本法与变动成本法下各期损益的描述中,正确的有(　　)。

A. 当产销相对平衡时,前者利润一定等于后者利润
B. 当产销绝对平衡时,前者利润一定等于后者利润
C. 当产量小于销量时,后者利润一定小于前者利润
D. 当产量大于销量,无期初存货时,后者利润小于前者利润

四、实训题

（一）实训目的

实训变动成本法及其应用。

（二）实训资料

某企业只生产一种产品——A产品,投产后第一年产量为 8 000 件,第二年产量为 5 000 件,第一年、第二年的销售量分别为 7 000 件和 6 000 件,每件产品售价为 50 元。生产成本：每件变动生产成本为 10 元,固定生产成本每年发生额为 80 000 元,变动性销售与管理费用为每件 5 元,固定性销售与管理费用为每年 60 000 元。

（三）实训要求

（1）分别采用变动成本法和完全成本法计算产品单位成本。

（2）分别采用变动成本法和完全成本法计算营业利润。

（3）分析变动成本法和完全成本法计算的营业利润发生差异的原因,并进行调整。

任务五　作业成本法

一、判断题

1. 作业成本法因产品成本计算的精确性而产生。　　　　　　　　　　　(　　)

2. 成本库归集的成本是作业中心的成本。　　　　　　　　　　　　　　(　　)

3. 作业成本法是指以作业为中间桥梁,以作业动因作为归集对象的一种成本核算方法。
　　　　　　　　　　　　　　　　　　　　　　　　　　　　　　　　(　　)

4. 作业成本法最初建立在完全成本法的基础上,探求间接费用分配的精确性。(　　)

5. 作业动因应当反映公司管理与作业成本的因果关系。　　　　　　　　(　　)

6. 成本动因与成本的发生具有相关性,但成本动因本身不具有可计量性。(　　)

7. 机器调整属于一项作业,它会导致产品成本的发生。　　　　　　　　(　　)

8. 作业是指企业基于特定目的重复执行的任务或活动,是连接资源和成本对象的桥梁。
　　　　　　　　　　　　　　　　　　　　　　　　　　　　　　　　(　　)

9. 作业成本法下核算制造费用时,应首先将所有的制造费用区分为直接制造费用和间接制造费用。　　　　　　　　　　　　　　　　　　　　　　　　　　(　　)

10. 主要作业是被原材料、主要作业等介于中间地位的成本对象消耗的作业。(　　)

11. 作业成本计算法的成本计算对象是产品步骤或订单。　　　　　　　 (　　)

12. 资源即使被消耗,也不一定都是对形成最终产出有意义的消耗。　　 (　　)

13. 作业中心既是成本汇集中心,又是责任考核中心。　　　　　　　　 (　　)

14. 企业对认定的作业应加以分析和归类,按顺序列出作业清单或编制作业字典。(　　)

15. 作业成本法认为,产品直接消耗资源。　　　　　　　　　　　　　 (　　)

二、单项选择题

1. 作业成本计算法把企业看作最终满足顾客需求而设计的一系列（　　）的集合。
   A. 契约　　　　　B. 作业　　　　　C. 产品　　　　　D. 生产线

2. 在现代制造业中，（　　）的比重极大地增加，结构也彻底发生了改变。
   A. 直接人工　　　B. 直接材料　　　C. 间接费用　　　D. 期间费用

3. 下列各项中，负责完成某一项特定产品制造功能的一系列作业的集合是（　　）。
   A. 作业中心　　　B. 制造中心　　　C. 企业　　　　　D. 车间

4. 作业消耗一定的（　　）。
   A. 成本　　　　　B. 时间　　　　　C. 费用　　　　　D. 资源

5. 服务于每批产品并使每一批产品都受益的作业是（　　）。
   A. 专属作业　　　　　　　　　　　B. 不增值作业
   C. 批别动因作业　　　　　　　　　D. 价值管理作业

6. 下列各项中，在作业成本法下，一定属于直接成本的是（　　）。
   A. 直接材料　　　　　　　　　　　B. 直接人工
   C. 变动性制造费用　　　　　　　　D. 固定性制造费用

7. 下列各项中，属于作业成本法最终核算内容的是（　　）。
   A. 产品成本　　　B. 作业成本　　　C. 资源成本　　　D. 责任成本

8. 在完全成本法下，间接费用的分配标志是（　　）。
   A. 作业动因　　　B. 成本动因　　　C. 业务量　　　　D. 生产批次

9. 在作业成本法下，人们将成本动因与成本之间的依存关系称为（　　）。
   A. 成本性态　　　B. 成本因素　　　C. 成本功能　　　D. 作业动因

10. 按作业成本法进行盈利能力分析时，成本核算范围得到拓展，拓展的新内容是（　　）。
    A. 生产成本　　　B. 期间成本　　　C. 固定制造费用　D. 变动成本

三、多项选择题

1. 下列各项中，属于作业成本法产生环境背景的有（　　）。
   A. 社会生产力的提高　　　　　　　B. 顾客多样化的产品需求
   C. 制造费用比重急剧增长　　　　　D. 直接人工比重急剧增长

2. 作业成本法发展阶段包括（　　）。
   A. 萌芽阶段　　　B. 创建阶段　　　C. 发展阶段　　　D. 稳定阶段

3. 下列各项中，属于企业资源的有（　　）。
   A. 房屋建筑物　　B. 知识产权　　　C. 土地使用权　　D. 人力资源

4. 作业按消耗对象不同，可分为（　　）。
   A. 主要作业　　　B. 次要作业　　　C. 产量级作业　　D. 品种级作业

5. 下列各项中，可以归属于作业动因的有（　　）。
   A. 机器小时　　　B. 订单份数　　　C. 检验件数　　　D. 产品批次

6. 企业可按照受益对象、层次和重要性，将作业分为（　　）。
   A. 产量级作业　　B. 批别级作业　　C. 客户级作业　　D. 品种级作业

7. 作业成本法一般适用于（　　）的企业。
   A. 作业类型较多且作业链较长

B. 同一生产线生产多种产品
C. 企业规模较大且管理层对产品成本准确性要求较高
D. 间接或辅助资源费用所占比重较大

8. 企业应用作业成本法所处的外部环境，一般应具备（　　）特点。
   A. 客户个性化需求较高，市场竞争激烈
   B. 产品的需求弹性较小，价格敏感度低
   C. 客户个性化需求较低，市场没有竞争
   D. 产品的需求弹性较大，价格敏感度高

9. 下列各项中，属于品种级作业涉及的资源的有（　　）。
   A. 新产品设计　　　　　　　　　　B. 现有产品质量与功能改进
   C. 生产流程监控　　　　　　　　　D. 产品广告

10. 下列各项中，属于客户级作业涉及的资源的有（　　）。
    A. 向个别客户提供的技术支持活动　B. 个别客户提供的咨询活动
    C. 独特包装　　　　　　　　　　　D. 产品广告

四、实训题

（一）实训目的

通过案例分析，熟悉成本管理对企业的重要性。

（二）实训资料

京东是我国知名的综合网络零售商，在线销售家电、数码、电脑、家居百货、服装服饰、母婴、图书、视频、在线旅游等12大类、数万个品牌、百万种产品。2014年5月，京东成功在美国纳斯达克挂牌上市，其成功背后的重要原因之一就是基于价值链的全方位成本管理。

1. 京东的"倒金字塔"管理模式

京东集团总裁刘强东在中国人民大学演讲时首次披露了京东的"倒金字塔"管理模式，主要分为四个层级，从下到上依次涉及团队、供应链、关键业绩指标和品牌。基础层以团队作为企业管理的基石，旨在充分发挥每个人的最大作用，实现员工高效协调一致的工作目标。处于其之上的系统层是指导公司日常经营的"智慧大脑"，涵盖了物流、信息流、资金流三大核心。基础层和系统层的效果直接决定了"成本与效率"是否具备领先优势，比如每单快递的成本是否低于竞争对手，存货周转率或资金周转率是否高于竞争对手等。只有实现"成本与效率"的领先，才能取得"产品、价格、服务"的优势，打造品牌的核心竞争力。在这四个层级之中，京东主要将注意力集中在第二层级、第三层级上，旨在通过对系统层中价值链的有效管理，紧紧抓住价值链效率和成本控制两条主线，来实现成本的降低和效率的提高，最终实现企业的战略目标。近年来，京东的一系列做法印证了其试图通过协调价值链的各个环节全方位降低成本的经营理念。

2. 完善价值链节点管理，实现全方位成本降低

通常来讲，商品从京东送至客户这一链条上包括以下几个环节：采购环节—销售环节—配送环节—支付环节—反馈环节。京东将成本管理嵌入价值链的各个环节，采取有针对性的措施对价值链节点加以完善，全方位降低企业的成本。

（1）即时库存管理，降低库存成本。

第一，采用先进的信息系统，实现零库存管理。京东通过加大对大数据及云计算等先进

信息技术的投入,利用数据分析、数据挖掘、平台开放等手段,根据商品点击率来判断分析客户的潜在消费需求,预计未来数天每个产品在各地的销量,将客户可能购买的产品提前运到当地仓库。这种以预测销量为基础的库存管理模式,在保证正常经营活动的前提下,可以缩减商品库存量,降低库存成本。

第二,精细化库存管理,提高运营效率。对"货品摆放—订单拣货—货品分拣—订单开票—出库包装"实现精细化管理。在京东的仓库中,按照销量分区摆放商品,最畅销的商品放置于通道附近。此外,商品按与拣货人员拣货汇总单顺序相一致的顺序依次摆放,方便拣货人员取货。拣货人员将拣出的商品放在推车上以后,分拣人员按订单分拣,之后完成校验、开票、包装等一系列后续工作。目前,京东平均的库存周转天数已经压缩到了 30 天,电子产品的平均周转天数仅为 15~18 天。

(2) 网络营销模式,压低经营成本。

京东采取网络营销模式,以网络界面为平台展示商品和服务。客户在网上浏览并选购商品,生成订单来传达需求信息。这种依托于网络的营销模式削减了商品销售渠道的层层环节,在加快商品流通速度的同时有效降低了经营成本。第一,极大地节约了租赁成本以及后续的一系列维修成本、选址不佳及销路不畅等风险带来的经营成本,采取直接从厂商处进货的方式,越过了批发商、中间商等环节,进一步降低自身的经营成本。第二,网络营销模式的营销策略更加简便易行、精准有效。

(3) 专业物流配送,优化物流成本。

第一,自建物流体系。随着电子商务市场的不断发展壮大,全国范围内的网购交易量与日俱增。看到自建物流体系背后所蕴含的巨大商机后,京东率先开展了物流体系建设:"圆迈快递"和"亚洲一号"项目。通过自建物流体系,京东不仅能够亲力亲为地为客户提供优质高效的服务,而且利用规范用语、统一人员的服装和工具、品牌 Logo 宣传等方式巧妙地将品牌宣传工作融入物流服务,轻松地完成营销过程,在客户中树立品牌形象。

第二,外包物流。随着京东的不断发展壮大,京东业务已经发展到二线、三线城市。出于对成本效益的考虑,京东采用与当地第三方物流或生产商合作的方法完成配送,并通过动态合同,建立监督、检查机制来控制外包物流风险。

(4) 自建支付体系,节约资金成本。

2011—2012 年,京东为了避免受制于人,着手打造自身的支付系统。自建支付体系使得京东将这些核心数据紧紧掌握在自己的手中。此外,自建支付体系能够实现对资金回收过程的全方位控制,加快资金回流速度,避免动用外部融资缓解现金压力而增加资金成本。

(5) 周到贴心服务,避免隐性成本。

京东通过对价值链上游各个节点的有效管理,降低了企业成本,提高了企业效率。成本与效率的领先,使得京东以平价薄利的产品、优质快捷的服务体系在客户中树立了良好的品牌形象,增加了客户的满意度和忠诚度,降低了企业的隐性成本。

(三) 实训要求

思考并回答下列问题:

(1) 通过案例介绍,你能从京东的管理会计运用中得到什么启示?

(2) 什么是价值链管理?它在价值创造方面有什么贡献?

(3) 如何理解"细节决定成败"?

项目五
营运管理

 学习目标

1. 知识目标
(1) 熟悉营运管理各个阶段管理的内容、营运计划的制订及执行情况。
(2) 理解营运计划的调整、营运监控分析与报告及营运绩效。
(3) 理解营运计划各项工具方法的基本原理和应用方法。

2. 能力目标
(1) 能够根据企业实际情况,分析企业营运管理各个阶段的管理目标并提出有效方案。
(2) 能够运用营运管理基本程序,指导企业提升营运管理水平,提高营运效率和质量。
(3) 能够根据企业自身业务特点和管理需要,对不同的营运管理工具方法进行恰当结合与综合运用,为企业营运管理提供有力支持。

 思政课堂

营运管理是现代企业管理科学中一个活跃的分支,是企业核心竞争力的重要组成部分。其核心在于通过有效的计划、组织、实施和控制,将各种资源(如资金、人力、原材料、设施、数据等)转化为顾客需要的产品或服务,以实现价值增值和顾客满意,并最终达到经济效益的目标。营运管理不仅包括对运营过程的日常管理,而且涉及新思想、新理论的应用。学习营运管理要求我们培养长期导向与短期导向思维,提升管理决策能力,以高度的敏感性和责任心分析营运管理各项因素变化对企业运营的影响,确保企业经营按照战略规划推进,实现企业价值创造,为全面建设社会主义现代化国家添砖加瓦。

 情境导入

A公司拥有和经营一个度假村,该度假村包括客房部,一个商务中心,一个餐厅和健身房。该度假村编制了一份详细的营业旺季预算,营业旺季历时20周,其中高峰期为8周。客房部拥有80间单人房和40间双人房,双人房的收费为单人房收费的1.5倍。

有关预测资料如下:
(1) 客房部:单人房每日变动成本为26元,双人房每日变动成本为35元。客房部的固

定成本为 713 000 元。

（2）健身房：住客每人每天收费 4 元，散客每人每天收费 10 元。健身设施的固定成本为 54 000 元。

（3）餐厅：平均每位客人给餐厅每天带来 3 元的贡献边际。餐厅的固定成本为 25 000 元。

（4）商务中心：出租商务中心可增加贡献边际总额 40 000 元。商务客人的估计数已包括在其他方面的预计中。

（5）预订情况：营业高峰期客房部所有房间都已被预订。在其余 12 周，双人房客满率为 60％，单人房客满率为 70％。散客每天为 50 人。假定所有的住客和散客都使用健身设施并在餐厅用餐。假定双人房每次均同时住两人。

思考：

（1）如果客房部确定的目标利润为 300 000 元，那么每间单人房和双人房的收费各应为多少？

（2）客房部达到保本点时，单人房和双人房的最低收费应为多少元？

（3）如果客房部利润为 300 000 元，那么度假村总利润可达到多少？

（4）假设你为 A 公司财务经理，如何实现以上三个要求？

接下来，我们将带着这些问题，进入本项目的学习。

任务一 营运管理认知

一、营运管理概述

（一）营运管理的概念

营运管理是指为了实现企业战略和营运目标，各级管理者通过计划、组织、指挥、协调、控制、激励等活动，实现对企业生产经营过程中的物料供应、产品生产和销售等环节的价值增值管理。

企业进行营运管理时，区分计划（plan）、执行（do）、检查（check）和处理（act）四个阶段（简称 PDCA 管理原则），形成闭环管理，使营运管理工作更加条理化、系统化、科学化。

PDCA 管理原则就是按照 P 计划、D 执行、C 检查、A 处理四个阶段的顺序，周而复始地循环进行计划管理的一种方法。

1. 计划

计划阶段的主要工作包括确定经营方针和目标，制订经营计划并将经营计划的目标和措施落实到企业内部的各个部门与环节。

2. 执行

执行阶段的主要工作是将制订的各项具体计划，按照落实到各部门各环节的要求，组织执行与实施。

3. 检查

检查阶段的主要工作是根据对实施情况进行检查，并根据检查结果采取相应的措施，总结成功的经验并将之定成标准,形成制度,加以巩固和发展。同时,总结失败教训,防止类似问题再次发生。对于没有解决的遗留问题,应进一步找出原因,并转入下一个循环去解决。

4. 处理

处理阶段的主要工作是针对检查阶段所暴露的问题,及时有效地进行处理,保证这类问题不会带入下一个循环阶段。

PDCA 循环法的四个阶段首尾相接、不断循环,每一次循环都会有新的内容和要求,他把计划的编制、执行和控制有机地结合在一起,有利于提高企业计划管理的水平。

(二) 营运管理的工具方法及程序

营运管理领域应用的管理会计工具方法,一般包括本量利分析、边际分析、敏感性分析、内部转移定价和多维度盈利能力分析等。企业可根据自身业务特点和管理需要等,选择单独或综合运用营运管理工具方法,以便更好地实现营运管理目标。

企业应用营运管理工具方法,一般按照营运计划的制订、营运计划的执行、营运计划的调整、营运监控、营运绩效管理等程序进行。

(三) 营运管理的应用环境

企业营运管理的应用环境包括组织架构、管理制度和流程、信息系统以及相关外部环境等。

1. 建立健全营运管理组织架构

为确保营运管理的有序开展,企业应建立健全营运管理组织架构,明确各管理层级或管理部门在营运管理中的职责,有效组织开展营运计划的制订审批、分解下达、执行监控、分析报告、绩效管理等日常营运管理工作。

2. 建立健全营运管理的制度体系

企业应建立健全营运管理的制度体系,明确营运管理各环节的工作目标、职责分工、工作程序、工具方法、信息报告等内容。

3. 建立完整的业务信息系统

企业应建立完整的业务信息系统,规范信息的收集、整理、传递和使用等,有效支持管理者决策。

二、营运计划的制订

(一) 营运计划的概念及分类

1. 营运计划的概念

营运计划是指企业根据战略决策和营运目标的要求,从时间和空间上对营运过程中各种资源所作出的统筹安排,主要作用是分解营运目标,分配企业资源,安排营运过程中的各项活动。

2. 营运计划的分类

(1) 按计划时间的长短,可分为长期营运计划、中期营运计划和短期营运计划。长期经营计划是企业 5 年及 5 年以上的长远规划。它的任务是选择、改变或调整企业的经营服务领域和业务单位,确定企业的发展方向和目标,确定实现目标的最佳途径和方法。长期经营计划具有明确的方向性和指导性,具有统率全局的作用。它是一种战略性规划。中期经营计划是企业 2~5 年的计划。它的任务是建立企业的经营结构,为实现长远经营计划所确定的战略目标设计合理的设备、人员、资金等的结构,以形成企业的经营能力和综合素质。中期经营计划起着承上启下的重要纽带作用,短期经营计划是企业的年度计划。它的任务是适应企业内外的实际情况,组织和安排好企业的经营活动,以分年度逐步实现企业的经营目标。

（2）按计划内容的不同,可分为销售、生产、供应、财务、人力资源、产品开发、技术改造和设备投资等营运计划。

（二）营运计划制订的原则及要求

1. 营运计划制订的原则

（1）系统性原则。企业在制订计划时不仅应考虑营运的各个环节,而且要从整个系统的角度出发,既要考虑大系统的利益,也要兼顾各个环节的利益。

（2）平衡性原则。企业本身以及内外环境之间都存在着许多矛盾,平衡就是要对影响企业生产经营的各个方面,企业内部各部门的产、供、销等各环节进行协调,使之保持一定的、合理的比例关系。

（3）灵活性原则。计划规定未来的目标和行动,然而未来却充满众多的不确定性。因此,计划的制订就要保持一定的灵活性,即有一定的余地,不能规定得过死或过分强调计划的稳定。在计划执行过程中,更要注意不确定因素的出现,对原计划作出必要的调整或修改。

（4）效益性原则。企业的经营计划必须以提高经济和社会效益为中心,不仅要取得产品开发和制造阶段的效益,而且要考虑产品在流通和使用阶段的效益。

（5）全员性原则。这种全员参与并不是说所有的员工都参加到制订计划的工作中去,而是指计划的制订应该让员工们知道和支持,这是计划能够得以实现的保证。

2. 营运计划制订的要求

（1）企业在制订营运计划时,应以战略目标和年度营运目标为指引,充分分析宏观经济形势、行业发展规律以及竞争对手情况等内外部环境变化,同时还应评估企业自身研发、生产、供应、销售等环节的营运能力,客观评估自身的优势和劣势以及面临的风险和机会等。

（2）企业在制订营运计划时,应通过收集整理历史信息和实时信息,恰当运用科学预测方法,对未来经济活动可能产生的经济效益和发展趋势作出科学合理的预计和推测,将营运预测结果作为营运计划制订的基础和依据。

（3）企业应用多种工具方法制定营运计划时,应根据自身实际情况,选择单独或综合应用预算管理领域、平衡计分卡、标杆管理等管理会计工具方法;同时,应充分应用本量利分析、敏感性分析、边际分析等管理会计工具方法,为营运计划的制订提供具体量化的数据分析,有效支持决策。

（4）企业应当科学合理地制订营运计划,充分考虑各层次营运目标、业务计划、管理指标等方面的内在逻辑联系,形成涵盖各价值链的、不同层次和不同领域的、业务与财务相结合的、短期与长期相结合的目标体系和行动计划。

（5）企业应采取自上而下、自下而上或上下结合的方式制订营运计划,充分调动全员积极性,通过沟通、讨论达成共识。

(6) 企业应根据营运管理流程,对营运计划进行逐级审批。企业各部门应在已经审批通过的营运计划基础上,进一步制订各自的业务计划,并按流程履行审批程序。

(7) 企业应对未来的不确定性进行充分的预估,在科学营运预测的基础上,制订多方案的备选营运计划,以应对未来不确定性带来的风险与挑战。

三、营运计划的执行

(1) 营运计划应以正式文件的形式下达执行。企业应逐级分解营运计划,按照横向到边、纵向到底的要求分解落实到各所属企业、部门、岗位或员工,确保营运计划得到充分落实。

(2) 经审批的营运计划应分解到季度、月度,形成月度的营运计划,逐月下达、执行。各企业应根据月度的营运计划组织开展各项营运活动。

(3) 企业应建立配套的监督控制机制,及时记录营运计划执行情况,进行差异分析与纠偏,持续优化业务流程,确保营运计划有效执行。

(4) 企业应在月度营运计划的基础上,开展月度、季度滚动预测,及时反映滚动营运计划所对应的实际营运状况,为企业资源配置的决策提供有效支持。

四、营运计划的调整

(一) 调整营运计划需遵循的原则

营运计划一旦批准下达,一般不予调整。但若宏观经济形势、市场竞争形势等发生重大变化,导致企业营运状况与预期出现较大偏差,企业可以适时对营运计划作出调整,使营运目标更加切合实际。

(二) 调整营运计划的要求

(1) 企业在营运计划执行过程中,应关注和识别存在的各种不确定因素,分析和评估其对企业营运的影响,适时启动调整原计划的有关工作,确保企业营运目标更加切合实际,更合理地进行资源配置。

(2) 企业在作出营运计划调整决策时,应分析和评估营运计划调整方案对企业营运的影响,包括对短期的资源配置、营运成本、营运效益等的影响以及对长期战略的影响。

(3) 企业应建立营运计划调整的流程和机制,规范营运计划的调整。营运计划的调整应由具体执行的所属企业或部门提出调整申请,经批准后下达正式文件。

五、营运监控

(一) 营运监控的基本任务

营运监控的基本任务是发现偏差、分析偏差和纠正偏差。

1. 发现偏差

企业通过各类手段和方法,分析营运计划的执行情况,发现计划执行中的问题。

2. 分析偏差

企业对营运计划执行过程中出现的问题和偏差原因进行研究,采取针对性的措施。

3. 纠正偏差

企业根据偏差产生的原因采取针对性的纠偏对策,使企业营运过程中的活动按既定的营运计划进行或对营运计划进行必要的调整。

(二)营运监控分析

企业的营运监控分析是指以本期财务和管理指标为起点,通过指标分析查找异常,并进一步揭示差异所反映的营运缺陷,追踪缺陷成因,提出并落实改进措施,不断提高企业营运管理水平。

企业应结合自身实际情况,按照日、周、月、季、年等频率建立营运监控体系,并按照PDCA管理原则,不断优化营运监控体系的各项机制,做好营运监控分析工作。

(三)营运监控分析步骤

(1) 明确营运目的,确定有关营运活动的范围。

(2) 全面收集有关营运活动的资料,进行分类整理。

(3) 分析营运计划与执行的差异,追溯原因。

(4) 根据差异分析采取恰当的措施,并进行分析和报告。

(四)编制营运监控分析报告的相关要求

(1) 企业应将营运监控分析的对象、目的、程序、评价及改进建议形成书面分析报告。分析报告按照分析的范围及内容可以分为综合分析报告、专题分析报告和简要分析报告;按照分析的时间分为定期分析报告和不定期分析报告。

(2) 企业营运监控分析报告中应至少包括发展能力、盈利能力、偿债能力等方面的财务指标,以及生产能力、管理能力等方面的非财务内容,并根据所处行业的营运特点,通过趋势分析、对标分析等工具方法,建立完善营运监控分析指标体系。

(3) 企业应建立预警、督办、跟踪等营运监控机制,及时对营运监控过程中发现的异常情况进行通报、预警,按照PDCA管理原则督促相关责任人将工作举措落实到位。

(4) 企业可以建立信息报送、收集、整理、分析、报告等日常管理机制,保证信息传递的及时性和可靠性。

(5) 企业可以建立营运监控管理信息系统、营运监控信息报告体系等,保证营运监控分析工作的顺利开展。

六、营运绩效管理

企业可以开展营运绩效管理,激励员工为实现营运管理目标作出贡献。

企业可以建立营运绩效管理委员会、营运绩效管理办公室等不同层级的绩效管理组织,明确绩效管理流程和审批权限,制定绩效管理制度。

企业营运绩效管理以营运计划为基础,制定绩效管理指标体系,明确绩效指标的定义、计算口径、统计范围、绩效目标、评价标准、评价周期、评价流程等内容,确保绩效指标具体、可衡量、可实现、相关以及具有明确期限。

任务二 本量利分析

一、本量利分析概述

(一) 本量利分析的概念

企业经营决策的重要问题是如何建立（优化）盈利模型，管理会计提供了一种量化分析方法以揭示企业成本、业务量与利润之间的关系，为构建盈利模型和分析盈利的关键影响因素提供决策支持，这种方法称为本量利分析（cost-volume-profit analysis，简称CVP分析）。

(二) 本量利分析的基本假设

企业在动态经营中面临的各类情况复杂多变，为对现实进行简化和概括，本量利分析提出一系列基本假设作为分析前提。

1. 相关范围假设

本量利分析是建立在一定期间和一定业务量范围内的企业盈利模型，对此称为相关范围假设，其中包含一定期间假设和一定业务量假设。相关范围假设是后续其他假设的前提。

2. 模型线性假设

给定利润＝收入－成本，模型线性意味着盈利模型中的主要因素单位变动成本（b）、固定成本（a）和销售收入（p）将以给定参数的形式存在，即常数。

3. 产销平衡假设

业务量对应产量和销售量两种指标，产销不平衡以及由此出现的存货问题会将引发一系列复杂的情形。为简化问题，基本的本量利分析假定产销平衡，即产量与销售量相等。

4. 品种结构稳定假设

品种结构稳定假设是指在一个生产和销售多种产品的企业里，每种产品的销售收入占总销售收入的比重不会发生变化。但在现实经济生活中，企业很难始终按照一个固定的品种结构来销售产品，如果销售产品的品种结构发生较大变动，必然导致利润与原来品种结构下预计的利润有很大差别。有了这种假定，就可以使企业管理人员关注价格、成本和业务量对营业利润的影响。

上述假设中，相关范围假设是最基本的假设，是本量利分析的前提；模型线性假设则是相关范围假设的延伸；产销平衡假设与品种结构稳定假设是对模型线性假设的进一步补充；同时，品种结构稳定假设又是多品种条件下产销平衡假设的前提条件。

(三) 本量利分析的基本公式

本量利分析是在变动成本计算模式的基础上，以数学化的会计模型与图文来揭示固定成本 a、变动成本 b、销售量 x、单价 p、销售额、利润 Π 等变量之间的内在规律性联系，为会计预测决策和规划提供必要的财务信息的一种定量分析方法。

在财务会计中，利润是收入与成本、费用相抵后的余额，即：

$$利润 = 收入 - 成本 - 费用$$

管理会计在将企业的成本、费用按照成本性态分解为变动成本和固定成本后,按下列公式计算利润:

$$利润 = 收入 - (变动成本 + 固定成本)$$

本量利分析的基本公式演变如下:

$$营业利润 = (单价 - 单位变动成本) \times 业务量 - 固定成本$$

用字母表示为:

$$\Pi = (p-b)x - a$$

其中,$(p-b)$称为单位边际贡献,$(p-b)x$称为边际贡献总额,b/p称为变动成本率,$1-$变动成本率$=$边际贡献率。

借助边际贡献的概念,本量利分析揭示了企业盈利的根本:首先,只有当产品销售价格高于单位变动成本(即单位边际贡献为正)时产品才能盈利,可见产品能否盈利取决于销售价格和单位变动成本的控制;其次,只有当企业的收入涵盖变动成本时(即边际贡献总额为正),企业整体才有可能盈利,可见企业是否盈利取决于销售数量的控制;最后,当企业的边际贡献大于固定成本时就能实现盈利,可见企业从获得边际贡献到最终盈利取决于固定成本的控制。当无法满足以上条件时,企业就可能出现利润为零甚至为负。

二、盈亏平衡分析

盈亏平衡点又称保本点,是指刚好使企业经营达到不盈不亏状态的销售量(额)。盈亏平衡分析又称保本点分析,是指分析、测定盈亏平衡点,以及有关因素变动对盈亏平衡点的影响等,是本量利分析的核心内容。

盈亏平衡分析的原理是通过计算企业在利润为零时处于盈亏平衡的业务量,分析项目对市场需求变化的适应能力等。

盈亏平衡分析包括单一产品的盈亏平衡分析和产品组合的盈亏平衡分析。

(一)单一产品的盈亏平衡分析

企业只销售单一产品,则该产品的盈亏临界点计算可直接根据本量利分析的基本公式:

$$营业利润 = (单价 - 单位变动成本) \times 业务量 - 固定成本$$

$$\Pi = (p-b)x - a$$

企业不盈不亏时,利润为零。利润为零时的销售量就是企业的盈亏临界点销售量x_0。

$$盈亏临界点销售量 = 固定成本 \div (销售单价 - 单位变动成本) = 固定成本 \div 单位贡献毛益$$

公式表示为:

$$x_0 = a \div (p-b)$$

$$盈亏临界点销售额\ S_0 = 单价 \times 盈亏临界点销售量 = 固定成本 \div (1-变动成本率)$$
$$= 固定成本 \div 边际贡献率$$

企业的业务量等于盈亏平衡点的业务量时,企业处于保本状态;企业的业务量高于盈亏平衡点的业务量时,企业处于盈利状态;企业的业务量低于盈亏平衡点的业务量时,企业处于亏损状态。

【案例 5-1】 假设某企业只生产和销售一种产品,该产品的市场售价预计为 100 元,该产品单位变动成本为 20 元,固定成本为 32 000 元,则盈亏临界点的销售量为:

【解析】

盈亏临界点销售量:$x_0 = 32\,000 \div (100 - 20) = 400$(件)

相应的,可以算出盈亏临界点的销售额:$S_0 = 100 \times 400 = 40\,000$(元)

(二) 多产品的盈亏平衡分析

在现实经济生活中,大部分企业生产销售的产品不止一种。在这种情况下,企业的盈亏临界点就不能用实物单位表示,因为不同产品的实物计量单位是不同的。企业在产销多种产品的情况下,只能用金额来表示企业的盈亏临界点。通常多品种企业使用综合贡献毛益率法计算盈亏临界点。

综合贡献毛益率法是指将各种产品的贡献毛益率按照其各自的销售比重这一权数进行加权平均,得出综合贡献毛益率,然后再据此计算企业的盈亏临界点销售额和每种产品的盈亏临界点的方法。具体来说,企业盈亏临界点=企业固定成本总额/综合贡献毛益率。

企业盈亏临界点的具体计算步骤是:

第一,计算综合贡献毛益率。

计算各种产品的销售比重。其计算公式如下:

$$某种产品的销售比重 = 该种产品的销售额 \div 全部产品的销售总额 \times 100\%$$

注意:销售比重是销售额的比重而不是销售量的比重。

计算综合贡献毛益率。其计算公式如下:

$$综合贡献毛益率 = \sum(各种产品贡献毛益率 \times 该种产品的销售比重)$$

第二,计算企业盈亏临界点销售额。其计算公式如下:

$$企业盈亏临界点销售额 = 企业固定成本总额 \div 综合贡献毛益率$$

第三,计算各种产品盈亏临界点销售额。其计算公式如下:

$$某种产品盈亏临界点销售额 = 企业盈亏临界点销售额 \times 该种产品的销售比重$$

企业销售额高于盈亏平衡点时,企业处于盈利状态;企业销售额低于盈亏平衡点时,企业处于亏损状态。企业通常运用产品组合的盈亏平衡点分析优化产品组合,提高获利水平。

【案例 5-2】 某企业销售甲、乙、丙三种产品,全年预计固定成本总额为 210 000 元,预计销售量分别为 8 000 件、5 000 台和 10 000 件,预计销售单价分别为 25 元、80 元、40 元,单位变动成本分别为 15 元、50 元、28 元,则该企业的盈亏临界点是多少?

【解析】

(1) 计算综合贡献毛益率。

第一步,计算全部产品销售总额 $= 8\,000 \times 25 + 5\,000 \times 80 + 10\,000 \times 40 = 1\,000\,000$(元)

第二步,计算每种产品的销售比重:

甲产品的销售比重＝8 000×25÷1 000 000＝20%
乙产品的销售比重＝5 000×80÷1 000 000＝40%
丙产品的销售比重＝10 000×40÷1 000 000＝40%
第三步，计算综合贡献毛益率：
甲产品的贡献毛益率＝(25－15)÷25＝40%
乙产品的贡献毛益率＝(80－50)÷80＝37.5%
丙产品的贡献毛益率＝(40－28)÷40＝30%
综合贡献毛益率＝40%×20%＋37.5%×40%＋30%×40%＝35%

(2) 计算企业盈亏临界点销售额。

企业盈亏临界点销售额＝企业固定成本总额÷综合贡献毛益率＝210 000÷35%＝600 000(元)

(3) 将企业盈亏临界点销售额分解为各种产品盈亏临界点销售额和销售量。

甲产品盈亏临界点销售额＝600 000×20%＝120 000(元)
乙产品盈亏临界点销售额＝600 000×40%＝240 000(元)
丙产品盈亏临界点销售额＝600 000×40%＝240 000(元)

相应的，可以计算出每种产品盈亏临界点销售量：

甲产品盈亏临界点销售量＝120 000÷25＝4 800(件)
乙产品盈亏临界点销售量＝240 000÷80＝3 000(台)
丙产品盈亏临界点销售量＝240 000÷40＝6 000(件)

综合贡献毛益率的大小反映了企业全部产品的整体盈利能力高低，企业若要提高全部产品的整体盈利水平，可以调整各种产品的销售比重，或者提高各种产品自身的贡献毛益率。

(三) 盈亏临界点的作业率

盈亏临界点作业率又称保本作业率，是指企业盈亏临界点销售量(额)占现有或预计销售量(额)的百分比，该指标越小，表明用于保本的销售量(额)越低；反之，则越高。其计算公式为：

$$盈亏临界点作业率 = 盈亏临界点销售量(额) \div 正常销售量(额)$$

如在[案例5-1]中，假定企业预计销售量是1 000件，则盈亏临界点的作业率为40%(400÷1 000×100%)，这说明，企业作业率只有超过40%时，才能获得盈利，否则就会发生亏损。

某些西方企业用该指标来评价企业经营的安全程度。

三、目标利润分析

企业的目标利润可以是一个给定的盈利目标，也可以是相对极端的情况，如实现保本或者控制住亏损的幅度等。本量利分析需要结合企业的利润规划，分析企业实现目标利润需要达到的业务量水平，包括销售量、销售收入等。

目标利润分析是在本量利分析方法的基础上，计算为达到目标利润所需达到的业务量、收入和成本的一种利润规划方法，该方法应反映市场的变化趋势、企业战略规划目标以及管理层需求等。

目标利润分析包括单一产品的目标利润分析和产品组合的目标利润分析。单一产品的目标利润分析重在分析每个要素的重要性。产品组合的目标利润分析重在优化企业产品组合。

（一）单一产品的目标利润分析

企业要实现目标利润,在假定其他因素不变时,通常应提高销售数量或销售价格,降低固定成本或单位变动成本。单一产品的目标利润分析公式如下:

$$\text{实现目标利润的业务量} = (\text{目标利润} + \text{固定成本}) \div (\text{单价} - \text{单位变动成本})$$

$$\text{实现目标利润的销售额} = \text{单价} \times \text{实现目标利润的业务量}$$

$$\text{或实现目标利润的销售额} = (\text{目标利润} + \text{固定成本}) \div \text{边际贡献率}$$

【案例 5-3】 假设某企业只生产和销售一种产品,该产品的市场售价预计为 100 元,该产品单位变动成本为 20 元,固定成本为 32 000 元,假定企业的目标利润为 50 000,则实现目标利润的销售量为:

【解析】

实现目标利润的销售量 $= (32\,000 + 50\,000) \div (100 - 20) = 1\,025$(件)

实现目标利润的销售额 $= 100 \times 1\,025 = 102\,500$(元)

（二）多产品的目标利润分析

在单一产品的目标利润分析基础上,依据分析结果进行优化调整,寻找最优的产品组合。基本分析公式如下:

$$\text{实现目标利润的销售额} = (\text{综合目标利润} + \text{固定成本}) \div (1 - \text{综合变动成本率})$$
$$= (\text{综合目标利润} + \text{固定成本}) \div \text{综合边际贡献率}$$

$$\text{实现目标利润率的销售额} = \text{固定成本} \div (1 - \text{综合变动成本率} - \text{综合目标利润率})$$
$$= \text{固定成本} \div (\text{综合边际贡献率} - \text{综合目标利润率})$$

【案例 5-4】 按照案例 5-2 相关资料及计算结果。

(1) 假定该企业的目标利润为 490 000 元,实现目标利润的销售额为多少?

(2) 假定该企业的目标利润率为 15%,实现目标利润率的销售额为多少?

【解析】

(1) 实现目标利润的销售额 $= (490\,000 + 210\,000) \div 35\% = 2\,000\,000$(元)

该企业产品组合的销售额达到 2 000 000 元时,能实现目标利润 490 000 元,根据各产品的销售比重,可计算出实现目标利润时各产品的销售额。

甲产品销售额 $= 2\,000\,000 \times 20\% = 400\,000$(元)

乙产品销售额 $= 2\,000\,000 \times 40\% = 800\,000$(元)

丙产品销售额 $= 2\,000\,000 \times 40\% = 800\,000$(元)

(2) 实现目标利润率的销售额 $= 210\,000 \div (35\% - 15\%) = 1\,050\,000$(元)

该企业产品组合的销售额达到 1 050 000 元时,能实现目标利润 15%,根据各产品的销售比重,可计算出实现目标利润时各产品的销售额。

甲产品销售额 $= 1\,050\,000 \times 20\% = 210\,000$(元)

乙产品销售额 = 1 050 000 × 40% = 420 000(元)
丙产品销售额 = 1 050 000 × 40% = 420 000(元)

四、本量利分析的优缺点

本量利分析的主要优点是：可以广泛应用于规划企业经济活动和营运决策等方面，简便易行、通俗易懂和容易掌握。

本量利分析的主要缺点是：仅考虑单因素变化的影响，是一种静态分析方法，且对成本性态较为依赖。

任务三　边际分析

边际分析是指分析某可变因素的变动引起其他相关可变因素变动的程度的方法，以评价既定产品或项目的获利水平，判断盈亏临界点，提示营运风险，支持营运决策。

边际分析工具方法主要有边际贡献分析、安全边际分析等。

一、边际贡献分析

边际贡献分析是指通过分析销售收入减去变动成本总额之后的差额，衡量产品为企业贡献利润的能力。边际贡献分析主要包括边际贡献和边际贡献率两个指标。

(一)边际贡献

边际贡献又称贡献毛益，用公式可表达为：

$$边际贡献总额 = 销售收入 - 变动成本总额$$
$$单位边际贡献 = 销售单价 - 单位变动成本$$

【案例5-5】　某企业生产甲产品，单价为25元，单位变动成本为15元，销售量为800件，该企业边际贡献总额和单位边际贡献计算如下：

【解析】
边际贡献总额 = 800 × 25 − 800 × 15 = 8 000(元)
单位边际贡献 = 25 − 15 = 10(元/件)

边际贡献首先用于补偿企业的固定成本，如补偿有余额，则形成企业的利润；如果不足以补偿固定成本，则企业发生亏损。边际贡献代表一种产品为企业创利的能力。

(二)边际贡献率

1. 边际贡献率的含义

边际贡献率是指边际贡献在销售收入中所占的百分比，表示每1元销售收入中边际贡献所占的比重。其计算公式为：

$$边际贡献率 = 边际贡献 \div 销售收入 \times 100\% = 单位边际贡献 \div 单价 \times 100\%$$

【案例 5-6】 承[案例 5-5],该企业边际贡献率=(25-15)÷25×100%=40%

2. 边际贡献率的应用

(1)企业进行单一产品决策时,评价标准如下:

当边际贡献总额大于固定成本时,利润大于 0,表明企业盈利。

当边际贡献总额小于固定成本时,利润小于 0,表明企业亏损。

当边际贡献总额等于固定成本时,利润等于 0,表明企业保本。

(2)企业面临资源约束,需要对多个产品线或多种产品进行优化决策或对多种待选新产品进行投产决策时,可以通过计算边际贡献以及边际贡献率,评价待选产品的盈利性,优化产品组合。

当进行多产品决策时,边际贡献与变动成本之间存在如下关系:

$$综合边际贡献率 = 1 - 综合变动成本率$$

综合边际贡献率反映了多产品组合给企业作出贡献的能力,该指标通常越大越好。

企业可以通过边际分析对现有产品组合进行有关优化决策,如计算现有各条产品线或各种产品的边际贡献并进行比较,增加边际贡献或边际贡献率高的产品组合,减少边际贡献或边际贡献率低的产品组合。

(三)变动成本率

变动成本率是指变动成本在销售收入中所占的比例。其计算公式如下:

$$变动成本率 = 变动成本 \div 销售收入 = 单位变动成本 \div 销售单价$$

【案例 5-7】 承[案例 5-5],该企业变动成本率=15÷25×100%=60%

销售收入被分为变动成本和边际贡献两部分,前者是产品自身的耗费,后者是给企业的贡献,两者在销售收入中所占百分比之和应当为 1,即:

$$变动成本率 + 边际贡献率 = 1$$

二、安全边际分析

安全边际分析是指通过分析正常销售额超过盈亏临界点销售额的差额,衡量企业在保本的前提下,能够承受因销售额下降带来的不利影响的程度和企业抵御营运风险的能力。安全边际分析主要包括安全边际和安全边际率两个指标。

(一)安全边际

安全边际是指实际销售量或预期销售量超过盈亏平衡点销售量的差额,体现企业营运的安全程度。其计算公式如下:

$$安全边际 = 实际销售量或预期销售量 - 保本点销售量$$

安全边际越大,企业发生亏损的可能性越小,发生盈利的可能性越大,企业经营就越安全,企业经营风险越小。反之,企业经营风险越大。

(二)安全边际率

安全边际率是指安全边际与实际销售量或预期销售量的比值。其相关公式如下:

$$安全边际率 = 安全边际 \div 实际销售量或预期销售量 \times 100\%$$

安全边际率与盈亏临界点的作业率之间的关系为：

$$安全边际率 + 盈亏临界点作业率 = 1$$

【案例 5-8】 某企业实际销售 A 产品 2 000 件，保本销售量为 1 250 件。该企业安全边际及安全边际率计算如下：

【解析】

安全边际 = 2 000 − 1 250 = 750（件）

安全边际率 = 750 ÷ 2 000 × 100% = 37.5%

西方国家一般用安全边际率来评价企业经营的安全程度。安全程度检验标准的经验值如表 5-1 所示。

表 5-1　安全程度检验标准的经验值

安全边际率	10%以下	10%~20%	20%~30%	30%~40%	40%以上
安全程度	危险	值得注意	比较安全	安全	很安全

（三）安全边际与盈亏平衡点的关系分析

企业正常的销售量分为两部分：一部分是保本销售量，另一部分是安全边际。用公式表示如下：

$$正常的销售量 = 保本销售量 + 安全边际$$

若将该公式两端同时除以正常销售量，可得到：

$$1 = 保本作业率 + 安全边际率$$

（四）安全边际与利润的关系分析

安全边际能够为企业带来利润。盈亏临界点的销售额除了弥补产品自身的变动成本外，刚好能够弥补企业的固定成本，不能给企业带来利润。只有超过盈亏临界点的销售额，才能在扣除变动成本后，不必再弥补固定成本，而是直接形成企业的税前利润。用公式表示如下：

$$\begin{aligned}
税前利润 &= 销售单价 \times 销售量 - 单位变动成本 \times 销售量 - 固定成本 \\
&= （安全边际销售量 + 盈亏临界点销售量）\times 单位贡献毛益 - 固定成本 \\
&= 安全边际销售量 \times 单位贡献毛益 \\
&= 安全边际销售额 \times 贡献毛益率
\end{aligned}$$

将上式两边同时除以销售额可以得出：

$$税前利润率 = 安全边际率 \times 贡献毛益率$$

【案例 5-9】 某企业全年产销 A 产品 10 000 件，单价为 50 元，单位变动成本为 30 元，固定成本总额为 120 000 元。A 产品利润计算如下：

【解析】

$$该产品安全边际 = 10\ 000 - \frac{120\ 000}{50 - 30} = 4\ 000（件）$$

该产品安全边际销售额＝4 000×50＝200 000(元)
税前利润＝200 000×(50－30)÷50＝80 000(元)
用常规方法计算利润：
税前利润＝销售单价×销售量－单位变动成本×销售量－固定成本
　　　　＝50×10 000－30×10 000－120 000＝80 000(元)

三、边际分析的优缺点

边际分析方法的主要优点是：可有效地分析业务量、变动成本和利润之间的关系，通过定量分析，直观地反映企业营运风险，促进提高企业营运效益。

边际分析方法的主要缺点是：决策变量与相关结果之间关系较为复杂，所选取的变量直接影响边际分析的实际应用效果。

任务四 敏感性分析

敏感性分析是指对影响目标实现的因素变化进行量化分析，以确定各因素变化对实现目标的影响及敏感程度。通常这一方法研究的是，一个系统的周围条件发生的变化会导致这个系统的状态发生怎样的变化，这种变化是敏感(变化大)还是不敏感(变化小)。在一个确定的模型有了最优解后，敏感性分析研究的是：该模型中的某个或某几个参数允许变化到怎样的数值(最大或最小)，原最优解仍能保持不变；或者当某个参数的变化已经超出允许范围，原有的最优解不再"最优"时，怎样用简便的方法重新求得最优解。

从前面保本点分析中可以看出，销售量、单价、单位变动成本、固定成本等因素中的某一个或某几个因素的变动，都会对保本点和目标利润产生影响。但由于各因素在计算保本点和目标利润的过程中作用不同，影响程度当然也不一样，或者说保本点和目标利润对不同因素变动所作出的反应在敏感性上存在着差异。本量利关系上的敏感性分析，主要研究与分析有关因素发生多大变化，将使盈利转为亏损，以及各参数变化对利润的敏感程度等。

一、有关因素临界值的确定

销售量、单价、单位变动成本、固定成本的变化，都会对利润产生影响。当这种变化达到一定程度时，会使企业利润消失，经营状况发生质变。敏感性分析的目的就是确定能引起这种质变的各因素变化的临界值，其方法称为"最大最小法"。

根据本量利分析的基本原理模型 $\Pi=(p-b)x-a$，使 $\Pi=0$，求得最大或最小的允许值的计算公式如下：

销售量的最小值：$x=a\div(p-b)$
销售单价的最小值：$p=b+a\div x$
单位变动成本的最大值：$b=p-a\div x$
固定成本的最大值：$a=(p-b)x$

【案例 5-10】 某企业全年产销 A 产品 10 000 件，单价为 50 元，单位变动成本为 30 元，固定成本总额为 120 000 元。

【解析】

（1）销售量的临界值（最小值）。

$$x = a \div (p-b) = 120\,000 \div (50-30) = 6\,000(件)$$

这就是说，销售量的最小允许值是 6 000 件，这是盈亏的临界点，或者说，实际销售量只要完成原计划销售量的 60%（6 000÷10 000），企业就可以保本。

（2）销售单价的临界值（最小值）。

$$p = b + a \div x = 30 + 120\,000 \div 10\,000 = 42(元)$$

这就是说，销售单价不能低于 42 元/件这个最小允许值，或者说单价下降的幅度不能大于 16%[(42−50)÷50]，否则便会发生亏损。

（3）单位变动成本的临界值（最大允许值）。

$$b = p - a \div x = 50 - 120\,000 \div 10\,000 = 38(元)$$

这就是说，当单位变动成本由 30 元上升到 38 元时，企业的目标利润降为零。所以，单位变动成本的最大允许值为 38 元，其变动率为 26.67%[(38−30)÷30]。

（4）固定成本的临界值（最大允许值）。

$$a = (p-b)x = (50-30) \times 10\,000 = 200\,000(元)$$

这就是说，固定成本最大允许值为 200 000 元，超过了该值企业就会发生亏损。所以，企业固定成本的增加幅度不能大于 66.67% [(200 000 − 120 000)÷120 000]。

二、各因素变化对利润的敏感程度

各因素变化都会引起利润的变化，但其影响程度各不相同。有的因素发生微小变化，就会使利润发生很大的变动，利润对这些因素的变化十分敏感，这些因素称为敏感因素。与此相反，有些因素发生变化后，利润的变化不大，反应比较迟钝，这种因素称为弱敏感因素。反映利润敏感程度的指标称为敏感系数，其计算公式如下：

$$敏感系数 = 目标值变动百分比 \div 因素值变动百分比$$

【案例 5-11】 承[案例 5-10]，假设该公司的销售量、单价、单位变动成本和固定成本均分别增长 20%，各因素的敏感系数计算如下：

【解析】

（1）销售量的敏感系数。

当销售量增加 20%，则有：

$x = 10\,000 \times (1+20\%) = 12\,000(件)$

按此销售量计算：

$\Pi = (50-30) \times 12\,000 - 120\,000 = 120\,000(元)$

原先的利润 = $(50-30) \times 10\,000 - 120\,000 = 80\,000(元)$

利润变化率 = $(120\,000 - 80\,000) \div 80\,000 \times 100\% = 50\%$

销售量的敏感系数 = $50\% \div 20\% = 2.5$

(2) 单价的敏感系数。

当单价增加 20% 时，$p=50\times(1+20\%)=60$（元）。

按此单价计算：

$\Pi=(60-30)\times 10\,000-120\,000=180\,000$（元）

利润变化率 $=(180\,000-80\,000)\div 80\,000\times 100\%=125\%$

单价的敏感系数 $=125\%\div 20\%=6.25$

(3) 单位变动成本的敏感系数。

当单位变动成本增加 20% 时，$b=30\times(1+20\%)=36$（元）。

此时，$\Pi=(50-36)\times 10\,000-120\,000=20\,000$（元）。

利润变化率 $=(20\,000-80\,000)\div 80\,000\times 100\%=-75\%$

单位变动成本的敏感系数 $-75\%\div 20\%=-3.75$

(4) 固定成本的敏感系数。

当固定成本总额增加 20% 时，$a=120\,000\times(1+20\%)=144\,000$（元）。

此时，$\Pi=(50-30)\times 10\,000-144\,000=56\,000$（元）。

利润变化率 $=(56\,000-80\,000)\div 80\,000\times 100\%=-30\%$

固定成本变动的敏感系数 $=-30\%\div 20\%=-1.5$

以上计算结果说明，利润以 2.5 倍的速率随销售量的变化而变化，以 6.26 倍的速率随单价的变化而变化，以 3.75 倍的速率随单位变动成本的变化而变化，以 1.5 倍的速率随固定成本的变化而变化。由此可看出，影响利润的几个因素中，最敏感的是单价，其次是单位变动成本，再次是销售量，最后是固定成本。其中敏感系数为正值，表示该因素与利润为同向增减关系；敏感系数为负数，表示该因素与利润为反向增减关系。

敏感性分析除应用于上述目标利润规划外，还可应用于长期投资决策分析。长期投资决策的敏感性分析，通常分析项目期限、折现率和现金流量等变量的变化对投资方案的净现值、内含报酬率等产生的影响，最终作出对项目投资决策的可行性评价。

三、敏感性分析的优缺点

敏感性分析的主要优点是：方法简单易行，分析结果易于理解，能为企业的规划、控制和决策提供参考。

敏感性分析的主要缺点是：对决策模型和预测数据具有依赖性，决策模型的可靠程度和数据的合理性，会影响敏感性分析的可靠性。

任务五 内部转移定价

一、内部转移定价的相关概念

（一）内部转移定价的概念

内部转移定价是指企业内部转移价格的制定和应用方法。内部转移定价是企业分权化经营管理中，由于总部和分部间信息传递受阻而存在信息不对称的情况下，提高企业管理效率的一种对策，也是企业内部资源的一种配置方式。

（二）内部转移价格的概念

内部转移价格是指企业内部分公司、分厂、车间、分部等责任中心之间相互提供产品（或服务）、资金等内部交易时所采用的计价标准。

企业实行责任会计管理时重要的一点，就是在企业内部建立责任中心，在各责任中心之间（主要是利润中心或投资中心之间）模拟外部竞争性市场的环境，充分利用价值规律，实行市场经济的管理方法，建立内部结算中心。各责任中心要进行"商品买卖"、结算，就不可避免地涉及内部转移价格问题。这个转移价格对供应部门来说是收入，对购入部门来说是成本，如果涉及的两个部门都是利润中心，则它同时影响了两个部门的获利能力。内部转移价格并不影响企业整体利润总额的大小，但会影响各利润（投资）中心的利润大小。

（三）责任中心的概念和分类

责任中心是指企业内部独立提供产品（或服务）、资金等的责任主体。

根据控制区域和责任范围不同，责任中心可以分为四种主要类型：收入中心、成本中心、利润中心和投资中心。

1. 收入中心

收入中心是管理者只对销售收入负责的责任中心。典型的收入中心是公司的销售部门。

2. 成本中心

成本中心是管理者只对成本负责的责任中心。成本中心有广义和狭义之分。狭义的成本中心是指对产品生产或劳务供应提供所消耗的资源负责的责任中心。广义的成本中心，除了狭义成本中心外，还包括那些非生产性的、以控制经营管理费用为主的责任中心，也即费用中心。

3. 利润中心

利润中心是管理者既对销售收入负责，又对成本负责的责任中心，也就是对利润负责的责任中心。利润中心又分为自然利润中心和人为利润中心。自然利润中心是直接对外销售产品或提供劳务，取得实际收入的利润中心，如分公司、分厂。人为利润中心不直接对外销售产品或提供劳务，而是在企业内部各责任中心之间相互提供产品或劳务。人为利润中心的销售收入是按照内部转移价格计算的内部销售收入，并不是真正的销售收入。设立人为利润中心的目的就是为了便于衡量各责任中心的工作成果，分清经济责任。

4. 投资中心

投资中心是管理者对收入、成本和投资效益全面负责的责任中心。因为投资中心需作出的决策不仅仅包括产品的组合、价格的制定和生产方法等短期经营决策，还包括投资规模和投资类型的决策等。

二、内部转移定价的目标、适用范围和原则

（一）内部转移定价的目标

企业应用内部转移定价工具方法的主要目标是界定各责任中心的经济责任，计量其绩

效,为实施激励提供可靠依据。

(二)内部转移定价的适用范围

内部转移定价主要适用于具有一定经营规模、业务流程相对复杂、设置了多个责任中心且责任中心之间存在内部供求关系的企业。

(三)内部转移定价的原则

企业应用内部转移定价工具方法,一般应遵循以下原则:

(1) 合规性原则。内部转移价格的制定、执行及调整应符合相关会计、财务、税收等法律法规的规定。

(2) 效益性原则。企业应用内部转移定价工具方法,应以企业整体利益最大化为目标,避免为追求局部最优而损害企业整体利益的情况。同时,应兼顾各责任中心及员工利益,充分调动各方积极性。

(3) 适应性原则。内部转移定价体系应当与企业所处行业特征、企业战略、业务流程、产品(或服务)特点、业绩评价体系等相适应,使企业能够统筹各责任中心利益,对内部转移价格达成共识。

三、内部转移定价的应用程序

企业应用内部转移定价工具方法,一般按照明确责任中心、制定与实施转移价格、分析与评价内部转移价格等程序进行。

(一)明确责任中心

企业应根据所属行业的特征、业务流程、组织结构等情况和实际需要明确各责任中心及其主要责任。通常,企业可以设置成本中心、利润中心和投资中心。

1. 成本中心

企业将中间产品(或服务)、辅助产品(或服务)的提供方设置为内部成本中心,内部成本中心是主要对成本费用负责的责任中心。

2. 利润中心

一般情况下,企业可将直接对外销售或具有一定销售决策权的责任单位设置为内部利润中心,内部利润中心是既对成本费用负责、又对利润负责的责任中心。

3. 投资中心

企业出于管理需要,也可以将中间产品(或服务)、辅助产品(或服务)的提供方设置为模拟的内部投资中心,该中心除降低成本外还承担优化品种结构、提高产品(或服务)质量、降低资金占用等责任。

(二)制定与实施转移价格

1. 制定内部转移价格

企业绩效管理委员会或类似机构应根据各责任中心的性质和业务特点,分别确定适当的内部转移定价形式。内部转移定价通常分为价格型、成本型和协商型三种。

(1) 价格型内部转移定价。价格型内部转移定价是指以市场价格为基础制定的、由成本和毛利构成内部转移价格的方法,一般适用于内部利润中心。

在确定市场价格时需要考虑以下情况：①责任中心所提供的产品（或服务）经常外销且外销比例较大的，或所提供的产品（或服务）有外部活跃市场可靠报价的，可以采用外销价或活跃市场报价作为内部转移价格。②责任中心一般不对外销售且外部市场没有可靠报价的产品（或服务），或企业管理层和有关各方认为不需要频繁变动价格的，可以参照外部市场价或预测价制定模拟市场价来作为内部转移价格。③没有外部市场但企业出于管理需要设置为模拟利润中心的责任中心，可以在生产成本基础上加一定比例毛利作为内部转移价格。

（2）成本型内部转移定价。成本型内部转移定价是指以标准成本等相对稳定的成本数据为基础，制定内部转移价格的方法，一般适用于内部成本中心。

（3）协商型内部转移定价。协商型内部转移定价是指企业内部供求双方为使双方利益相对均衡，通过协商机制制定内部转移价格的方法，主要适用于分权程度较高的情形。

协商价的取值范围通常较宽，一般不高于市场价，不低于变动成本。

2. 实施内部转移价格

在内部转移价格的实施过程中，至少需要把握以下两点：

（1）除以外销价或活跃市场报价制定的内部转移价格可能随市场行情波动而变动较频繁外，其余内部转移价格应在一定期间内保持相对稳定，以使需求方责任中心的绩效不受供给方责任中心绩效变化的影响。

（2）企业可以根据管理需要，核算各责任中心资金占用成本，将其作为内部利润的减项，或直接作为业绩考核的依据。其中，责任中心占用的资金一般指货币资金，也包括原材料、半成品等存货以及应收款项等。责任中心资金占用成本计算公式如下：

$$责任中心资金占用成本 = 责任中心占用的资金 \times 占用资金的价格$$

占用资金的价格一般参考市场利率或加权资本成本制定。

3. 金融企业的内部转移定价

在金融企业内部转移资金，应综合考虑产品现金流及重定价特点、信息技术手段及管理需求等因素，分析外部金融市场环境，选择适当的资金转移定价和收益率曲线，获取收益率曲线中特定期限的利率，确定资金转移价格。资金转移定价主要包括指定利率法、原始期限匹配法、重定价期限匹配法、现金流匹配定价法等。

（三）分析与评价内部转移价格

企业应及时对内部转移定价形成的结果进行汇总分析，作为考核责任中心绩效的依据；同时，应监测内部转移定价体系运行情况，协调、裁决交易中的争议，保障内部转移定价体系运转顺畅。此外，企业应定期开展内部转移定价应用评价工作，根据内外部环境变化及时修订、调整定价策略。

四、内部转移定价的优缺点

主要优点：能够清晰反映企业内部供需各方的责任界限，为绩效评价和激励提供客观依据，有利于企业优化资源配置。

主要缺点：可能受到相关因素影响，内部转移定价体系产生的定价结果不合理，造成信息扭曲，误导相关方行为，从而损害企业局部或整体利益。

任务六　多维度盈利能力分析

一、多维度盈利能力分析的概念和使用范围

（一）多维度盈利能力分析的概念

多维度盈利能力分析是指企业对一定期间内的经营成果，按照区域、产品、部门、客户、渠道、员工等维度进行计量，分析盈亏动因，从而支持企业精细化管理、满足内部营运管理需要的一种分析方法。

（二）多维度盈利能力分析的使用范围

多维度盈利能力分析主要适用于市场竞争压力较大、组织结构相对复杂或具有多元化产品（或服务）体系的企业。企业应用多维度盈利能力分析工具方法，还应具备一定的信息化程度和管理水平。

二、多维度盈利能力分析的应用程序

企业进行多维度盈利能力分析，一般按照确定分析维度、建立分析模型、制定数据标准、收集数据、加工数据、编制分析报告等程序进行。

（一）确定分析维度

企业应根据组织架构、管理能力，以及绩效管理、销售管理、渠道管理、产品管理、生产管理、研发管理等管理需求，确定盈利能力分析各维度的类别，通常包括区域、产品、部门、客户、渠道、员工等。

（二）建立分析模型

企业应以营业收入、营业成本、利润总额、净利润、经济增加值（EVA）等核心财务指标为基础，构建如表5-2所示的多维度盈利能力分析模型。

表 5-2　多维度盈利能力分析模型

项目	区域		产品		部门		……
	大区	城市	型号	批次	XX部	XX部	……
市场占比							
销售量							
销售收入							
减：销售折扣与折让							
营业收入							

(续表)

项目	区域		产品		部门		……
	大区	城市	型号	批次	XX 部	XX 部	……
减：营业成本							
营业毛利							
减：销售费用							
管理费用							
财务费用							
……							
营业利润							
……							
利润总额							
减：所得税							
净利润							
……							
经济增加值（EVA）							
……							

注：本表可根据企业管理决策需要，增加或减少显示项目。

业务融合程度较高的企业可将与经营业绩直接相关的业务信息，如销售量、市场份额、用户数等，纳入多维盈利能力分析模型。

金融企业在构建多维度盈利能力分析模型时，可加入经风险调整后的经济增加值（EVA）、风险调整资本回报率（RAROC）等指标。

（三）制定数据标准

企业应根据盈利能力分析各维度的分类规则和所构建的分析模型，制定统一的基础数据标准和数据校验规则，保证各维度盈利能力分析数据基础的一致性和准确性，并通过系统参数配置、数据质量管控等在信息系统中予以实施。

（四）收集数据

企业应根据管理最小颗粒度确定数据源的获取标准，并从信息系统中收集基础数据。有条件的企业可建立数据仓库或数据集市，形成统一规范的数据集。

（五）加工数据

企业根据管理需求对收集的数据进行加工，一般包括以下几个方面：

第一，按照管理最小颗粒度进行内部转移定价、成本分摊、业绩分成及经济增加值计量等，并根据盈利能力分析模型，生成管理最小颗粒度盈利信息。

（1）企业应遵循《管理会计应用指引第 404 号——内部转移定价》的一般要求，确定内部转移价格。

（2）企业应遵循"谁受益、谁负担"原则，通过建立科学有效的成本归集路径，将实际发生的完全成本基于业务动因相对合理地分摊到管理最小颗粒度。

（3）企业应依据业绩匹配原则，合理选择佣金法、量价法、比例法等方法，对业务协同产生的业绩进行分成。

（4）企业应遵循《管理会计应用指引第602号——经济增加值法》的一般要求，计量经济增加值。

第二，企业根据设定的数据标准，按管理最小颗粒度与区域、产品、部门、客户、渠道、员工等维度的归属关系进行分类汇总，生成各维度盈利信息。

（六）编制分析报告

企业应根据管理需求，进一步整理、分析多维度盈利能力分析信息，综合使用趋势分析法、比率分析法、因素分析法等方法，从不同维度进行盈利能力分析，编制多维度盈利能力分析报告。企业应根据报告使用者需求确定多维度盈利能力分析报告的具体内容，一般包括多维度盈利目标及其在报告期实现程度、整体盈亏的多维分析、各维度具体盈亏状况及其驱动因素分析（如区域下各产品、渠道盈利分析等）、各维度下经营发展趋势分析及风险预警、下一步的建议措施（如优化资源配置）等。

企业编制多维度盈利能力分析报告时，可采用排序法、矩阵法、气泡图、雷达图等方法对各维度盈利能力进行评估与分类。

（1）排序法是指将一定期间内各维度下的指标值进行排序，既可以按利润贡献度排序，也可以按综合指标总分排序，由高到低或按设定的标准分段。

（2）矩阵法是指将一定期间内各维度下的指标值纳入盈利矩阵的相应位置，以表示其盈利能力的类型。通常盈利矩阵以成本类指标为横坐标，以利润类指标为纵坐标，组合成四个象限。

（3）气泡图是指将一定期间内各维度下的指标值按其数值大小，以气泡大小列示于坐标图中，以直观表示其盈利能力。

（4）雷达图是指将一定期间内各维度下重要指标值纳入雷达形状的图中，同时展示各维度下盈利能力。

三、多维度盈利能力分析的优缺点

多维度盈利能力分析的主要优点：可以灵活地支持企业实现精细化内部管理，为客户营销、产品管理、外部定价、成本管控、投资决策、绩效考核等提供相关、可靠的信息。

多维度盈利能力分析的主要缺点：对企业管理能力、内部治理的规范性和数据质量等要求较高。

项目小结

营运管理是为企业经营提供服务的，从宏观到微观，全局到具体，全方位、多维度地为企业经营提供服务。一方面它站在治理层面，整体化、系统化地根据经营战略目标对企业进行宏观把控；另一方面通过运用各种具体管理工具方法对经营中各个模块进行系统化、精细化的管理。本项目学习和应用了营运管理各个阶段的管理内容，介绍了本量利分析、保本点分析、多维度盈利能力分析等营运管理工具方法，帮助我们在企业经营中通过闭合运转循环的业务链周而复始不断运行来实现企业的增值。

习题与实训

任务一 营运管理认知

一、判断题

1. 营运管理本质上是对企业生产经营各个过程的价值增值管理。（ ）
2. 企业在制定营运计划时,应开展营运预测,将其作为营运计划制定的基础和依据。（ ）
3. 营运计划一旦批准下达,一律不予调整。（ ）
4. 营运监控分析应以盈利能力、偿债能力等方面的财务指标为依据,建立完善的营运监控分析指标体系。（ ）
5. 企业在制定营运计划时,应以战略目标和年度营运目标为指引,因此企业制定营运计划时只能选择自上而下的形式。（ ）

二、单项选择题

1. 营运管理是指为了实现企业战略和营运目标,各级管理者通过计划、组织、指挥、协调、控制、激励等活动,实现对企业生产经营过程中的物料供应、产品生产和销售等环节的（ ）管理。
   A. 价值增值　　　B. 成本控制　　　C. 预算资金　　　D. 风险把控
2. 下列各项中,不属于营运计划应遵循原则的是（ ）。
   A. 系统性原则　　B. 合法性原则　　C. 平衡性原则　　D. 灵活性原则
3. 企业的营运监控分析是指以（ ）为起点,通过分析查找异常,并进一步揭示差异所反映的营运缺陷,追踪缺陷成因,提出并落实改进措施,不断提高企业营运管理水平。
   A. 营运管理目标　　　　　　　　B. 企业战略目标
   C. 本期财务和管理指标　　　　　D. 营运管理的分析报告
4. 下列各项中,不属于企业营运管理程序的是（ ）。
   A. 营运计划的制订　　　　　　　B. 营运计划的执行
   C. 营运计划的反馈　　　　　　　D. 营运监控分析与报告
5. 下列各项中,不属于营运管理工具方法的是（ ）。
   A. 本量利分析　　　　　　　　　B. 边际分析
   C. 敏感性分析　　　　　　　　　D. 贴现现金流法

三、多项选择题

1. 企业营运管理PDCA管理原则包括计划、（ ）等四个阶段。
   A. 实施　　　　　B. 检查　　　　　C. 组织　　　　　D. 处理
2. 营运计划的制订过程中,营运计划可按计划时间的长短可分为（ ）。
   A. 长期营运计划　　　　　　　　B. 中期营运计划

  C. 短期营运计划   D. 月度营运计划
3. 营运管理的程序包括( )。
  A. 营运计划的制订   B. 营运计划的执行
  C. 营运监控   D. 营运绩效管理
4. 下列关于营运计划的调整说法中,正确的是( )。
  A. 营运计划一旦批准下达,一般不予调整。宏观经济形势、市场竞争形势等发生重大变化,导致企业营运状况与预期出现较大偏差的,企业可以适时对营运计划做出调整,使营运目标更加切合实际。
  B. 企业在营运计划执行过程中,应关注和识别存在的各种不确定因素,分析和评估其对企业营运的影响,适时启动调整原计划的有关工作,确保企业营运目标更加切合实际,更合理地进行资源配置。
  C. 企业在做出营运计划调整决策时,应分析和评估营运计划调整方案对企业营运的影响,包括对短期的资源配置、营运成本、营运效益等的影响以及对长期战略的影响。
  D. 企业应建立营运计划调整的流程和机制,规范营运计划的调整。营运计划的调整应由具体执行的所属企业或部门提出调整申请,经批准后下达正式文件。
5. 企业可以建立( )等不同层级的绩效管理组织,明确绩效管理流程和审批权限,制定绩效管理制度。
  A. 营运绩效管理委员会   B. 营运绩效管理办公室
  C. 预算绩效管理委员会   D. 企业战略管理办公室

任务二 本量利分析

一、判断题

1. 本量利分析是以相关范围假设、模型线性假设、产销平衡假设与品种结构不变假设等一系列基本假设作为分析前提,揭示企业成本、业务量与利润之间的关系。 ( )
2. 本量利分析公示揭示了固定成本、变动成本、销售量、单价、利润等变量之间的内在规律性的联系。 ( )
3. 盈亏平衡点是指刚好使企业经营达到不盈不亏状态的销售量(额),此时销售额等于产品变动成本总额。 ( )
4. 盈亏临界点作业率指标越大,证明企业经营越安全。 ( )
5. 目标利润分析是在本量利分析方法的基础上,计算为达到目标利润所需达到的业务量、收入和成本的一种利润规划方法。 ( )
6. 本量利分析仅考虑单因素变化的影响,是一种静态分析方法,且对成本性态较为依赖。 ( )

二、单项选择题

1. 下列各项中,属于降低保本点的主要途径的是( )。
  A. 提高固定成本   B. 降低单价
  C. 提高变动成本   D. 提高单价

2. 如果企业在经营中根据实际情况规划了目标利润,则为了保证目标利润的实现,需要对其他因素做出相应的调整。以下调整不正确的是( )。
   A. 提高销售数量　　　　　　　　　　B. 提高销售价格
   C. 提高固定成本　　　　　　　　　　D. 降低单位变动成本
3. 生产单一品种产品,则企业预测保本销售额的计算公式为( )。
   A. 企业预测保本销售额＝保本销售量×单位利润
   B. 企业预测保本销售额＝固定成本总额÷贡献毛益率
   C. 企业预测保本销售额＝固定成本总额÷(单价－单位变动成本)
   D. 企业预测保本销售额＝固定成本总额÷贡献毛益
4. 生产多品种产品,企业测算综合保本销售额＝固定成本总额÷( )。
   A. 单位贡献毛益　　　　　　　　　　B. 贡献毛益率
   C. 单价－单位变动成本　　　　　　　D. 综合贡献毛益率
5. 某企业只生产一种产品,单价60元,单位变动生产成本40元,单位销售和管理变动成本5元,销量为5 000件,则其产品贡献毛益为( )元。
   A. 6 500　　　　B. 7 500　　　　C. 8 500　　　　D. 9 500
6. 企业某产品销售收入为20万元,贡献毛益率为60%,其变动成本总额为( )万元。
   A. 8　　　　　　B. 12　　　　　　C. 4　　　　　　D. 16
7. 某企业销售单一产品,每月固定成本100 000元,单价100元,计划销售量6 000件,欲实现目标利润80 000元,其单位变动成本为( )元。
   A. 60　　　　　B. 90　　　　　　C. 80　　　　　D. 70
8. 某企业明年目标销售量为4 000件,产品单价为3万元,企业该期固定成本为3 000万元,目标利润为5 000万元,则该企业应将单位变动成本控制在( )元。
   A. 10 000　　　B. 6 667　　　　C. 7 500　　　　D. 8 200
9. 某企业每月固定制造费用20 000元,固定销售费用5 000元,固定管理费用50 000元。单位变动制造成本50元,单位变动销售费用9元,单位变动管理费用1元。该企业生产一种产品,单价100元,如果保证本年不亏损,则至少应销售( )件产品。
   A. 22 500　　　B. 1 875　　　　C. 7 500　　　　D. 3 750

三、多项选择题

1. 下列两个指标之和为1的有( )。
   A. 贡献毛益率与保本作业率　　　　　B. 安全边际率与保本作业率
   C. 保本作业率与变动成本率　　　　　D. 变动成本率与贡献毛益率
2. 本量利分析基本内容有( )。
   A. 保本点分析　　B. 安全性分析　　C. 利润分析　　D. 保利点分析
3. 下列各项中,能够同时影响保本点、保利点的因素为( )。
   A. 单位贡献毛益　B. 贡献毛益率　　C. 固定成本总额　D. 目标利润
4. 某公司生产销售A、B、C三种产品,销售单价分别为20元、30元、40元;预计销售量分别为3万件、2万件、1万件;预计各产品的单位变动成本分别为12元、24元、28元;预计固定成本总额为18万元。按加权平均法确定各产品的保本销售量和保本销售额。下列说法中正确的有( )。

157

A. 加权平均边际贡献率为 30%　　　　B. 综合保本销售额为 60 万元
C. B 产品保本销售额为 22.5 万元　　 D. A 产品的保本销售量为 11 250 件

5. 下列各项中,属于量本利分析的基础的有(　　)。
   A. 成本性态分析　　　　　　　　　B. 变动成本计算模式
   C. 传统成本计算模式　　　　　　　D. 标准成本计算模式

6. 下列各项中,可以作为判断企业处于盈亏临界状态的有(　　)。
   A. 息税前利润等于 0　　　　　　　B. 安全边际率等于 0
   C. 盈亏临界点作业率为 100%　　　 D. 边际贡献率等于 0

四、实训题

实训一

（一）实训目的

掌握本量利分析法及其应用。

（二）实训资料

戊公司只生产销售甲产品,该产品全年产销量一致。2023 年固定成本总额为 4 800 万元,该产品生产和销售资料如表 5-3 所示。

表 5-3　2023 年甲产品生产和销售资料　　　　　　　　　　　　金额单位:元

项目	产销量(万台)	单价	单位变动成本
甲产品	17	500	200

经过公司管理层讨论,公司 2024 年目标利润总额为 600 万元(不考虑所得税)。假设甲产品单价和成本性态不变。为了实现利润目标,根据销售预测,对甲产品 2024 年四个季度的销售量做出如下预计,如表 5-4。

表 5-4　2024 年分季度销售量预测数　　　　　　　　　　　　　　　单位:万台

季度	一季度	二季度	三季度	四季度	全年
预计销售量	3	4	5	6	18

若每季末预计的产成品存货占下个季度销售量的 10%,2024 年年末预计的产成品存货数为 0.2 万台。各季预计的期初存货为上季末预计的期末存货。2023 年第四季度的期末存货为 0.2 万台。根据以上资料,戊公司编制 2024 年生产预算如表 5-5 所示。

表 5-5　2024 年生产预算表　　　　　　　　　　　　　　　　　　　单位:万台

季度	一季度	二季度	三季度	四季度	全年
预计销售量	*	4	5	6	*
加:预计期末产成品存货	(A)	0.5	*	0.2	0.2
合计	*	4.5	*	6.2	*
减:预计期初产成品存货	0.2	*	(C)	*	*
预计生产量	*	(B)	*	*	*

表中"*"表示省略的数据。

（三）实训要求

（1）计算甲产品2023年的边际贡献总额和边际贡献率。

（2）计算甲产品2023年保本销售量和保本销售额。

（3）计算甲产品2023年的安全边际量和安全边际率,并根据企业经营安全程度的一般标准,判断公司经营安全与否。

（4）计算2024年实现目标利润总额600万元的销售量。

（5）确定表5-5中英文字母代表的数值(不需要列示计算过程)。

实训二

（一）实训目的

掌握本量利分析法及其应用。

（二）实训资料

已知某公司生产甲、乙、丙三种产品,其固定成本总额为19 800元,三种产品有关资料如表5-6所示。

表5-6 各产品产销资料表　　　　　　　　　　　　　　　　金额单位:元

品种	销售单价	销售量(件)	单位变动成本
甲	2 000	60	1 600
乙	500	30	300
丙	1 000	65	700

（三）实训要求

（1）采用加权平均法计算该公司的综合保本销售额及各产品的保本销售量。

（2）假定该公司目标利润为54 450元,则各产品实现目标利润的销售额为多少?

任务三　边际分析

一、判断题

1. 边际分析可用于判断企业盈亏平衡点和分析经营安全程度。　　　　　　（　　）

2. 边际贡献分析用来衡量产品为企业贡献利润的能力,边际贡献总额等于企业利润总额。
　　　　　　　　　　　　　　　　　　　　　　　　　　　　　　　　　（　　）

3. 综合边际贡献率反映了多产品组合给企业作出贡献的能力,综合边际贡献率指标越大,代表企业各个产品给企业作出贡献的能力均比较强。　　　　　　　　　　（　　）

4. 变动成本率与边际贡献率之和等于1。　　　　　　　　　　　　　　　　（　　）

5. 安全边际越大,企业发生亏损的可能性越小,企业经营就越安全。反之,企业经营风险越大。　　　　　　　　　　　　　　　　　　　　　　　　　　　　　　（　　）

6. 税前利润率可以通过安全边际率和贡献毛益率相乘求得。　　　　　　　（　　）

二、单项选择题

1. 销售收入被分为变动成本和(　　)两部分,前者是产品自身的耗费,后者是给企业的贡献。

A. 安全边际　　　　B. 固定成本　　　　C. 边际贡献　　　　D. 营业利润

2. 安全边际、实际销售量或预期销售量和保本点销售量三者之间的关系是(　　)。
   A. 其他条件不变的情况下,安全边际随着保本点销售量增加而减少
   B. 其他条件不变的情况下,安全边际随着实际销售量或预期销售量增加而减少
   C. 安全边际会随着实际销售量或预期销售量和保本点销售量同比例变化
   D. 三者没有关系

3. 某产品保本作业率为70%,变动成本率为60%,安全边际量为1 400台,单价为700元,那么实际销售额为(　　)件。
   A. 321.45万元　　B. 333.98万元　　C. 323.45万元　　D. 326.62万元

4. 某企业只产销一种产品,单位变动成本为36元,固定成本总额为4 000元,单位售价为36元,要使安全边际率达到50%,则该企业的销售量应达到(　　)件。
   A. 400　　　　　B. 222　　　　　C. 143　　　　　D. 500

5. 某企业生产甲产品,已知该产品的单价为20元,单位变动成本为8元,销售量为600件,固定成本总额为2 800元,则边际贡献率和安全边际率分别为(　　)。
   A. 60%和61.11%　　　　　　　　　B. 60%和40%
   C. 40%和66.11%　　　　　　　　　D. 40%和60%

6. 某企业生产销售甲、乙两种产品,已知甲产品销售收入100万元,乙产品销售收入400万元,固定成本100万元,实现目标利润200万元,则该企业的综合边际贡献率为(　　)。
   A. 40%　　　　　B. 50%　　　　　C. 60%　　　　　D. 70%

三、多项选择题

1. 企业经营安全的评价指标包括(　　)。
   A. 保本点　　　　　　　　　　　　B. 安全边际量
   C. 安全边际额　　　　　　　　　　D. 安全边际

2. 若企业处于保本状态,则下列说法正确的有(　　)。
   A. 保本作业率为0　　　　　　　　B. 安全边际率为0
   C. 保本作业率为100%　　　　　　D. 安全边际率为100%

3. 下列各项中,对综合边际贡献率的计算公式表述正确的有(　　)。
   A. 综合边际贡献率＝$\sum$(各产品边际贡献率×该产品的销售比重)
   B. 综合边际贡献率＝$\sum$各产品边际贡献÷$\sum$各产品销售收入
   C. 综合边际贡献率＝固定成本÷保本点销售额
   D. 综合边际贡献率＝(固定成本＋综合目标利润)÷保利点销售额

4. 在其他因素不变的情况下,产品单价上升会带来的结果有(　　)。
   A. 单位边际贡献上升　　　　　　　B. 变动成本率上升
   C. 安全边际率下降　　　　　　　　D. 保本作业率下降

5. 可以提高销售利润率的措施包括(　　)。
   A. 提高安全边际率　　　　　　　　B. 提高边际贡献率
   C. 降低变动成本率　　　　　　　　D. 降低盈亏临界点作业率

6. 某企业只生产一种产品,单价50元,单位变动成本20元,固定成本30万元,正常销售量

为 2 万件,则下列说法正确的有(　　)。
  A. 盈亏临界点销售量为 10 000 件　　B. 安全边际为 50 万元
  C. 盈亏临界点作业率为 50%　　　　D. 安全边际率为 50%

四、实训题

（一）实训目的

掌握边际分析法及其应用。

（二）实训资料

某厂只生产和销售一种产品,有关资料如下：单位产品售价 5 元,单位产品变动成本 3 元,全月固定成本 32 000 元,全月预计销售量 20 000 件。

（三）实训要求

（1）计算保本销售量、安全边际,预测预计销售量的利润。

（2）该厂通过调查,认为单位产品售价如提高至 5.50 元,全月预计可销售产品 18 000 件,请重新计算在新情况下的保本销售量、安全边际和预测预计销售量的利润。

（3）该厂通过调查,认为由于出现了一些新的情况,单位产品的售价将降低至 4.60 元,同时每月还需增加广告费 4 000 元,请重新计算保本点销售量,并计算要销售多少件,才能使利润比售价变动前（即单位售价仍为 5 元时）的利润增加 10%。

任务四　敏感性分析

一、判断题

1. 敏感性分析是指对影响目标实现的因素变化进行量化分析,以确定各因素变化对实现目标的影响及敏感程度,其结果可用于分析影响企业盈亏的因素变化。　　　　　(　　)
2. 敏感性分析可使本量利分析公式中的利润等于 0,求得销售量、单价、单位变动成本、固定成本的盈亏临界值。　　　　　　　　　　　　　　　　　　　　　　(　　)
3. 某一因素敏感系数越大,说明其对利润的影响越大。　　　　　　　　　　(　　)
4. 敏感性分析仅限应用于短期投资决策分析。　　　　　　　　　　　　　　(　　)
5. 在利润规划敏感性分析中,利润规划的决策目标是利润最大化。　　　　　(　　)

二、单项选择题

1. 下列关于敏感系数的说法中,不正确的是(　　)。
  A. 敏感系数＝目标值变动百分比÷参量值变动百分比
  B. 敏感系数越小,说明利润对该参数的变化越不敏感
  C. 敏感系数绝对值越大,说明利润对该参数的变化越敏感
  D. 敏感系数为负值,表明因素的变动方向和目标值的变动方向相反
2. 假设 A 企业只生产和销售一种产品,单价 200 元,单位变动成本 120 元,每年固定成本 800 万元,预计下年产销量为 20 万件,则单价对利润影响的敏感系数为(　　)。
  A. 1　　　　　　　B. 5　　　　　　　C. 3　　　　　　　D. 3.6
3. 在对利润规划进行敏感性分析时,不会影响销售量最小允许值的是(　　)。
  A. 固定成本　　　　　　　　　　　　B. 单位变动成本

C. 单价　　　　　　　　　　　　　　D. 折现率

4. 下列公式中，错误的是（　　）。
   A. 销售量的最小值：$x = a \div (p-b)$
   B. 销售单价的最小值：$p = (b+a) \div x$
   C. 单位变动成本的最大值：$b = (px-a)x$
   D. 固定成本的最大值：$a = (p-b)x$

5. 某企业只生产销售一种产品，目前处于盈利状态。受到通货膨胀的影响，原材料涨价，经测算已知单位变动成本对利润的敏感系数为—2，为了确保下年度企业不亏损（利润下降的最大幅度为100%），单位变动成本的最大涨幅为（　　）。
   A. 25%　　　　B. 100%　　　　C. 50%　　　　D. 30%

三、多项选择题

1. 本量利分析中的敏感性分析主要研究的问题有（　　）。
   A. 各参数变化对利润变化的影响程度
   B. 安全边际和安全边际率的分析
   C. 盈亏临界点计算
   D. 有关参数发生多大变化会使盈利转为亏损

2. 企业在营运计划的（　　）以及营运监控等程序中通常会用到敏感性分析。
   A. 制订　　　　B. 执行　　　　C. 调整　　　　D. 绩效管理

3. 某公司单位变动成本为8元，单价为12元，固定成本总额为2 000元，销售量为1 000件，欲实现利润3 000元，该公司可采取的措施有（　　）。
   A. 售价提高1元
   B. 增加销售量250件
   C. 单位变动成本降低1元
   D. 固定成本降低500元

4. 敏感性分析的主要优点有（　　）。
   A. 方法简单易行
   B. 能为企业的规划、控制和决策提供参考
   C. 分析结果易于理解
   D. 决策模型的可靠程度和数据的合理性，会影响敏感性分析的可靠性

5. 某企业全年产销A产品1 000件，单价为5元，单位变动成本为3元，固定成本总额为12 000元。假设该公司的销售量、单价、单位变动成本和固定成本均分别增长20%，下列说法正确的有（　　）。
   A. 影响利润的几个因素中，最敏感的是单价
   B. 单价的敏感系数为6.25
   C. 单位变动成本的敏感系数为3
   D. 影响利润的几个因素中，最不敏感的是单价

四、实训题

（一）实训目的

掌握边际分析法及其应用。

（二）实训资料

某企业2023年只生产A产品，单价为20元，单位变动成本为12元，预计2023年固定

成本为 400 000 元,产销量计划达到 100 000 件。

(三)实训要求

(1)根据提供的资料,计算分析单价、单位变动成本、固定成本、销售量等因素发生多大变化,才能使企业由盈利转为亏损。

(2)根据提供的资料,分析单价、单位变动成本、固定成本、销售量等因素变化(提高 20%)对利润的敏感程度。

任务五　内部转移定价

一、判断题

1. 内部转移定价是企业内部资源的一种配置方式。　　　　　　　　　　(　　)
2. 内部转移价格不仅会影响各利润(投资)中心的利润大小,而且会影响企业整体利润总额的大小。　　　　　　　　　　　　　　　　　　　　　　　　　(　　)
3. 根据控制区域和责任范围不同,责任中心可以分为四种主要类型:收入中心、成本中心、利润中心和投资中心。　　　　　　　　　　　　　　　　　　　　(　　)
4. 内部转移定价主要适用于具有一定经营规模、业务流程相对简单的企业。　(　　)
5. 协商价的取值范围通常较宽,取决于企业内部供求双方意愿,不受限于其他价格控制。　　　　　　　　　　　　　　　　　　　　　　　　　　　　　　(　　)

二、单项选择题

1. 下列对象中,不能采用内部转移定价进行产品(或服务)、资金等内部交易的有(　　)。
   A. 分公司与分厂　　　　　　　　　　　B. 分公司与子公司
   C. 分厂与车间　　　　　　　　　　　　D. 分厂与分部
2. 四个责任中心中,对企业财务指标全面负责的是(　　)。
   A. 收入中心　　　B. 成本中心　　　C. 利润中心　　　D. 投资中心
3. 价格型内部转移定价是指以市场价格为基础制定的、由成本和毛利构成内部转移价格的方法,一般适用于(　　)。
   A. 内部收入中心　　　　　　　　　　　B. 内部成本中心
   C. 内部利润中心　　　　　　　　　　　D. 内部投资中心
4. 是以市场价格为基础制定的、由成本和毛利构成内部转移价格的方法是(　　)。
   A. 市场型内部转移定价　　　　　　　　B. 协商型内部转移定价
   C. 成本型内部转移定价　　　　　　　　D. 价格型内部转移定价
5. 企业可以根据管理需要,核算各责任中心资金占用成本,将其作为内部(　　)的减项,或直接作为业绩考核的依据。
   A. 利润　　　　　B. 成本　　　　　C. 收入　　　　　D. 费用

三、多项选择题

1. 企业应用内部转移定价工具方法,一般应遵循的原则包括(　　)。
   A. 效益性原则　　B. 适应性原则　　C. 系统性原则　　D. 合规性原则
2. 责任中心占用的资金包括(　　)。

A. 货币资金　　　　B. 原材料　　　　C. 半成品等存货　　　　D. 应收款项

3. 金融企业的内部转移定价的方式主要包括(　　)。
   A. 指定利率法　　　　　　　　　　B. 原始期限匹配法
   C. 重定价期限匹配法　　　　　　　D. 现金流匹配定价法

4. 企业设置责任中心的作用有(　　)。
   A. 能够清晰反映企业内部供需各方的责任界限
   B. 为绩效评价和激励提供客观依据
   C. 有利于企业优化资源配置
   D. 有利于提高企业整体利益

5. 企业应用内部转移定价工具方法，一般按照(　　)等程序进行。
   A. 明确责任中心　　　　　　　　　B. 制定与实施转移价格
   C. 监督与控制转移价格　　　　　　D. 分析与评价内部转移价格

任务六　多维度盈利能力分析

一、判断题

1. 多维度盈利能力分析是支持企业精细化管理、满足内部营运管理需要的一种分析方法。(　　)

2. 多维度盈利能力分析主要适用于市场竞争压力较大、组织结构相对简单或产品(或服务)单一化体系的企业。(　　)

3. 企业进行多维度盈利能力分析时，通常仅使用营业收入、营业成本、利润总额、净利润、经济增加值(EVA)等核心财务指标，构建多维度盈利能力分析模型。(　　)

4. 企业应遵循"谁受益、谁负担"原则，通过建立科学有效的成本归集路径，将实际发生的完全成本基于业务动因相对合理地分摊到管理最小颗粒度。(　　)

5. 企业应用多维度盈利能力分析工具方法时，对企业自身的信息化程度没有要求。(　　)

二、单项选择题

1. 企业在进行多维度盈利能力分析，制定数据标准应具有(　　)。
   A. 统一性　　　　B. 灵活性　　　　C. 差异性　　　　D. 科学性

2. 下列各项中，不属于营运管理领域应用的管理会计工具方法的是(　　)。
   A. 本量利分析　　　　　　　　　　B. 敏感性分析
   C. 多维度盈利能力分析　　　　　　D. 平衡记分卡

3. 企业应根据(　　)确定数据源的获取标准，并从信息系统中收集基础数据。
   A. 产品类型　　　　　　　　　　　B. 管理最小颗粒度
   C. 部门类型　　　　　　　　　　　D. 盈利能力

4. 多维度盈利能力分析的主要优点是(　　)。
   A. 为客户营销、产品管理、外部定价、成本管控、投资决策、绩效考核等提供相关、可靠的信息
   B. 能够清晰反映企业内部供需各方的责任界限

C. 可有效地分析业务量、变动成本和利润之间的关系

D. 数据来源简单

5. 企业应遵循"谁受益、谁负担"原则，建立科学有效的成本归集路径，将发生的（　　）基于业务动因相对合理地分摊到管理最小颗粒度。

  A. 生产成本   B. 完全成本   C. 销售成本   D. 变动成本

三、多项选择题

1. 企业进行多维度盈利能力分析，一般按照确定分析维度、（　　）、编制分析报告等程序进行。

  A. 建立分析模型   B. 制定数据标准   C. 收集数据   D. 加工数据

2. 下列选项中，可以纳入多维盈利能力分析模型的有（　　）。

  A. 营业收入   B. 利润总额   C. 市场份额   D. 经济增加值

3. 企业编制多维度盈利能力分析报告时应考虑的方面有（　　）。

  A. 报告使用者需求

  B. 多维度盈利目标及其在报告期实现程度

  C. 整体盈亏的多维分析

  D. 各维度具体盈亏状况及其驱动因素分析

4. 企业编制多维度盈利能力分析报告时，可采用（　　）等方法对各维度盈利能力进行评估与分类。

  A. 排序法   B. 矩阵法   C. 气泡图   D. 雷达图

5. 在多维度盈利能力分析中，可按照（　　）等维度进行计量，分析盈亏动因。

  A. 区域   B. 产品   C. 部门   D. 客户

项目六 投融资管理

 学习目标

1. 知识目标

(1) 熟悉投资融资概念,投融资分类,投融资管理原则。
(2) 掌握投资、融资管理程序。
(3) 认识投融资管理的重要性,以及在不同情况下投资、融资管理的流程。
(4) 掌握投融资管理的主要方法。

2. 能力目标

(1) 学会分析企业明确的资金需求,合理规划投资和融资方案,满足企业正常运转过程中的资金流动。
(2) 学会分析不同投融资方案的收益与风险,为企业决策提供有利支持。
(3) 通过合理的资金配置和风险管理,提高资金使用效率,降低成本,帮助企业实现资金的最大化利用。

思政课堂

我国现代经济发展的核心部分之一是投融资管理,企业合理利用投融资管理可以增强投资管理的能力,增加企业融资水平,提高盈利能力,改善企业绩效。投融资活动决定资金流向,影响经济市场的稳定,对我国经济发展有着至关重要的作用。在投融资管理的学习中,学生需要增强战略前瞻的前瞻性意识,能够分析国际和国内两个市场,运用投融资管理工具和方法,在危机中育新机,于变局中开新局,维护和践行多边主义道路,把谋事和谋势、谋当下和谋未来统一起来,通过掌握历史发展趋势,主动确定企业投资战略,确立方针,制定政策。同时,也要树立底线思维和风险意识,保障企业资产的安全有序运行,提高企业融资管理水平,为企业的长期发展打下坚实基础,为国家经济稳定向前发展贡献力量。

 情境导入

1999年,毕业于哈佛商学院获MBA学位的唐海松创建了亿唐公司,其"梦幻团队"由5位哈佛MBA毕业生和2位芝加哥大学MBA毕业生组成。凭借诱人的创业方案,亿唐从两

家著名美国风险投资公司 DF、SevinRosen 手中拿到两期共 5 000 万美元的融资。直到今天，这也还是中国互联网领域数额最大的私募融资案例之一。亿唐宣称自己不仅是一家互联网公司，而且是一个"生活时尚集团"，致力于通过网络、零售和无线服务创造和引进国际先进水平的生活时尚产品，全力服务 18～35 岁、定义中国经济和文化未来走向的年轻人。亿唐网一夜之间横空出世，迅速在各大高校攻城略地，在全国范围内迅速投入大量资金：除了在北京、广州、深圳三地建立分公司外，亿唐还广招人手，并在各地进行规模浩大的宣传造势活动。2000 年年末，互联网的寒冬突如其来，亿唐资金耗费了大半，仍然无法盈利。从 2001 年到 2003 年，亿唐不断通过与专业公司合作，推出了手包、背包、安全套、内衣等生活用品，并在线上线下同时发售，同时还悄然尝试手机无线业务。此后 2 年，依靠 SP 业务苟延残喘的亿唐，唯一能给用户留下印象的就是成为 CET（四级、六级）考试的官方消息发布网站。2005 年 9 月，亿唐决定全面推翻以前的发展模式，向当时风靡一时的 Web2.0 看齐，推出一个名为 hompy.cn 的个人虚拟社区网站。随后，除亿唐邮箱等少数页面保留外，亿唐将其他全部页面和流量都转向了新网站 hompy.cn。风光一时的亿唐网站就这样转型成为一家新的 Web2.0 网站。2006 年，亿唐将其最优质的 SP 资产（牌照资源）以低价卖给奇虎公司换得 100 万美元，试图在 hompy.cn 上做最后一搏。不过，hompy.cn 在 2008 年已经被关闭，亿唐公司也只剩下空壳，昔日"梦幻团队"在公司资金燃尽后纷纷选择离职。

思考：
(1) 融资的资金来源有哪些？
(2) 在投资决策过程中，可以采取哪些方法计算确定项目的优劣？
(3) 亿唐公司从私募融资 5 000 万美元到破产之路，投融资过程会面临哪些风险？
接下来我们将带着这些问题，进入本项目的学习。

任务一 投融资管理认知

一、投融资管理的概述

投融资管理包括投资管理和融资管理。

投资管理是指企业根据自身战略发展规划，以企业价值最大化为目标，对将资金投入营运进行的管理活动。

融资管理是指企业为实现既定的战略目标，在风险匹配的原则下，对通过一定的融资方式和渠道筹集资金进行的管理活动。企业融资的规模、期限、结构等应与经营活动、投资活动等的需要相匹配。

二、投融资管理的原则

企业进行投融资管理，一般应遵循以下原则：
(1) 价值创造原则。投融资管理应以持续创造企业价值为核心。

（2）战略导向原则。投融资管理应符合企业发展战略与规划，与企业战略布局和结构调整方向相一致。

（3）风险匹配原则。投融资管理应确保投融资对象的风险状况与企业的风险综合承受能力相匹配。

三、投融资管理的会计工具方法

投融资管理领域应用的管理会计工具方法，一般包括贴现现金流法、项目管理、情景分析、约束资源优化等，以上各项工具方法将在后续项目详细介绍。

四、投融资管理的程序

（一）投资管理程序

企业应建立健全投资管理的制度体系，根据组织架构特点，设置能够满足投资管理活动所需的，由业务、财务、法律及审计等相关人员组成的投资委员会或类似决策机构，对重大投资事项和投资制度建设等进行审核，有条件的企业可以设置投资管理机构，组织开展投资管理工作。

企业应用投资管理工具方法，一般按照制订投资计划、进行可行性分析、实施过程控制和投资后评价等程序进行。

1. 制订投资计划

企业投资管理机构应根据战略需要，定期编制中长期投资规划，并据此编制年度投资计划。

（1）中长期投资规划一般应明确指导思想、战略目标、投资规模、投资结构等。

（2）年度投资计划一般包括编制依据、年度投资任务、年度投资任务执行计划、投资项目的类别及名称、各项目投资额的估算及资金来源构成等，并纳入企业预算管理。

2. 进行可行性分析

投资可行性分析的内容一般包括该投资在技术和经济上的可行性、可能产生的经济效益和社会效益、可以预测的投资风险、投资落实的各项保障条件等。

3. 实施过程控制

企业进行投资管理，应当将投资控制贯穿于投资的实施全过程。投资控制的主要内容一般包括进度控制、财务控制、变更控制等。

（1）进度控制是指对投资实际执行进度方面的规范与控制，主要由投资执行部门负责。

（2）财务控制是指对投资过程中资金使用、成本控制等方面的规范与控制，主要由财务部门负责。

（3）变更控制是指对投资变更方面的规范与控制，主要由投资管理部门负责。

4. 投资后评价

投资项目实施完成后，企业应对照项目可行性分析和投资计划组织开展投资后评价。投资后评价的主要内容一般包括投资过程回顾、投资绩效和影响评价、投资目标实现程度和持续能力评价、经验教训和对策建议等。

评价过程及结果应以投资报告形式体现，投资报告应根据投资管理的情况和执行结果编制，反映企业投资管理的实施情况。投资报告主要包括以下两部分内容：第一，投资管理的情况说明，一般包括投资对象、投资额度、投资结构、投资风险、投资进度、投资效益及需要说明的其他重大事项等；第二，投资管理建议，可以根据需要以附件形式提供支持性文档。企业可定期编制投资报告，反映一定期间内投资管理的总体情况，一般至少应于每个会计年度编制一份；也可根据需要编制不定期投资报告，主要用于反映重要项目节点、特殊事项和特定项目的投资管理情况。企业应及时进行回顾和分析，检查和评估投资管理的实施效果，不断优化投资管理流程，改进投资管理工作。

（二）融资管理程序

企业应建立健全融资管理的制度体系，融资管理一般采取审批制。企业应设置满足融资管理所需的，由业务、财务、法律及审计等相关人员组成的融资委员会或类似决策机构，对重大融资事项和融资管理制度等进行审批，并设置专门归口管理部门牵头负责融资管理工作。

企业应用融资管理工具方法，一般按照融资计划制订、融资决策分析、融资方案的实施与调整、融资管理分析等程序进行。

1. 融资计划制订

企业对融资安排应实行年度统筹、季度平衡、月度执行的管理方式，根据战略需要、业务计划和经营状况，预测现金流量，统筹各项收支，编制年度融资计划，并据此分解至季度和月度融资计划。必要时根据特定项目的需要，编制专项融资计划。年度融资计划的内容一般包括编制依据、融资规模、融资方式、资本成本等；季度和月度融资计划的内容一般包括年度经营计划、企业经营情况和项目进展水平、资金周转水平、融资方式、资本成本等。企业融资计划可作为预算管理的一部分，纳入企业预算管理。

2. 融资决策分析

企业应根据融资决策分析的结果编制融资方案，融资决策分析的内容一般包括资本结构、资本成本、融资用途、融资规模、融资方式、融资机构的选择依据、偿付能力、融资潜在风险和应对措施、还款计划等。

3. 融资方案的实施与调整

融资方案经审批通过后，进入实施阶段，一般由归口管理部门具体负责落实。如果融资活动受阻或者融资量无法达到融资需求目标，归口管理部门应及时对融资方案进行调整，数额较大时应按照融资管理程序重新报请融资委员会或类似决策机构审批。

4. 融资管理分析

企业融资完成后，应对融资进行统一管理，必要时应建立融资管理台账。企业应定期进行融资管理分析，内容一般包括还款计划、还款期限、资本成本、偿付能力、融资潜在风险和应对措施等。还款计划应纳入预算管理，以确保按期偿还融资。

融资管理分析过程及结果应以融资报告形式体现，融资报告应根据融资管理的执行结果编制，反映企业融资管理的情况和执行结果。融资报告主要包括以下两部分内容：第一，融资管理的情况说明，一般包括融资需求测算、融资渠道、融资方式、融资成本、融资程序、融资风险及应对措施、需要说明的重大事项等；第二，融资管理建议，可以根据需要以附件形式提供支持性文档。

融资报告是重要的管理会计报告，应确保内容真实、数据可靠、分析客观、结论清楚，为报告使用者提供满足决策需要的信息。企业可定期编制融资报告,反映一定期间内融资管理的总体情况,一般至少应于每个会计年度出具一份,也可根据需要不定期编制报告,主要用于反映特殊事项和特定项目的融资管理情况。

企业应及时进行融资管理回顾和分析,检查和评估融资管理的实施效果,不断优化融资管理流程,改进融资管理工作。

任务二 贴现现金流法

一、贴现现金流法概述

(一) 贴现现金流法的概念

贴现现金流法是以明确的假设为基础,选择恰当的贴现率对预期的各期现金流入、流出进行贴现,通过贴现值的计算和比较,为财务合理性提供判断依据的价值评估方法。其基本公式为:

$$P = \sum_{t=1}^{n} \frac{CF_t}{(1+r)^t}$$

其中,P 为价值,n 为贴现期,CF_t 为 t 年的现金流,r 为包含了现金流量风险的折现率。贴现现金流法包括净现值法、现值指数法和内涵报酬率法三种基本方法。

(二) 贴现现金流法的适用范围

贴现现金流法一般适用于在企业日常经营过程中,与投融资管理相关的资产价值评估、企业价值评估和项目投资决策等。贴现现金流法也适用于其他价值评估方法不适用的企业,包括正在经历重大变化的企业,如债务重组、重大转型、战略性重新定位、亏损或者处于开办期的企业等。

二、贴现现金流法的应用环境

企业应用贴现现金流法,应对企业战略、行业特征、外部信息等进行充分了解。

(一) 从战略层面考虑

企业应用贴现现金流法,应从战略层面明确贴现现金流法应用的可行性,并根据实际情况,建立适宜贴现现金流法开展的沟通协调程序和操作制度,明确信息提供的责任主体、基本程序和方式,确保信息提供的充分性和可靠性。同时,企业应考虑评估标的未来将采取的会计政策和评估基准日时所采用的会计政策在重要方面是否基本一致。

(二) 从内外部环境考虑

企业应用贴现现金流法,应确认内外部环境对贴现现金流法的应用可提供充分支持,如现金流入和现金流出的可预测性、贴现率的可获取性,以及所有数据的可计量特征等。通常需要考虑以下内容：

（1）国家现行的有关法律法规及政策、国家宏观经济形势有无重大变化，各方所处地区的政治、经济和社会环境有无重大变化。

（2）有关利率、汇率、税基及税率等是否发生重大变化。

（3）评估标的的所有者和使用者是否完全遵守有关法律法规，评估标的在现有的管理方式和管理水平的基础上，经营范围、方式与目前方向是否保持一致。

（4）有无其他不可抗拒因素及不可预见因素对企业造成重大不利影响。

三、贴现现金流法的应用程序

企业应用贴现现金流法，一般按以下程序进行。

（一）估计贴现现金流法的三个要素

企业应充分考虑标的特点、所处市场因素波动的影响以及有关法律法规的规定等，合理确定贴现期限，确保贴现期与现金流发生期间相匹配。

1. 贴现期

贴现期可采用项目已有限期，亦可采用分段式，如以 5 年作为一个期间段。企业在进行资产价值评估时，尤其要注意标的资产的技术寿命期限对合同约定期限或者法定使用期限的影响。

2. 现金流

企业应用贴现现金流法，应当说明和反映影响现金流入和现金流出的事项和因素，既要反映现金流的变化总趋势，也要反映某些重要项目的具体趋势。

（1）预测资产现金流。企业应用贴现现金流法进行资产价值评估，要基于行业市场需求情况、经营风险、技术风险和管理难度等，分析与之有关的预期现金流，以及与收益有关的成本费用、配套资产等；并合理区分标的资产与其他配套资产或者作为企业资产的组成部分，所获得的收益和所受的影响；同时，要准确评估标的资产使用权和收益权的完整性，并评估其对资产预测现金流所产生的影响。

（2）预测企业现金流。企业应用贴现现金流法进行企业价值评估，一般按照以下程序进行：

首先，从相关当事方获取标的企业未来经营状况和收益状况的预测资料，充分考虑并分析标的企业的资本结构、经营状况、历史业绩、发展前景和影响标的企业生产经营的宏观经济因素、标的企业所在行业发展状况与前景，以及未来各种可能性发生的概率及其影响，合理确定预测假设和权重，进行未来收益预测。

其次，确定预测现金流中的主要参数的合理性，一般包括主营业务收入、毛利率、营运资金、资本性支出、成本及费用构成等，尤其要注意企业会计盈余质量对企业估值所产生的影响，需要调整并减少企业的非经常性损益、重组成本、非主营业务对会计报表的影响。

最后，确定预测现金流，应区分以企业整体还是以所有者权益作为企业价值评估的基础。通常，企业整体价值评估采用企业自由现金流作为预测现金流的基础；企业所有者权益价值评估采用股权自由现金流作为预测现金流的基础。

（3）预测投资项目现金流。企业应用贴现现金流法进行项目投资决策，需要充分考虑并分析项目的资本结构、经营状况、历史业绩、发展前景、影响项目运行的市场行业因素和宏观经济因素,并要明确区分项目的预测现金流,同时要合理区分标的项目与其他项目,或者作为企业的组成部分,所获得的收益和所受到的影响,尤其要注意可能存在的关联交易,包括关联交易性质及定价原则等对预测现金流的影响。

3. 贴现率

贴现率是反映当前市场货币时间价值和标的风险的回报率。贴现率的设定要充分体现标的特点,通常应当反映评估基准日类似地区同类标的平均回报水平和评估对象的特定风险。

(1) 资产价值评估采用的贴现率,通常根据与资产使用寿命相匹配的无风险报酬率进行风险调整后确定。无风险报酬率通常选择对应期限的国债利率,风险调整因素有政治风险、市场风险、技术风险经营风险和财务风险等。

(2) 进行企业价值评估采用的贴现率,需要区分是以企业整体还是以所有者权益作为价值评估的基础。通常,企业整体价值评估采用股权资本成本和债务资本成本的加权平均资本成本作为贴现率的确定依据;企业所有者权益价值评估采用股权资本成本作为贴现率的确定依据。

资本成本是指筹集和使用资金的成本率,或进行投资时所要求的必要报酬率,一般用相对数即资本成本率表达。企业的股权资本成本通常以资本资产定价模型为基础进行估计,综合考虑控制权程度、股权流动性、企业经营情况、历史业绩、发展前景和影响标的企业生产经营的宏观经济因素、标的企业所在行业发展状况与前景等调整因素。

(3) 项目投资决策采用的贴现率,应根据市场回报率和标的项目本身的预期风险来确定。一般地,可以按照标的项目本身的特点,适用资产价值评估和企业价值评估的贴现率确定方法,但要注意区分标的项目与其他项目,或者作为企业组成部分所产生的风险影响,对贴现率进行调整。

(二) 在贴现期内,采用合理的贴现率对现金流进行贴现

贴现率应当与贴现期、现金流相匹配,当使用非年度的时间间隔(如按月或按日)进行分析时,年度名义贴现率应调整为相应期间的实际贴现率。

(三) 进行合理性判断

企业应用贴现现金流法进行价值评估,一般从以下方面进行合理性判断。

1. 客户要求

当客户提出的特殊要求不符合市场价值为基础的评估对有关贴现期、现金流或贴现率的相关规定时,其估值结果是基于客户特殊要求下的投资价值而不是市场价值。

2. 评判标准

贴现现金流法作为一项预测技术,评判标准不在于贴现现金流预测最终是否完全实现,而应关注预测时的数据对贴现现金流预测的支持程度。

(四) 形成分析报告

贴现现金流法分析报告的形式可以根据业务的性质、服务对象的需求等确定,也可在资产评估报告中整体呈现。当企业需要单独提供贴现现金流法分析报告时,应确保内容的客观与详实。贴现现金流法分析报告一般包括以下内容。

1. 假设条件

贴现现金流法分析报告应当对贴现现金流法应用过程中的所有假设进行披露。

2. 数据来源

贴现现金流法分析报告应当清楚地说明并提供分析中所使用的有关数据及来源。

3. 实施程序

编制贴现现金流法分析报告一般按照以下程序进行：合理选择评估方法；评估方法的运用和逻辑推理；主要参数的来源、分析、比较和测算；对评估结论进行分析，形成评估结论。

4. 评估者身份

当以内部评估人员身份开展评估工作时，评估人员与控制资产的实体之间的关系应当在评估报告中披露，当以外部评估人员身份开展评估工作且以盈利为目的为委托方工作时，评估人员应当对这种关系予以披露。

四、贴现现金流法的具体应用

（一）净现值法

净现值（net present value，NPV）是一项投资所产生的未来现金流的折现值与项目投资成本之间的差值。其计算公式为：

$$净现值(NPV) = 未来现金净流量现值 - 原始投资额现值$$

计算净现值时，要按预定的贴现率对投资项目的未来现金流量进行贴现。预定贴现率是投资者所期望的最低投资报酬率。净现值为正，方案可行，说明方案的实际报酬率高于所要求的报酬率；净现值为负，方案不可取，说明方案的实际报酬率低于所要求的报酬率。当净现值为零时，说明方案的投资报酬刚好达到所要求的投资报酬，方案也可行。因此，净现值的经济含义是投资方案报酬超过基本报酬后的剩余收益。在其他条件相同时，净现值越大，方案越好。

采用净现值法来评价投资方案，一般步骤如下：

第一，测定投资方案各年的现金流量，包括现金流出量和现金流入量。

第二，设定投资方案采用的贴现率。贴现率可以以市场利率为标准，可以以投资者期望获得的最低投资报酬率为标准，也可以以企业平均资本成本率为标准。它的确定需要统筹考虑行业特点、货币时间价值和风险报酬率。

第三，按设定的贴现率，分别将各年的现金流出量和现金流入量折算成现值。

第四，将未来的现金净流量现值与投资额现值进行比较。若前者大于或等于后者，则方案可行；若前者小于后者，则方案不可行，没有达到投资者的预期投资报酬率。

【案例 6-1】 某项目的现金流量如表 6-1 所示。假设该行业的标准投资收益率为 12%，试分析该项目的投资是否可行？

表 6-1 项目现金流量

年限	0	1	2	3	4
年净现金流量（元）	−5 000	500	1 000	2 000	4 000

【解析】

$NPV = 500 \times (P/F, 12\%, 1) + 1\,000 \times (P/F, 12\%, 2) + 2\,000 \times (P/F, 12\%, 3) + 4\,000 \times (P/F, 12\%, 4) - 5\,000$

$= 500 \times 0.892\,9 + 1\,000 \times 0.797\,2 + 2\,000 \times 0.711\,8 + 4\,000 \times 0.635\,5 - 5\,000$

$= 209.25(元)$

该方案的净现值209.5元大于零,方案可行,说明方案的实际报酬率高于所要求的报酬率12%。

净现值法的主要优点:①考虑了资金时间价值,增强了投资经济性的评价。②考虑了全过程的净现金流量,体现了流动性与收益性的统一。③考虑了投资风险,风险大则采用高折现率,风险小则采用低折现率。

净现值法的主要缺点:①净现值的计算较麻烦,难以掌握。②净现金流量的测量和折现率较难确定。③不能从动态角度直接反映投资项目的实际收益水平。④项目投资额不等时,无法准确判断方案的优劣。

(二) 现值指数法

现值指数法,简称PV法,是指某一投资方案未来现金流入的现值,同其现金流出的现值之比。其计算公式为:

$$现值指数(PV) = \frac{未来现金净流量现值}{原始投资额现值}$$

现值指数是一个相对指标,反映投资效率,而净现值指标是绝对指标,反映投资效益。若现金流入的现值对现金流出的现值之比大于1,表明投资在取得预定报酬率所要求的期望利益之外还要获得超额的现值利益,这在经济上是有利的。与此相反,若两者之间的比值小于1,则意味着投资回收水平低于预定报酬率,投资者将无利可图。

【案例6-2】 A、B项目的现金流量如表6-2所示。假设该行业的标准投资收益率为12%,试分析两项目中最优方案?

表6-2 A、B项目的现金流量

年限	0	1	2	3	4
A方案年净现金流量(元)	-5 000	500	1 000	2 000	4 000
B方案年净现金流量(元)	-8 000	1 000	3 000	5 000	2 000

【解析】

A方案 $PV = [500 \times (P/F, 12\%, 1) + 1\,000 \times (P/F, 12\%, 2) + 2\,000 \times (P/F, 12\%, 3) + 4\,000 \times (P/F, 12\%, 4)] \div 5\,000 = 5\,209.25 \div 5\,000 = 1.04$

B方案 $PV = [1\,000 \times (P/F, 12\%, 1) + 3\,000 \times (P/F, 12\%, 2) + 5\,000 \times (P/F, 12\%, 3) + 2\,000 \times (P/F, 12\%, 4)] \div 8\,000 = 8\,114.5 \div 5\,000 = 1.01$

计算结果表明,方案A的现值指数大于方案B,因此应当选择方案A。

现值指数法的主要优点:通过现值指数指标的计算,能够知道投资方案的报酬率是高于或低于所用的折现率,反映了投资效率,克服了净现值法不便于对原始投资额现值不同的独立投资方案进行比较和评价的缺点,从而使方案的分析评价更加合理和客观。

现值指数法的主要缺点:无法确定各方案本身能达到多大的报酬率,因而使管理人员不能明确肯定地指出各个方案的投资利润率可达到多少,以便选取以最小的投资能获得最大的投资报酬的方案。

(三) 内含报酬率法

内含报酬率法(internal rate of return,IRR)又称财务内部收益率法(FIRR),是用内部收益率来评价项目投资财务效益的方法,是指项目投资实际可期望达到的报酬率,也可将其定义为能使投资项目的净现值等于零的折现率。内含报酬率的基本原理是:在计算方案的净现值时,以预期投资报酬率作为贴现值计算,净现值的结果往往大于零或者小于零,这说明方案实际可能达到的投资报酬率大于或小于预期投资报酬率;而当净现值等于零时,则说明两种报酬率相等。根据这个原理,内含报酬率法就是要计算出使净现值等于零时的贴现率,这个贴现率就是投资方案实际可能达到的投资报酬率。

1. 未来每年现金净流量相等时

每年现金净流量相等是一种年金形式,通过查年金现值系数表,可计算出未来现金净流量现值,并令其净现值等于零,则有:

$$未来每年现金净流量 \times 年金现值系数 - 原始投资额现值 = 0$$

计算出净现值等于零时的年金现值系数后,通过查年金现值系数表,即可找出相应的贴现率,该贴现率就是方案的内含报酬率。

【案例 6-3】 某工厂拟购入一台新型设备,购入价格为 160 万元,使用年限为 10 年,无残值。该方案要求的最低投资报酬率为 12%(以此作为贴现率)。使用新设备后,估计每年产生现金净流量 30 万元。其中,$(P/A,12\%,10)=5.6502$,$(P/A,14\%,10)=5.2161$。用内含报酬率指标评价该方案是否可行?

【解析】

$300\,000 \times 年金现值系数 - 1\,600\,000 = 0$

年金现值系数 $= 5.3333$

采用插值法:

$$\frac{IRR - 12\%}{14\% - 12\%} = \frac{5.3333 - 5.6502}{5.2161 - 5.6502}$$

$IRR = 12\% + (14\% - 12\%) \times (5.3333 - 5.6502) \div (5.2161 - 5.6502) = 13.46\%$

该方案的内涵报酬率为 13.46%,高于最低投资报酬率,故投资方案可行。

2. 未来每年现金净流量不相等时

未来每年现金净流量不等时,不能用年金形式解决,而需要采用逐次测试法。具体做法是:根据已知的有关资料,先估计一次贴现率,来试算未来现金净流量的现值,并将这个现值与原始投资额现值相比较,如净现值大于零,为正数,说明估计的贴现率低于方案实际可能达到的投资报酬率,需要重新估一个较高的贴现率进行试算;如净现值小于零,为负数,说明估计的贴现率大于方案实际可能达到的投资报酬率,需要重新估一个较低的贴现率进行试算。如此反复试算,直到净现值等于零或基本接近于零,这时所估计的贴现率就是希望求得的内含报酬率。

【案例 6-4】 某企业有一个投资方案,需一次性投资 600 000 元,使用年限为 4 年,每年现金净流量分别为 150 000 元、200 000 元、250 000 元、175 000 元。该企业要求最低投资报酬率为 10%。

计算该投资方案的内含报酬率,并据以评价方案是否可行。

【解析】

由于该方案每年的现金净流量不相同,需逐次测试计算方案的内含报酬率。测算过程如表 6-3 所示。

表 6-3　测算过程

年限	每年现金净流量	第一次测算 8%		第二次测算 12%		第三次测算 10%	
1	150 000	0.926	138 900	0.893	133 950	0.909	136 350
2	200 000	0.857	171 400	0.797	159 400	0.826	165 200
3	250 000	0.794	198 500	0.712	178 000	0.751	187 750
4	175 000	0.735	128 625	0.636	111 300	0.683	119 525
未来现金净流量现值合计			637 425		582 650		608 825
减:原始投资额现值			600 000		600 000		600 000
净现值			37 425		−17 350		8 825

第一次测算,采用折现率 8%,净现值为正数,说明方案的内含报酬率高于 8%。第二次测算,采用折现率 12%,净现值为负数,说明方案的内含报酬率低于 12%。第三次测算,采用折现率 10%,净现值为正数,但已经比较接近于零了。因而可以估算,方案的内含报酬率在 10%~12%。

然后用插值法,计算方案的内含报酬率。

$$\frac{IRR-10\%}{12\%-10\%}=\frac{0-8\ 825}{-17\ 350-8\ 825}$$

$$IRR=10.67\%$$

该方案的内含报酬率 10.67% 大于企业要求的最低投资报酬率,该方案可行。

内含报酬率法的主要优点:①能够反映投资项目可能达到的报酬率,易于被高层决策人员所理解。②对于独立投资方案的比较决策,如果各方案原始投资额现值不同,可以通过计算各方案的内含报酬率,反映各独立投资方案的获利水平。

内含报酬率法的主要缺点:①计算复杂,不易直接考虑投资风险的大小。②在作互斥投资方案决策时,如果各方案的原始投资额现值不相等,有时无法作出正确的决策。某一方案原始投资额较低,净现值较小,但内含报酬率可能较高;而另一方案原始投资额较高,净现值较大,但内含报酬率可能较低。

净现值法和现值指数法虽然考虑了货币的时间价值,但没有揭示方案自身可以达到的具体的报酬率是多少。内含报酬率是根据方案的现金流量计算的,是方案本身的投资报酬率。如果两个方案是相互排斥的,那么应根据净现值法来决定取舍;如果两个方案是相互独立的则应采用现值指数或内含报酬率作为决策指标。

五、贴现现金流法的优缺点

贴现现金流法的主要优点:结合历史情况进行预测,并将未来经营战略融入模型,有助于更全面地反映企业价值。

贴现现金流法的主要缺点：测算过程相对较为复杂，对数据采集和假设的验证要求繁复，资本成本、增长率、未来现金流量的性质等变量很难得到准确的预测、计算，往往会使得实务中的评估精度大大降低。

任务三 项目管理

一、项目管理

（一）项目管理的概念

项目管理是指通过项目各参与方的合作，运用专门的知识、工具和方法，对各项资源进行计划、组织、协调、控制，使项目能够在规定的时间、预算和质量范围内，实现或超过既定目标的管理活动。

（二）项目管理的适用范围

项目管理适用于以一次性活动为主要特征的项目活动，如工程、服务、研究课题、研发项目、赛事、会展或活动演出等，也适用于以项目制为主要经营单元的各类经济主体。

（三）项目管理的原则

企业进行项目管理时，一般应遵循以下原则：

（1）注重实效，协同创新。项目应围绕项目管理的目标，强调成本效益原则，实现项目各责任主体间的协同发展、自主创新。

（2）按级负责，分工管理。项目各责任主体，应当根据管理层次和任务分工的不同，有效行使管理职责，履行管理义务，确保项目取得实效。

（3）科学安排，合理配置。严格按照项目的目标和任务，科学合理编制预算，严格执行预算。

（四）项目管理的基本程序

企业应用项目管理工具方法一般按照可行性研究、项目立项、项目计划、项目实施、项目验收和项目后评价等程序进行。

1. 可行性研究

可行性研究是指通过对项目在技术上是否可行、经济上是否合理、社会和环境影响是否积极等进行科学分析和论证，以最终确定项目投资建设是否进入启动程序的过程。

企业一般可以从投资必要性、技术可行性、财务可行性、组织可行性、经济可行性、环境可行性、社会可行性、风险因素及对策等方面开展项目的可行性研究。

2. 项目立项

项目立项是指对项目可行性研究进行批复，并确认列入项目实施计划的过程。经批复的可行性研究报告是项目立项的依据，项目立项一般应在批复的有效期内完成。

3. 项目计划

项目计划是指项目立项后，在符合项目可行性报告批复相关要求的基础上，明确项目的实施内容、实施规模、实施标准、实施技术等计划实施方案，并据此编制项目执行预算的书面文件。

通常情况下，项目执行预算超过可行性研究报告项目预算的10%时，或者项目实施内容、实施规模、实施地点、实施技术方案等发生重大变更时，应重新组织编制和报批可行性报告。经批复的项目计划及项目执行预算应作为项目实施的依据。

项目可行性报告的内容一般包括项目概况、市场预测、产品方案与生产规模、厂址选择、工艺与组织方案设计、财务评价、项目风险分析，以及项目可行性研究结论与建议等。

4. 项目实施

项目实施是指按照项目计划，在一定的预算范围内，保质保量按时完成项目任务的过程。通常，应重点从质量、成本、进度等方面，有效控制项目的实施过程。

（1）企业应遵循国家规定及行业标准，建立质量监督管理组织、健全质量管理制度、形成质量考核评价体系和反馈机制等，实现对项目实施过程的质量控制。

（2）成本控制应贯穿于项目实施的全过程。企业可以通过加强项目实施阶段的投资控制，监督合同执行，有效控制设计变更，监督和控制合同价款的支付，实现项目实施过程的成本控制。

（3）企业应通过建立进度控制管理制度，编制项目实施进度计划，制定项目实施节点；实行动态检测，完善动态控制手段，定期检查进度计划，收集实际进度数据；加强项目进度偏差原因分析，及时采取纠偏措施等，实现对项目实施过程的进度控制。

5. 项目验收

项目验收是指项目完成后进行的综合评价、移交使用、形成资产的整个过程。

项目验收一般应由可行性研究报告的批复部门组织开展，可以从项目内容的完成情况、目标的实现情况、经费的使用情况、问题的整改情况、项目成果的意义和应用情况等方面进行验收。

6. 项目后评价

项目后评价是指通过对项目实施过程、结果及其影响进行调查研究和全面系统回顾，与项目决策时确定的目标以及技术、经济、环境、社会指标进行对比，找出差别和变化，据以分析原因、总结经验、提出对策建议，并通过信息反馈，改善项目管理决策，提高项目管理效益的过程。

企业应比对项目可行性报告的主要内容和批复文件开展项目后评价，必要时应参照项目计划的相关内容进行对比分析，进一步加强项目管理，不断提高决策水平和投资效益。

二、项目财务管理

（一）项目财务管理概述

项目财务管理是指基于项目全生命周期的项目财务活动的归口管理工作，是对项目营运过程中财务资源使用的全流程管理活动。

（二）项目财务管理的主要内容

在项目营运过程中，企业应当重视并严格执行项目预算管理、项目执行成本控制、项目会计核算、资金管理与项目结算、项目决算和项目经济后评价等。企业可根据项目规模、周期、经费额度等指定专人负责上述工作,并参与项目论证与评估等工作。

1. 项目预算管理

企业进行项目预算管理,一般应从项目预算编制、项目预算执行控制、项目预算调整等方面开展。

1) 项目预算编制

(1) 企业应基于项目的重要性和成本效益考虑,制定项目预算管理制度,可以指定项目预算管理分管领导、设置项目概预算专职人员。

(2) 企业应依据总量控制、分项预算的总体框架,按照需要与可能、局部与全局、重点与一般、当前与长远相结合的编制原则,编制项目预算。

(3) 企业应在充分调研和论证的基础上,强调项目预算编制的明细化和标准化,明确预算的编制内容、编制依据和编制方法,实现项目预算与会计核算科目的配比性。

2) 项目预算执行控制

(1) 企业应分解落实项目实施各阶段的预算执行计划,明确项目各阶段的预算控制目标。

(2) 在项目执行过程中,企业应以项目预算执行计划和目标为依据,定期对项目预算执行情况进行核查、比对、分析。

3) 项目预算调整

(1) 企业应依据外部环境变化、项目实施进展和项目方案优化要求等,不断修正和完善项目各阶段的预算执行计划和预算控制目标。

(2) 在项目预算管理中,企业可采用滚动预算方式,以项目执行前一阶段的预算调整,作为下一阶段项目预算控制的目标,按照时间(如年、月、日)或项目单元编制,依次分解,滚动预算。

2. 项目执行成本控制

企业进行项目执行成本控制,一般应从项目费用定额管理、项目合同管理、项目执行成本变更管理等方面开展。

(1) 项目费用定额管理。企业应根据项目自身特点,制定项目费用定额表,如物资消耗费、工时定额等,形成项目执行成本控制的依据。

(2) 项目合同管理。项目执行过程中涉及合同管理时,财务管理人员一般可以参与合同的论证、签订、审查和履行、变更、解除等,负责审查并履行合同支付职能,定期了解合同方的资信和履约能力,建立合同管理台账。

(3) 项目执行成本变更管理。项目执行成本原则上不得随意变更,因特殊情况需要调整时,需根据相应的批报程序,报原审核部门核定,按照先批准、后变更的原则进行处理。

3. 项目会计核算

项目执行过程中,应按照国家统一的会计制度进行会计核算。项目收支应分项目、分要素进行明细核算,确保会计核算制度与项目预算管理相衔接。

4. 资金管理与项目结算、项目决算

企业应建立健全资金管理和项目结算制度,设立项目专款账户对资金的使用进行管理,正确区分会计期间,规范成本列支,统一对项目进行收支与结算。项目结算一般包括项目月度结算、年度结算和完工结算。

企业应建立项目决算审计制度,明确项目决算报表内容、格式要求和填报口径,严格执行项目决算数据材料的收集、审核、汇总,形成项目决算报告,同时提交审计部门进行项目审计。项目决算报告一般包括项目决算说明书、项目决算报表、项目成果和费用支出的对比分析等。项目决算报告和项目审计意见应作为项目验收的依据。

5. 项目经济后评价

企业应在对比项目可行性研究的基础上进行项目经济后评价,并编制项目经济后评价报告。经济后评价报告一般包括项目资金收入和使用情况、重新测算项目的财务评价指标、经济评价指标等。经济后评价应通过投资增量效益的分析,突出项目对经济价值和社会价值的作用和影响。

三、项目管理的工具方法

项目管理的工具方法一般包括挣值法、成本效益法、价值工程法等。

(一) 挣值法

1. 挣值法概念

挣值法(earned value management,EVM)又称赢得值法或偏差分析法,是一种在项目管理中常用的方法,主要用于评估项目的进度和成本效益。它通过将实际成本与预算成本进行比较,来评估项目的绩效。挣值法的核心在于将项目在任一时间的计划指标、完成状况和资源耗费综合度量,从而能够准确描述项目的进展状态。

应用挣值法时,可将进度转化为货币、人工时或工程量等,如钢材吨数、水泥立方米、管道米数或文件页数。

挣值法的价值在于将项目的进度和费用综合度量,从而能准确描述项目的进展状态。挣值法的另一个重要优点是可以预测项目可能发生的工期滞后量和费用超支量,从而及时采取纠正措施,为项目管理和控制提供了有效手段。

2. 挣值法的三个关键变量

(1) 计划值(plan value,PV)又叫计划工作量的预算费用(budgeted cost for work scheduled,BCWS),是指项目实施过程中某阶段计划要求完成的工作量所需的预算工时(或费用)。其计算公式为:

$$PV = BCWS = 计划工作量 \times 计划单价$$

PV 主要反映进度计划应当完成的工作量,而不是反映应消耗的工时或费用。

(2) 实际成本(actual cost,AC)又叫已完成工作量的实际费用(actual cost for work performed,ACWP),是指项目实施过程中某阶段实际完成的工作量所消耗的工时(或费用)。主要反映项目执行的实际消耗指标。其计算公式为:

$$AC = ACWP = 已完成工作量 \times 实际单价$$

(3) 挣值(earned value,EV)又叫已完成工作量的预算成本(budgeted cost for work performed,BCWP),是指项目实施过程中某阶段实际完成工作量及按预算定额计算出来的工时(或费用)。其计算公式为:

$$EV = BCWP = 已完成工作量 \times 计划单价$$

3. 挣值法的四个评价指标

挣值法广泛适用于项目管理中的项目实施、项目后评价等阶段。挣值法的评价基准包括成本基准和进度基准,通常可以用于检测实际绩效与评价基准之间的偏差。

1) 费用偏差

费用偏差(cost variance,CV)是指在某个给定时点上,测量并反映项目预算亏空或预算盈余的成本绩效指标。即检查期间项目的挣值(EV)与项目实际成本(ACWP)之间的差异。其计算公式为:

$$CV = EV - ACWP$$

当 CV 为负值时,表示执行效果不佳,实际消费费用超过预算值,即超支;反之,当 CV 为正值时,表示实际消耗费用低于预算值,表示有节余或效率高;当 CV 为 0 时,表示项目按计划执行。

2) 费用执行指标

费用执行指标(cost performed index,CPI)是指挣得值与实际费用值之比,即费用偏差的相对数。其计算公式为:

$$CPI = EV \div ACWP$$

当 $CPI > 1$ 时,表示低于预算;当 $CPI < 1$ 时,表示超出预算;当 $CPI = 1$ 时,表示实际费用与预算费用吻合,表明项目费用按计划进行。

3) 进度偏差

进度偏差(schedule variance,SV)是指在某个给定时点上,测量并反映项目提前或落后的进度绩效指标。即检查日期项目的挣值(EV)与项目的计划价值(BCWS)之间的差异。其计算公式为:

$$SV = EV - BCWS$$

当 SV 为正值时,表示进度提前;当 SV 为负值时,表示进度延误;当 SV 为 0 时,表示进度按计划执行。

4) 进度执行指标

进度执行指标(schedule performed index,SPI)是指项目挣得值与计划值之比,为进度偏差的相对数。其计算公式为:

$$SPI = EV \div BCWS$$

当 $SPI > 1$ 时,表示进度提前;当 $SPI < 1$ 时,表示进度延误;当 $SPI = 1$ 时,表示实际进度等于计划进度。

企业应用挣值法开展项目管理时,既要监测挣值的增量,以判断当前的绩效状态;又要监测挣值的累计值,以判断长期的绩效趋势。

【**案例 6-5**】某土方工程总挖方量为 4 000 立方米。预算单价为 45 元/立方米。该挖方工程预算总费用为 180 000 元。计划用 10 天完成,每天 400 立方米。开工后第 7 天早晨刚上班时业主项目管理人员前去测量,取得了两个数据:已完成挖方 2 000 立方米,支付给承包单位的工程进度款累计已达 120 000 元。

【解析】
项目管理人员先计算已完工作预算费用,得:

项目挣值（EV）$= 45 \times 2\,000 = 90\,000$（元）

接着,查看项目计划,计划表明,开工后第 6 天结束时,承包单位应得到的工程进度款累计额,项目的计划价值（$BCWS$）$= 180\,000 \times \dfrac{6}{10} = 108\,000$（元）。

而项目实际成本（$ACWP$）,即已支付给承包单位的工程进度款累计已达 120 000 元。

进一步计算得:

费用偏差（CV）$=$ 项目挣值（EV）$-$ 项目实际成本（$ACWP$）$= 90\,000 - 120\,000 = -30\,000$（元）,表明承包单位已经超支 30 000 元。

费用执行指标（CPI）$=$ 项目挣值（EV）$/$ 项目实际成本（$ACWP$）$= 90\,000 \div 120\,000 \times 100\% = 75\%$,表明完成同样的工作量实际发生成本是预算成本的 1.33 倍。

进度偏差（SV）$=$ 项目挣值（EV）$-$ 项目的计划价值（$BCWS$）$= 90\,000 - 108\,000 = -18\,000$（元）,表明承包单位进度已经拖延,表示项目进度落后,较预算还有相当于价值 18 000 元的工作量没有做。$18\,000 \div (400 \times 45) = 1$（天）,所以承包单位的进度已经落后 1 天。

进度实施指数（SPI）$=$ 项目挣值（EV）$\div$ 项目的计划价值（$BCWS$）$= 90\,000 \div 108\,000 \times 100\% = 83\%$,表明 6 天只完成了计划 6 天工期的 83%,相当于只完成了总工期的 49.8%。

4. 挣值法的优缺点

挣值法的主要优点:①通过对项目当前运行状态的分析,可以有效地预测出项目的未来发展趋势,严格地控制项目的进度和成本。②在出现不利偏差时,能够较快地检测出问题所在,留有充足的时间对问题进行处理和对项目进行调整。

挣值法的主要缺点:①片面注重用财权的执行情况判断事权的实施效益。②属于事后控制方法,不利于事前控制。③存在用项目非关键路径上取得的挣值掩盖关键路径上进度落后的可能性,影响项目绩效判断的准确性。

（二）成本效益法

1. 成本效益法的概念

成本效益法是指通过比较项目不同实现方案的全部成本和效益,以寻求最优投资决策的一种项目管理工具方法。其中,成本指标包括项目的执行成本、社会成本等;效益指标包括项目的经济效益、社会效益等。成本效益法属于事前控制方法,适用于项目可行性研究阶段。

2. 成本效益法的应用程序

企业应用成本效益法,一般按照以下程序进行:

(1) 确定项目中的收入和成本。

(2) 确定项目不同实现方案的差额收入。

(3) 确定项目不同实现方案的差额费用。

(4) 制定项目不同实现方案的预期成本和预期收入的实现时间表。

(5) 评估难以量化的社会效益和成本。

【案例 6-6】 某公司正在考虑购买一台新的生产设备,以提高生产效率和产品质量。

这台设备的价格为100万元,预计使用寿命为10年,预计每年的维护费用为10万元。如果购买这台设备,公司每年可以节省40万元的生产成本。考虑时间价值,贴现率为10%,据此进行成本效益分析,判断公司购买新设备是否值得?

【解析】
(1) 计算购买新设备的总成本。购买设备的成本为100万元,每年的维护费用为10万元,假设贴现率为,10年的总维护费用为:$10 \times (P/A, 10\%, 10) = 60.14$(万元)。因此,这台设备的总成本为160.14万元。

(2) 计算购买新设备的总收益。每年可以节省40万元的生产成本,10年的总收益为 $40 \times (P/A, 10\%, 10) = 245.78$(万元)。

(3) 进行成本效益分析。总收益减去总成本,即:$245.78 - 160.14 = 85.64$(万元)。这意味着,如果购买这台设备,公司在10年内可以节省85.64万元。因此,从成本效益分析的角度来看,购买这台设备是有利可图的。

3. 成本效益法的优缺点

成本效益法的主要优点:①普适性较强,是衡量管理决策可行性的基本依据。②需考虑评估标的经济与社会、直接与间接、内在与外在、短期与长期等各个维度的成本和收益,具有较强的在综合性。

成本效益法的主要缺点:①属于事前评价,评价方法存在的不确定性因素较多。②综合考虑了项目的经济效益、社会效益等各方面,除了经济效益以外的其他效益存在较大的量化难度。

(三) 价值工程法

1. 价值工程法的概念

价值工程法是指对研究对象的功能和成本进行系统分析,比较为获取的功能而发生的成本,以提高研究对象价值的管理方法。价值工程法的功能是指对象满足某种需求的效用或属性;价值工程法的成本是指按功能计算的全部成本费用;价值工程法的价值是指对象所具有的功能与获得该功能所发生的费用之比。价值工程的一般表示式为:

$$V = F \div C$$

公式中,V 表示价值系数,F 表示价值化了的功能,C 表示寿命成本。

价值工程法可广泛适用于项目设计与改造、项目实施等阶段。

2. 价值工程法的特点

(1) 价值工程是以提高产品价值为目的的。也就是用最低的寿命周期成本实现必要的功能,使用户和企业都得到最大的经济利益。因此,价值工程不是单纯降低费用,而是以满足用户要求为前提,在保证产品必要功能和质量的条件下,以最低的寿命周期费用使产品具有这种功能。

(2) 价值工程是以功能分析为核心的。价值工程不是通过一般性措施来降低成本,而是通过对功能的系统分析,找出存在的问题,提出更好的方法来实现功能,从而达到降低成本的目的。这样降低成本,就有了可靠的依据,方法更科学,因而也就能取得比较大的成果。

(3) 价值工程是一种依靠集体智慧所进行的有组织、有领导的系统活动。利用价值工程研究提高产品的价值,要涉及整个生产过程和各部门、各单位的工作,因此必须依靠全体职工有计划、有组织地进行。

3. 提高价值的基本途径

在设备管理中,价值工程的目的,就是尽量提高设备或维修作业这种特定的价值,从工程的一般表达式可以看出,提高特定的途径有:

(1) 功能不变,用降低成本的方法提高价值:$V\uparrow = F/C\downarrow$。
(2) 成本不变,用提高功能的方法提高价值:$V\uparrow = F\uparrow/C$。
(3) 既提高功能又降低成本,这是提高价值的是最佳方法:$V\uparrow = F\uparrow/C\downarrow$。
(4) 小幅度提高成本,大幅度提高功能的方法来提高价值:$V\uparrow = F\uparrow\uparrow/C\uparrow$。
(5) 小幅度降低功能,大幅度降低成本的方法来提高价值:$V\uparrow = F\downarrow/C\downarrow\downarrow$。

4. 提高价值的应用程序

企业应用价值工程法,一般按照以下程序进行:

(1) 准备阶段。选择价值工程的对象并明确目标、限制条件和分析范围;根据价值工程对象的特点,组成价值工程工作小组;制订工作计划,包括具体执行人、执行日期、工作目标等。

(2) 分析阶段。收集整理与对象有关的全部信息资料;通过分析信息资料,简明准确地表述对象的功能、明确功能的特征要求,并绘制功能系统图;运用某种数量形式表达原有对象各功能的大小,求出原有对象各功能的当前成本,并依据对功能大小与功能当前成本之间关系的研究,确定应当在哪些功能区域改进原有对象,并确定功能的目标成本。

(3) 创新阶段。依据功能系统图、功能特性和功能目标成本,通过创新性的思维和活动,提出实现功能的各种不同方案;从技术、经济和社会等方面评价所提出的方案,看其是否能实现规定的目标,从中选择最佳方案;将选出的方案及有关的经济资料和预测的效益编写成正式的提案。

(4) 实施阶段。组织提案审查,并根据审查结果签署是否实施的意见;根据具体条件及内容,制订实施计划,组织实施,并指定专人在实施过程中跟踪检查,记录全程的有关数据资料,必要时,可再次召集价值工程工作小组提出新的方案;根据提案实施后的技术经济效果,进行成果鉴定。

【案例 6-7】 某开发公司在某商品房建设工作中采用价值工程法对其设计方案进行了分析。现有 A、B、C 三种方案,经有关专家的分析论证得到数据,如表 6-4 所示。

表 6-4 三种方案的相关数据

方案功能	重要性系数	得分		
		A	B	C
F1	0.3	9	10	10
F2	0.15	9	9	8
F3	0.16	9	9	9
F4	0.18	8	8	9
F5	0.21	10	9	10
单方造价(元/m²)		7 500	8 000	7 900

要求:
(1) 计算各方案的功能系数。

(2) 计算各方案的成本系数。
(3) 计算各方案的价值系数。
(4) 进行方案选择。

【解析】
(1) 各方案的功能得分：
$F(A) = 9 \times 0.3 + 9 \times 0.15 + 9 \times 0.16 + 8 \times 0.18 + 10 \times 0.21 = 9.03$
$F(B) = 10 \times 0.3 + 9 \times 0.15 + 9 \times 0.16 + 8 \times 0.18 + 9 \times 0.21 = 9.12$
$F(C) = 10 \times 0.3 + 8 \times 0.15 + 9 \times 0.16 + 9 \times 0.18 + 10 \times 0.21 = 9.36$
总得分：$F(A) + F(B) + F(C) = 27.51$
则功能系数为：
A 方案：$9.03 \div 27.51 = 0.328$
B 方案：$8.93 \div 26.78 = 0.332$
C 方案：$8.89 \div 26.78 = 0.340$

(2) 各方案的成本系数：
A 方案：$7\,500 \div (7\,500 + 8\,000 + 7\,900) = 0.321$
B 方案：$8\,000 \div (7\,500 + 8\,000 + 7\,900) = 0.342$
C 方案：$7\,900 \div (7\,500 + 8\,000 + 7\,900) = 0.338$

(3) 各方案的价值系数：
A 方案：$0.328 \div 0.321 = 1.02$
B 方案：$0.332 \div 0.342 = 0.97$
C 方案：$0.340 \div 0.338 = 1.01$

(4) 方案选择：方案 A 的价值系数最高，故 A 为最优方案。

5. 价值工程法的优缺点

价值工程法的主要优点：①把项目的功能和成本联系起来，通过削减过剩功能、补充不足功能使项目的功能结构更加合理化。②着眼于项目成本的整体分析，注重有效利用资源，有助于实现项目整体成本的最优化。

价值工程法的主要缺点：要求具有较全面的知识储备，不同性质的价值工程分析对象涉及的其他领域的学科性质，以及其他领域的广度和深度等都存在很大差别，导致功能的内涵、结构和系统特征必然具有实质性区别。

任务四 情景分析

一、情景分析概述

1. 情景分析的概念

情景分析又称脚本法或前景描述法，是指在对企业经营管理中未来可能出现的相关事件情景进行假设的基础上，结合企业管理要求，通过模拟等技术，分析相关方案发生的可能性、相应后果和影响,以作出最佳决策的方法。

2. 情景分析的适用范围

情景分析一般用于企业的投融资决策,也可用于战略目标制定、风险评估等。

3. 情景分析的应用环境

企业应用情景分析工具方法,应重点考虑对决策事项有重大影响的事件情景,评价事件情景与分析方案、决策事项关联程度,并将情景分析建立在合理假设的基础上。

企业应用情景分析工具方法,应考虑与决策事项有关的参数、边界条件等的完整性及可获取性,尤其应考虑宏观环境因素的可测性,如产业政策、行业状况等。

二、情景分析的应用程序

企业应用情景分析工具方法,一般按照确认决策事项、确认影响因素、设定情景、分析方案和分析实施后果等程序进行。

(一)确认决策事项

企业应用情景分析工具方法,应根据决策目标和决策需求确定决策事项。同时,决策事项应存在多种可量化的影响因素及其不同的实现路径。具体包括其涉及的时间范围、具体对象、区域等。例如,亚太地区未来10年旅游业的发展状况,即亚太地区是区域,未来10年是时间范围,旅游业是具体对象。决策事项的确定是一个专业性很强的工作,并不是由高层管理人员直接提出,而是竞争情报人员经过具体调研,同时结合企业的自身状况、发展目标,最终提出有实际价值的分析主题。

(二)确认影响因素

影响因素是指影响未来发展趋势的因素,可以说是造成未来情景变化的主要原因。要利用情景分析法对未来的情景进行预测和描述,必须先确定该主题的影响因素,对其进行全面分析,并根据重要性原则明确决策事项的主要影响因素,以此作为设置情景的主要内外部影响因素。

(1)在进行投融资决策时,通常应考虑投资额、资本成本等影响因素。

(2)在进行战略目标制定时,通常应考虑消费者信心指数、市场占有率等影响因素。

(3)在进行风险评估时,通常应考虑利率、汇率等产生可承受最大损失的影响因素。

例如,针对上面的亚太地区未来10年旅游业的发展状况的问题,假设主要影响因素有政策支持、收入水平、旅游倾向、旅游保险、竞争程度等。

(三)设定情景

企业通常应根据决策事项设定不同的情景,这些情景应能提供有意义的测试环境,以便后续制定多个可选择方案。

(1)根据历史情况设定情景时,通常可以选取最优、最差或基准的历史情况作为情景,或者以历史特殊事件作为情景,如重复进行的标准历史事件。

(2)根据其他假设设定情景时,通常使用人为假设、专家认定或者数据模拟等方法来设定情景。

将关键影响因素的具体描述进行组合,形成多个初步的未来情景描述方案。企业在选择方案时往往从其发生概率及战略重要性两个角度出发考虑,所以将各种方案按照发生概率和战略重要性横纵坐标进行归类,如图 6-1 所示,通常分为 A、B、C、D 四个区域。

其中,A 区域中的方案拥有相对较高的发生概率和较弱的战略重要性,适合于追求稳定发展的企业;B 区域中的方案与 A 区域中的方案相比在战略重要性上明显增强,如果预测准确,该区域中的方案往往不仅是众多企业制定战略的重点依据,而且是企业创造竞争优势的有力武器;C 区域中的方案因其低发生概率和弱战略重要性通常是被忽略的对象,但有时也能给企业带来出其不意的效果;D 区域中的方案与 B 区域中的方案都拥有非常强的战略重要性,但由于低发生概率的影响,该区域中的方案不如 B 区域中的方案受青睐。

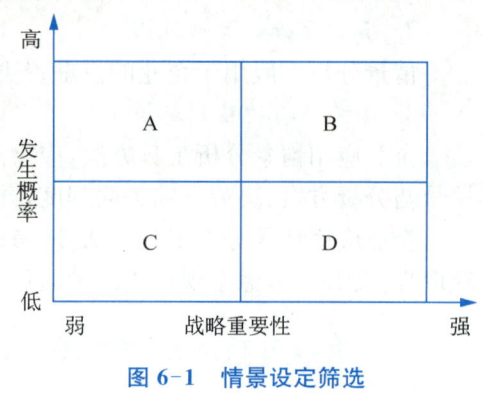

图 6-1 情景设定筛选

(四) 分析方案

企业应在情景设定的基础上,建立影响因素与决策目标之间的逻辑关系。通过搜集相关数据,对不同情景下决策事项的总体发展状况进行分析,或对不同情景下决策事项可能产生的经济后果进行测算,制定出各种情景下的对策和实施方案。

企业应建立情景变化监测机制,及时调整情景分析中的主要影响因素,修正对策和实施方案。

(五) 分析实施后果

企业在应用情景分析工具方法后,通过梳理总结决策事项、影响因素、情景设定、情景分析结果、应对措施设置等,并考虑情景假设设定的基本原则及理由,不断完善情景分析工具方法。

三、情景分析的优缺点

情景分析的主要优点:注重情景发展的多种可能性,降低决策失误对企业造成的影响,对决策事项的可参考性较强。

情景分析的主要缺点:情景假设的主观性较强,对于情景数据的准确性、逻辑性及因果关系的建立要求较高。

任务五 约束资源优化

一、约束资源优化概述

(一) 约束资源优化的概念

约束资源优化是指企业通过识别制约其实现生产经营目标的瓶颈资源,并对相关资源进行改善和调整,以优化企业资源配置、提高企业资源使用效率的方法。

约束资源是指企业拥有的实际资源能力小于需要的资源能力的资源,即制约企业实现生产经营目标的瓶颈资源,如流动资金、原材料、劳动力、生产设备、技术等要素及要素投入的时间安排等。

(二)约束资源优化的应用环境

企业应用约束资源优化工具方法,约束资源的缺口一般应相对稳定。企业应用约束资源优化工具方法,相关数据一般应完整并可获取,必要时提供信息技术的支持。

二、约束资源优化的应用程序

企业应用约束资源优化工具方法,一般按照识别约束资源、寻找突破方法、协同非约束资源、评价实施效果等程序进行。

(一)识别约束资源

企业应用约束资源优化工具方法,应识别出管理过程中制约既定目标实现的约束资源,并对约束资源进行定量分析。在约束资源难以进行定量分析时,可以通过内部评审法、专家评价法等,识别出管理过程中的约束资源。

1. 内部评审法

内部评审法是指企业通过内部组织开展评议、审查识别约束资源的方法。企业通常应组建满足约束资源识别所需的,由财务部门、生产部门和其他相关部门人员组成的内部评审小组或类似评审组织,通过集中研讨等方式,识别出管理过程中的约束资源。

2. 专家评价法

专家评价法是指利用专家的经验、知识等识别约束资源的方法。对于企业既定目标的实现形成重大制约影响的约束资源,企业通常采用此方法进行综合评判。

(二)寻找突破方法

在识别约束资源的基础上,企业应比较约束资源的资源能力差距,搜集约束资源的相关数据等信息,系统分析约束资源形成的原因和涉及的实施责任主体,制定约束资源优化的实施方案,建立实现约束资源优化的长效机制,促进约束资源的资源能力提升。

(1)当约束资源是流动资金时,通常采取企业资金内部调剂、缩短应收账款回收周期、加快存货周转、延长付款周期等方法消除流动资金缺口,也可以通过外部融资扩大企业的资金来源,如债务融资、权益融资等。

(2)当约束资源是原材料时,通常采取设置库存缓冲、确保原材料的及时供应等方法消除原材料缺口。

(3)当约束资源是劳动力时,通常采取招聘新员工、增设新岗位、其他岗位借调等方法消除劳动力瓶颈。

(4)当约束资源是生产设备时,通常采取提前安排设备购置计划、寻找委托加工方式补充产能的不足。

(5)当约束资源是技术时,通常采取技术研发、引进新技术等方法来消除技术瓶颈。

(6)当约束资源是要素投入的时间时,通常在明确各项作业的关键路线和关键工序的基础上,重新安排各项作业的工作流程,利用时间缓冲进行优化,确保要素投入的时间不受影响。

(三) 协同非约束资源

企业应根据约束资源优化的解决方法和解决方案,重新安排其他资源和活动,确保非约束资源的协同利用。通常情况下,企业需要根据约束资源的运作节奏,调整和改变原有的管理政策和其他资源的配置,利用倒排的方法对其他资源进行调整,确保非约束资源的运作与约束资源同步,实现各个环节的衔接,协调整个管理流程。

(四) 评价实施效果

企业应评价并确认原有约束资源的资源能力得到改善,确保原有约束资源不再制约企业实现既定目标,重新梳理各项作业流程,识别新的约束资源,寻找相应的突破方法,进一步实现资源优化配置。

三、约束资源优化的优缺点

约束资源优化的主要优点:促进企业不断地发现、分析和解决企业发展的关键瓶颈,提高企业资源配置效率。

约束资源优化的主要缺点:涉及多个部门、多个责任主体,协调沟通难度大;对相关数据的量化要求较高。

项目小结

本项目学习和应用了投资融资概念、分类,以及投资、融资的管理程序,介绍了挣值法、成本效益法、价值工程法等投融资管理工具方法。企业投融资管理的相关流程,可以帮助我们有效检查评估实施效果,不断优化和改进管理工作。通过内容学习,了解如何在投资环境分析、投资项目选择、项目过程管理与风险评估等投资环节中应用不同的管理会计工具,对于保障投资收益与管控风险具有重要意义。

货币时间价值系数表

习题与实训

任务一 投融资管理认知

一、判断题

1. 投资管理是指企业根据自身战略发展规划,以股东权益最大化为目标,对将资金投入营运进行的管理活动。( )
2. 融资管理是指企业为实现既定的战略目标,在风险匹配的原则下,对通过一定的融资方式和渠道筹集资金进行的管理活动。( )
3. 投融资管理应确保投融资对象的风险状况与收益情况相匹配。( )
4. 投融资管理应以持续创造企业价值为核心。( )
5. 投融资管理的程序的执行均需依赖健全的制度体系。( )

二、单项选择题

1. 投资管理是指企业根据自身战略发展规划,以( )为目标,对将资金投入营运进行的管理活动。
   A. 企业利润最大化　　　　　　　B. 企业价值最大化
   C. 股东财富最大化　　　　　　　D. 相关者利益最大化
2. 融资管理是指企业为实现既定的战略目标,在( )的原则下,对通过一定的融资方式和渠道筹集资金进行的管理活动。
   A. 风险最小化　　　　　　　　　B. 收益最大化
   C. 融资最大化　　　　　　　　　D. 风险匹配
3. 投融资管理领域应用的管理会计工具方法,一般包括贴现现金流法、( )、情景分析、约束资源优化等。
   A. 本量利分析　　　　　　　　　B. 项目管理
   C. 边际分析　　　　　　　　　　D. 平衡记分卡
4. 企业投资管理机构应根据战略需要,首先应定期编制( )。
   A. 中长期投资规划　　　　　　　B. 年度投资计划
   C. 预算方案　　　　　　　　　　D. 战略方案
5. 企业应建立健全融资管理的制度体系,融资管理一般采取( )。
   A. 审批制　　　　　　　　　　　B. 分级审核制
   C. 集中投票制　　　　　　　　　D. 审核制

三、多项选择题

1. 企业进行投融资管理,一般应遵循的原则包括( )。
   A. 价值创造原则　　　　　　　　B. 战略导向原则

C. 风险匹配原则　　　　　　　　D. 利润最大化原则
2. 投资管理程序,一般按照(　　)等程序进行。
  A. 制订投资计划　　　　　　　　B. 进行可行性分析
  C. 实施过程控制　　　　　　　　D. 投资后评价
3. 投资可行性分析的内容一般包括该投资(　　)等方面。
  A. 在技术和经济上的可行性　　　B. 可能产生的经济效益和社会效益
  C. 可以预测的投资风险　　　　　D. 投资落实的各项保障条件
4. 企业进行投资管理,应当将投资控制贯穿于投资的实施全过程。投资控制的主要内容一般包括(　　)等。
  A. 进度控制　　　　　　　　　　B. 财务控制
  C. 预算控制　　　　　　　　　　D. 变更控制
5. 企业应用融资管理工具方法,一般按照(　　)等程序进行。
  A. 融资计划制定　　　　　　　　B. 融资决策分析
  C. 融资方案的实施与调整　　　　D. 融资管理分析

任务二　贴现现金流法

一、判断题

1. 贴现现金流法一般适用于在企业日常经营活动中,与投融资管理相关的资产价值评估、企业价值评估和项目投资决策等。（　　）
2. 一个投资项目,其未来现金流量现值之和称为净现值。（　　）
3. 获利指数,也称现值比率,是指未来现金流入现值与投资额现值的比率。（　　）
4. 内含报酬率是指项目投资实际可望达到的报酬率,也可将其定义为能使投资项目的净现值等于零的折现率。（　　）
5. 企业应用贴现现金流法,应确认内外部环境对贴现现金流法的应用可提供充分支持。（　　）
6. 估计贴现现金流法的三个要素是贴现期、现金流和贴现率。（　　）
7. 一般情况下,使某投资方案的净现值小于零的贴现率,一定高于该投资方案的内含报酬率。（　　）
8. 若A、B、C三个方案是独立的,当投资规模不同时,应采用净现值法作出优先次序的排列。（　　）

二、单项选择题

1. 下列各项中,不属于估计贴现现金流法的参考数据的是(　　)。
  A. 终值系数　　B. 贴现期　　C. 现金流　　D. 折现率
2. 采用现值指数法进行方案选择时,以下方案中最优的是现值系数为(　　)的方案。
  A. 1.3　　　　B. 1　　　　C. 0.9　　　D. 0.5
3. 计算净现值时,下列各项中,不适合被用来确定贴现率的是(　　)。
  A. 市场利率

B. 投资者希望获得的预期最低投资报酬率
C. 企业平均资本成本率
D. 投资项目的内含报酬率

4. 对投资规模不同的两个独立投资项目进行评价,应优先选择(　　)的方案。
   A. 净现值大　　　　　　　　　　B. 项目周期短
   C. 内含报酬率大　　　　　　　　D. 投资额小

5. 不管其他投资方案是否被采纳和实施,其收入和成本都不因此受到影响的投资与其他投资项目彼此间是(　　)方案。
   A. 互斥　　　　B. 独立　　　　C. 互补　　　　D. 互不相容

6. 某项目的投资额为800万元,在第一年年初一次性投入,寿命期为3年。第一年获得现金净流量300万元,第二年获得现金净流量400万元,第三年获得现金净流量500万元,若该项目的资本成本为10%,项目的寿命期为3年,则该项目的净现值为(　　)万元。已知:$(P/F, 10\%, 1)=0.9091, (P/F, 10\%, 2)=0.8264, (P/F, 10\%, 3)=0.7513$。
   A. 178.94　　　B. 400　　　　C. 251.66　　　D. 1 200

7. 对于某投资方案,当折现率为15%时,其净现值为45元;当折现率为17%时,其净现值为—10元。该方案的内含报酬率为(　　)。
   A. 14.88%　　　B. 16.86%　　　C. 16.64%　　　D. 17.14%

8. 各个投资项目之间相互关联、相互替代,不能同时并存的投资是(　　)。
   A. 对内投资　　B. 对外投资　　C. 独立投资　　D. 互斥投资

9. 某方案原始投资为70万元,寿命期为8年,营业期内各年的现金净流量为15万元,资本成本率为10%,该方案的现值指数为(　　)。已知:$(P/A, 10\%, 8)=5.3349$。
   A. 0.98　　　　B. 1.43　　　　C. 1.14　　　　D. 0.56

10. 关于投资项目的评价指标,下列说法中不正确的是(　　)。
    A. 净现值大于或等于0时,方案可行
    B. 年金净流量越大,方案越好
    C. 现值指数大于或等于0时,方案可行
    D. 现值指数越大,方案越好

三、多项选择题

1. 下列各项中,属于估计贴现现金流法的要素有(　　)。
   A. 贴现期　　　　　　　　　　　B. 现金流
   C. 贴现率　　　　　　　　　　　D. 终值系数

2. 某投资项目的内含报酬率等于8%,项目的资本成本也等于8%,则下列表述正确的有(　　)。
   A. 该项目净现值等于零
   B. 该项目本身的投资报酬率为8%
   C. 该项目各年现金流入量的现值之和大于其各年现金流出量的现值之和
   D. 该项目各年现金流入量的现值之和等于其各年现金流出量的现值之和

3. 下列各项中,属于净现值指标的优点的有(　　)。
   A. 考虑了资金时间价值,增强了投资经济性的评价
   B. 考虑了全过程的净现金流量,体现了流动性与收益性的统一
   C. 考虑了投资风险,风险大则采用高折现率,风险小则采用低折现率
   D. 便于对原始投资额现值不同的独立投资方案进行比较和评价

4. 下列各项中,关于内含报酬率的说法正确的有(   )。
   A. 内含报酬率是指项目投资实际可期望达到的报酬率,也可将其定义为能使投资项目的净现值等于零的折现率
   B. 在作互斥投资方案决策时,如果各方案的原始投资额现值不相等,有时无法作出正确的决策。
   C. 如果各方案原始投资额现值不同,可以通过计算各方案的内含报酬率,反映各独立投资方案的获利水平。
   D. 未来每年现金净流量不等时,不能用年金形式解决,而需要采用逐次测试法。
5. 如果两个方案是相互独立的且原始投资额不同,则可采用(   )作为决策指标。
   A. 现值指数   B. 净现值法   C. 成本效益法   D. 内含报酬率

四、实训题

实训一

(一) 实训目的

掌握净现值法和内含报酬率法及其应用。

(二) 实训资料

甲公司拟投资建设一条生产线,行业基准贴现率为10%,现有两个方案可供选择,相关的现金净流量数据如表6-5所示。

表6-5 A、B两方案现金净流量表   单位:万元

方案	t	0	1	2	3	4	5	…	9	10	11	合计
A	NCF	-1 100	0	275	275	275	275	…	275	275	275	1 650
B	NCF	-1 100	275	275	275	275	275	…	275	275	—	1 650

相关的时间价值系数如表6-6所示。

表6-6 时间价值系数

t	(P/F, 10%, t)	(P/A, 10%, t)	(P/A, 20%, t)	(P/A, 24%, t)
1	0.909 1	0.909 1	0.833 3	0.806 5
5	0.620 9	3.790 8	2.990 6	2.745 4
6	0.564 5	4.355 3	3.325 5	3.020 5
10	0.385 5	6.144 6	4.192 5	3.681 9

(三) 实训要求

(1) 计算A方案净现值。
(2) 计算B方案内含报酬率。

实训二

(一) 实训目的

掌握现值指数法及其应用。

(二) 实训资料

甲企业计划投资一条新的生产线,项目一次性总投资为500万元,投资期为3年,营

期为 10 年,营业期每年可产生现金净流量 130 万元。甲企业要求的年投资报酬率为 9%。已知：$(P/A, 9\%, 13)=7.4869$，$(P/A, 9\%, 10)=6.4177$，$(P/A, 9\%, 3)=2.5313$，$(P/F, 9\%, 3)=0.7722$。

（三）实训要求

（1）计算该项目的现值指数。

（2）评价该项目可行性。

任务三　项目管理

一、判断题

1. 挣值法的优点之一是可以通过对项目当前运行状态的分析,有效预测项目未来的发展趋势。（　）
2. 项目的立项一般应在项目批复的有效期内完成。（　）
3. 挣值法中成本偏差表示为挣值与实际成本之差,只能采用绝对数计算。（　）
4. 成本效益分析法中,成本指标包括项目的执行成本、社会成本。（　）
5. 价值工程中总成本是指生产成本。（　）

二、单项选择题

1. 项目管理适用于以（　）或以项目制为主要经营单元的项目活动。
   A. 重复性活动　　　　　　　　B. 一次性活动
   C. 日常经营类活动　　　　　　D. 无时间要求类活动
2. 在挣值法的评价指标中,表示进度提前的是（　）。
   A. CV＞0　　　　　　　　　　B. SV＞0
   C. 费用绩效指数＜1　　　　　D. 进度绩效指数＜1
3. 下列各项中,表示在某个给定时点上,测量并反映项目提前或落后的进度绩效指标是（　）。
   A. 费用偏差　　　　　　　　　B. 费用执行指标
   C. 进度偏差　　　　　　　　　D. 进度执行指标
4. 下列各项中,表示实际完成工作取得的预算成本是（　）。
   A. 项目的计划价值　　　　　　B. 项目实际成本
   C. 项目的挣值　　　　　　　　D. 费用执行指标
5. 成本效益法属于（　）。
   A. 事前控制方法　　　　　　　B. 事中控制方法
   C. 事后控制方法　　　　　　　D. 以上答案全是
6. 价值工程的目标是（　）。
   A. 以最低的生产成本实现最好的经济效益
   B. 以最低的生产成本实现使用者所需的功能
   C. 以最低的寿命周期成本实现使用者所需的最高功能
   D. 以最低的寿命周期成本可靠地实现使用者所需的必要功能

三、多项选择题

1. 企业进行项目管理时,应遵循的原则包括(　　)。
   A. 注重实效,协同创新　　　　　　　B. 科学安排,合理配置
   C. 按级负责,分工管理　　　　　　　D. 成本管控,时间限定
2. 提高价值的基本途径有(　　)。
   A. 功能不变,用降低成本的方法提高价值
   B. 成本不变,用提高功能的方法提高价值
   C. 既提高功能又降低成本
   D. 小幅度提高成本,大幅度提高功能
3. 项目管理的工具方法一般包括(　　)。
   A. 挣值法　　　　　　　　　　　　　B. 成本效益法
   C. 贴现现金流法　　　　　　　　　　D. 价值工程法
4. 计算功能价值,对成本功能的合理匹配程度进行分析,若零部件的价值系数小于1,表明该零部件有可能(　　)。
   A. 成本支出偏高　　　　　　　　　　B. 成本支出偏低
   C. 功能过剩　　　　　　　　　　　　D. 功能不足
5. 下列各项中,表示进度提前的有(　　)。
   A. $SV>0$　　　B. $SV<0$　　　C. $SPI>1$　　　D. $SPI<1$

四、实训题

实训一

(一)实训目的

掌握挣值法及其应用。

(二)实训资料

某项目进展到10周时,对前10周的工作进行统计,统计情况如表6-7所示。

表6-7　某项目前10周成本与工作量统计表　　单位:元

工作	计划完成工作预算成本	已完成工作量(%)	实际发生成本
A	400	100	400
B	450	100	460
C	700	80	720
D	150	100	150
E	500	100	520
F	800	50	400
G	1 000	60	700
H	300	100	300
I	120	100	120
J	1 200	40	600
合计	5 620	—	4 370

(三)实训要求

(1) 求出前 10 周每项工作的 EV 及 10 周末的 EV。

(2) 计算 10 周末的合计 ACWP、BCWS。

(3) 计算 10 周末的 CV、SV,并进行分析。

(4) 计算 10 周末的 CPI、SPI,并进行分析。

实训二

(一)实训目的

掌握价值工程法及其应用。

(二)实训资料

某工程师针对设计院关于某商住楼提出的 A、B、C 三个方案,进行技术经济分析和专家调整后,得出三个方案相关数据表如表 6-8 所示。

表 6-8　三个方案相关数据表

方案功能	方案功能得分			方案功能重要程度
	A	B	C	
F1	9	9	8	0.25
F2	7	10	10	0.35
F3	10	7	9	0.25
F4	9	10	9	0.10
F5	8	8	6	0.05
单方造价(元/m^2)	13 250	11 180	12 260	1.00

(三)实训要求

计算方案成本系数、功能系数和价值系数,并确定最优方案。

任务四　情景分析

一、判断题

1. 情景是指事物所有可能的未来发展趋势。　　　　　　　　　　　　　　　(　　)
2. 情景分析是对事物所有可能的未来发展态势的描述。　　　　　　　　　　(　　)
3. 情景分析一般适用于企业的营运管理,也可用于战略目标制定、风险评估等。(　　)
4. 企业应用情景分析工具方法,应根据企业资金状态和决策需求确定决策事项。(　　)
5. 企业应在情景设定的基础上,建立影响因素与决策目标之间的逻辑关系。　(　　)

二、单项选择题

1. 情景分析一般适用于企业的(　　)。
   A. 战略管理　　　　B. 预算管理　　　　C. 投融资管理　　　　D. 成本管理
2. 企业应用情景分析工具方法,在确认影响因素环节,应考虑影响(　　)的因素。
   A. 未来发展趋势　　　　　　　　　　　B. 企业历史数据

C. 企业当前经营状态　　　　　　　　D. 企业资金状况
3. 下列各项中,不属于情景分析法的作用的是(　　)。
　　A. 分析环境和形成决策
　　B. 提高组织的战略适应能力
　　C. 提高团队的总体能力,实现资源的优化配置
　　D. 实现企业价值最大化
4. 企业应用情景分析工具方法,应根据(　　)和决策需求确定决策事项。
　　A. 决策计划　　　　B. 决策目标　　　　C. 决策成果　　　　D. 决策条件
5. 情景分析的主要缺点是(　　)。
　　A. 注重情景发展的多种可能性　　　　B. 降低决策失误对企业造成的影响
　　C. 对决策事项的可参考性较强　　　　D. 情景假设的主观性较强

三、多项选择题

1. 企业应用情景分析工具方法,一般按照(　　)等程序进行。
　　A. 确认决策事项　　　　　　　　　　B. 确认影响因素
　　C. 设定情景　　　　　　　　　　　　D. 分析方案和分析实施后果
2. 企业通常应根据决策事项设定不同的情景时,往往从(　　)两个角度出发考虑。
　　A. 投资额　　　B. 收益额　　　C. 其发生概率　　　D. 战略重要性
3. 企业在应用情景分析工具方法后,通过梳理总结决策事项、(　　)等,并考虑情景假设设定的基本原则及理由,不断完善情景分析工具方法。
　　A. 影响因素　　　B. 情景分析结果　　　C. 应对措施设置　　　D. 情景设定
4. 利用情景分析法对未来的情景进行预测和描述,必须先确定该主题的影响因素,在进行投融资决策时,通常应考虑(　　)等影响因素。
　　A. 消费信心指数　　　B. 资本成本　　　C. 市场占有率　　　D. 投资额
5. 情景分析法的特点包括(　　)。
　　A. 认为未来的发展有多种可能的趋势,所以预测结果也是多样的
　　B. 注重了解内部环境,注重对系统发展起重要作用的关键因素和协调一致性关系的分析
　　C. 需要主观想象力,强调决策者的主观愿望在未来分析中的作用
　　D. 定量分析与定性分析相结合,在定量分析中融入了大量的定性分析

任务五　约束资源优化

一、判断题

1. 约束资源优化是指企业通过识别制约其实现生产经营目标的瓶颈资源,并对相关资源进行改善和调整,以优化企业资源配置、提高企业资源使用效率的方法。(　　)
2. 要判别识别一项资源是否属于瓶颈资源,应从该资源的实际生产能力与它的生产负荷(或对其的需求量)来考察。(　　)
3. 寻求约束资源优化的前提之一是约束资源的缺口相对不稳定。(　　)

4. 对于不同企业,约束资源是不同的。 (   )
5. 企业应根据约束资源优化的解决方法和解决方案,重新安排其他资源和活动,确保非约束资源的协同利用。 (   )

二、单项选择题

1. 下列选项中,不属于识别约束资源优化的方法的是(   )。
   A. 定量分析　　　　B. 内部评审　　　　C. 专家评价　　　　D. SWOT 分析
2. 约束资源是指企业拥有的实际资源能力(   )需要的资源能力的资源。
   A. 小于　　　　　　B. 等于　　　　　　C. 大于　　　　　　D. 满足
3. 约束资源优化的主要缺点是(   )。
   A. 对相关数据的量化要求较高　　　　B. 降低企业资源配置效率
   C. 操作方法单一　　　　　　　　　　D. 仅管理决策层可使用
4. 下列各项中,关于约束资源优化的说法正确的是(   )。
   A. 约束资源一经识别,即可找到优化方法,将其转化为非约束性资源。
   B. 当约束资源是原材料时,通常采取设置库存缓冲,确保原材料的及时供应等方法消除原材料缺口
   C. 当约束资源是生产设备时,通常采取加大生产规模的方式补充产能的不足
   D. 企业应用约束资源优化工具方法,约束资源的缺口一般不太稳定
5. 约束资源优化一般适用于企业的(   )。
   A. 绩效管理　　　　B. 风险管理　　　　C. 投融资管理　　　D. 预算管理

三、多项选择题

1. 企业应用约束资源优化工具方法,一般按照(   )等程序进行。
   A. 识别约束资源　　　　　　　　　　B. 寻找突破方法
   C. 协同非约束资源　　　　　　　　　D. 评价实施效果
2. 当约束资源是流动资金时,可以采取(   )办法。
   A. 缩短应收账款回收周期　　　　　　B. 债务融资
   C. 缩短付款周期　　　　　　　　　　D. 加快存货周转
3. 当约束资源是劳动力时,通常采取(   )等方法消除劳动力瓶颈。
   A. 招聘新员工　　　　　　　　　　　B. 增设新岗位
   C. 其他岗位借调　　　　　　　　　　D. 外聘兼职人员
4. 下列各项中,可以作为约束资源的有(   )。
   A. 流动资金　　　　B. 原材料　　　　　C. 劳动力　　　　　D. 生产设备
5. 约束资源优化的主要优点包括(   )。
   A. 可以识别出管理过程中的约束资源,优化资源配置
   B. 非一次性活动,可长效性促进企业不断地发现、分析和解决企业发展的关键瓶颈
   C. 涉及多个部门、多个责任主体,协调沟通难度大
   D. 对相关数据的量化要求较高

项目七 绩效管理

学习目标

1. 知识目标

（1）理解绩效管理的概念、目的和重要性。
（2）掌握绩效评估的方法和指标体系。
（3）了解绩效管理的流程和环节，包括目标设定、绩效监控、评估和反馈。
（4）熟悉绩效激励机制的设计和应用。
（5）了解绩效管理与企业战略的关系。

2. 能力目标

（1）能够运用合适的绩效评估方法对个人或团队进行绩效评估。
（2）学会制定明确的绩效目标，并有效地进行绩效监控。
（3）掌握绩效反馈的技巧，能够提供建设性的反馈和指导。
（4）能够根据绩效结果制定激励措施，激发员工的积极性和工作动力。
（5）能够分析绩效数据，提出改进绩效的建议和措施。

思政课堂

绩效管理体现了公平公正的原则，确保每个人都能根据其工作表现得到客观评价，这与社会主义核心价值观中的公正相一致。它有助于培养员工的责任意识和敬业精神，让他们明白努力工作与取得成果的重要性，从而增强对工作的使命感。绩效管理还能促进团队合作，鼓励员工相互支持、共同进步，体现了集体主义的价值理念。同时，通过绩效管理可以激发员工的创新意识和进取精神，推动他们为实现组织目标而不断努力，这与时代发展的要求相契合。在实施绩效管理过程中，要注重人文关怀，尊重员工的个性和差异，让员工感受到组织的关爱与支持，这也是思政教育的重要体现。

情境导入

根据《中央企业负责人经营业绩考核办法》，2020年中央企业负责人经营业绩考核结果已经国资委党委会议审议通过，现将A级企业名单通报如下：

1. 中国航天科技集团有限公司
2. 招商局集团有限公司
3. 中国移动通信集团有限公司
4. 中国建筑集团有限公司
5. 中国长江三峡集团有限公司
6. 中国第一汽车集团有限公司
7. 中国宝武钢铁集团有限公司
8. 华润(集团)有限公司

……

等47家企业

国资委将年度净利润、经济增加值等指标目标值与考核计分、结果评级紧密结合。

企业负责人的薪酬由基本年薪、绩效年薪、任期激励收入三部分构成。

思考：

（1）国资委是结合哪些指标对企业负责人进行考核的？

（2）对企业负责人的考核结果会影响其薪酬吗？

带着这些问题，让我们进入本项目的学习吧！

任务一 绩效管理认知

一、绩效管理的内涵

绩效管理是指企业与所属单位（部门）、员工之间就绩效目标及如何实现绩效目标达成共识，并帮助和激励员工取得优异绩效，从而实现企业目标的管理过程。

绩效管理的核心是绩效评价和激励管理。

绩效评价是指企业运用系统的工具方法，对一定时期内企业营运效率与效果进行综合评判的管理活动。绩效评价是企业实施激励管理的重要依据。

激励管理是指企业运用系统的工具方法，调动企业员工的积极性、主动性和创造性，激发企业员工工作动力的管理活动。激励管理是促进企业绩效提升的重要手段。

二、绩效管理的原则

企业进行绩效管理，一般应遵循以下原则。

1. 战略导向原则

绩效管理应为企业实现战略目标服务，支持价值创造能力提升。

2. 客观公正原则

绩效管理应实事求是，评价过程应客观公正，激励实施应公平合理。

3. 规范统一原则

绩效管理的政策和制度应统一明确，并严格执行规定的程序和流程。

4. 科学有效原则

绩效管理应做到目标符合实际,方法科学有效,激励与约束并重,操作简便易行。

三、绩效管理的工具方法

绩效管理领域应用的管理会计工具方法,一般包括关键绩效指标法、经济增加值法、平衡计分卡、股权激励等。

企业可根据自身战略目标、业务特点和管理需要,结合不同工具方法的特征及适用范围,选择一种适合的绩效管理工具方法单独使用,也可选择两种或两种以上的工具方法综合运用。

四、绩效管理的应用环境

（一）组织体系

企业进行绩效管理时,应设立薪酬与考核委员会或类似机构,主要负责审核绩效管理的政策和制度、绩效计划与激励计划、绩效评价结果与激励实施方案、绩效评价与激励管理报告等,协调解决绩效管理工作中的重大问题。

薪酬与考核委员会或类似机构下设绩效管理工作机构,主要负责制定绩效管理的政策和制度、绩效计划与激励计划,组织绩效计划与激励计划的执行与实施,编制绩效评价与激励管理报告等,协调解决绩效管理工作中的日常问题。

（二）制度要求

企业应建立健全绩效管理的制度体系,明确绩效管理的工作目标、职责分工、工作程序、工具方法、信息报告等内容。

（三）信息系统

企业应建立有助于绩效管理实施的信息系统,为绩效管理工作提供信息支持。

五、绩效管理的应用程序

企业应用绩效管理工具方法,一般按照制订绩效计划与激励计划、执行绩效计划与激励计划、实施绩效评价与激励、编制绩效评价与激励管理报告等程序进行。

（一）绩效计划与激励计划的制订

企业应根据战略目标,综合考虑绩效评价期间宏观经济政策、外部市场环境、内部管理需要等因素,结合业务计划与预算,按照上下结合、分级编制、逐级分解的程序,在沟通反馈的基础上,编制各层级的绩效计划与激励计划。

1. 构建指标体系

绩效评价指标是指根据绩效评价目标和评价主体的需要而设计的、以指标形式体现的能反映评价对象特征的因素。企业可单独或综合运用关键绩效指标法、经济增加值法、平衡计分卡等工具方法构建指标体系。指标体系应反映企业战略目标实现的关键成功因素,具体指标应含义明确、可度量。

绩效评价指标可分为财务指标和非财务指标,具体特点如表7-1所示。

表 7-1　财务指标和非财务指标的具体特点

类别	具体指标	内容阐释
财务指标与非财务指标	财务指标	财务指标是企业评价财务状况和经营成果的指标，是用货币形式来计量的。其主要缺陷如下： (1) 财务指标面向过去而不反映未来，不利于评价企业在创造未来价值上的业绩 (2) 财务指标容易被操纵。例如，人为控制固定资产折旧、无形资产摊销、收入确认、表外融资等 (3) 财务指标容易导致短视行为。例如，绩效与短期利润挂钩，可能会缩减或推迟研发支出、培训支出、内部控制支出等 (4) 财务指标不利于揭示出经营问题的动因。例如，收入目标没有实现是产品质量使客户流失，还是配送不及时使订单减少，财务指标只告诉你做得怎么样，但没有告诉你如何提高
	非财务指标	非财务指标被认为是能反映未来绩效的指标，良好的非财务指标有利于促进企业实现未来的财务成功 非财务指标是无法用货币来衡量的，包括反映企业在经营过程、员工管理、市场能力和顾客服务方面表现的各种指标。非财务指标一般是财务指标的先行指标，较差的非财务指标（如缺乏组织学习、流程改进不力、客户满意度低下等）必定会给企业带来不利影响并在财务指标中体现

【案例7-1】　A集团向全体员工宣布，将会取消强制"361"考核制度。同时，A集团员工也证实了该消息的真实性，这表明996工作制将会在A集团终结，但集团目前表明不予回应。所谓的"361"考核制度是A集团的绩效考核制度，全体员工的绩效评分标准整体按照"361"比重分配：3.75～5分的员工占30%，3.5～3.75分的员工占60%，3～3.25分的员工占10%的评分方式进行计算。根据这套考核体系，员工年终绩效为3.25分或以下，则会被取消年终奖和晋升机会，连续2年绩效评分低于3.25分就会面临被辞退。这其实就是变相地逼着所有员工加班工作。

2. 分配指标权重

指标权重的确定可选择运用主观赋权法和客观赋权法，也可综合运用这两种方法。主观赋权法是利用专家或个人的知识与经验来确定指标权重的方法，如德尔菲法、层次分析法等。客观赋权法是从指标的统计性质入手，由调查数据确定指标权重的方法，如主成分分析法、均方差法等。

确定指标权重的方法如表7-2所示。

表 7-2　确定指标权重的方法

方法		说明
主观赋权法	德尔菲法	德尔菲法也称专家调查法是指邀请专家对各项指标进行权重设置，将汇总平均后的结果反馈给专家，再次征询意见，经过多次反复，逐步取得比较一致结果的方法
	层次分析法	层次分析法是指将绩效指标分解成多个层次，通过下层元素对于上层元素相对重要性的两两比较，构成两两比较的判断矩阵，求出判断矩阵最大特征值所对应的特征向量作为指标权重值的方法

(续表)

方法		说明
客观赋权法	主成分分析法	主成分分析法是指将多个变量重新组合成一组新的相互无关的综合变量,根据实际需要从中挑选出尽可能多地反映原来变量信息的少数综合变量,进一步求出各变量的方差贡献率,以确定指标权重的方法
	均方差法	均方差法是指将各项指标定为随机变量,指标在不同方案下的数值为该随机变量的取值,首先求出这些随机变量(各指标)的均方差,然后根据不同随机变量的离散程度确定指标权重的方法

3. 确定绩效目标值

绩效目标值的确定可参考内部标准与外部标准。内部标准有预算标准、历史标准、经验标准等；外部标准有行业标准、竞争对手标准、标杆标准等。

4. 选择计分方法

绩效评价计分方法可分为定量法和定性法。定量法主要有功效系数法和综合指数法等；定性法主要有素质法和行为法等。

（1）功效系数法。根据多目标规划原理,将所要评价的各项指标分别对照各自的标准,并根据各项指标的权重,通过功效函数转化为可以度量的评价分数,再对各项指标的单项评价分数进行加总,得出综合评价分数的一种方法。功效系数法的计算公式为：

$$绩效指标总得分 = \sum 单项指标得分$$

$$单项指标得分 = 本档基础分 + 调整分$$

$$本档基础分 = 指标权重 \times 本档标准系数$$

$$调整分 = 功效系数 \times (上档基础分 - 本档基础分)$$

$$上档基础分 = 指标权重 \times 上档标准系数$$

$$功效系数 = (实际值 - 本档标准值) \div (上档标准值 - 本档标准值)$$

【例题7-1】 A公司是一家大型普通机械制造企业,对2023年进行绩效评价,2023年平均净资产为100 000万元,净利润为8 000万元,净资产收益率为8%,该指标权重为20;根据国务院国有资产监督管理委员会颁布的《中央企业综合绩效评价实施细则》,采用功效系数法作为绩效评价中的定量指标的计分办法。大型普通机械制造业的标准值如表7-3所示。

表7-3 大型普通机械制造业的标准值

档次(标准系数)	优秀(1)	良好(0.8)	平均值(0.6)	较低值(0.4)	较差值(0.2)
净资产收益率(净利润/平均净资产)	16.5%	9.5%	1.7%	−3.6%	−20.0%

要求：计算净资产收益率单项指标的实际得分。

A公司的净资产收益率为8%；该净资产收益率已达到"平均值"档(1.7%)水平。可以得到基础分；它处于"良好"档(9.5%)和"平均值"档(1.7%)之间,需要调整。

本档基础分 = 指标权重 × 本档标准系数 = 20 × 0.6 = 12(分)

功效系数 = (实际值 − 本档标准值) ÷ (上档标准值 − 本档标准值)

$$=(8\%-1.7\%)\div(9.5\%-1.7\%)=0.8077$$

调整分＝功效系数×(上档基础分－本档基础分)
$$=0.8077\times(20\times0.8-20\times0.6)=0.8077\times4=3.23(分)$$

净资产收益率指标得分＝12＋3.23＝15.23(分)

（2）综合指数法是指根据指数分析的基本原理，计算各项绩效指标的单项评价指数和加权评价指数，据以进行综合评价的方法。

该方法的优点是操作简单，容易理解；缺点是标准值存在异常时影响结果的准确性。综合指数法的计算公式为：

$$绩效指标总得分 = \sum(单项指标评价指数\times该项评价指标的权重)$$

（3）素质法是指评估员工个人或团队在多大程度上具有组织所要求的某种基本素质、关键技能和主要特质的方法。

（4）行为法是指专注于描述与绩效有关的行为状态，考核员工在多大程度上采取了管理者所期望或工作角色所要求的组织行为的方法。

5. 评价周期

绩效评价层次主要包括企业层面、部门层面、个人层面。企业层面的绩效评价是指对包括母公司在内的企业集团的绩效评价。它是评价范围最广、评价内容最多、评价指标最全、评价边界相对清晰的绩效评价层面。部门层面的绩效评价是指在公司内部按照业务单元、地域分布等标准将企业整体划分成多个子绩效评价对象，并对其绩效进行评价的过程。部门层面的评价是企业整体绩效评价的分解与细化。个人层面的绩效评价按领导层次和一般员工层次划分，对企业层面绩效的评价也是对企业领导的绩效评价。

绩效评价周期一般可分为月度、季度、半年度、年度、任期。月度、季度绩效评价一般适用于企业基层员工和管理人员，半年度绩效评价一般适用于企业中高层管理人员，年度绩效评价适用于企业所有被评价对象，任期绩效评价主要适用于企业负责人。

6. 拟订绩效责任书

绩效计划制订后，评价主体与被评价对象一般应签订绩效责任书，明确各自的权利和义务，并作为绩效评价与激励管理的依据。绩效责任书的主要内容包括绩效指标、目标值及权重、评价计分方法、特别约定事项、有效期限、签订日期等。绩效责任书一般按年度或任期签订。

【案例 7-2】 某集团总经理业绩考核表如表 7-4 所示。

表 7-4 某集团总经理业绩考核表

指标	权重	分项指标	分项权重	评价人	评价人权重
主要业绩	85%	经营业绩指标	80%	董事会	100%
		科技创新能力及重点工作指标	20%		
个人KPI	10%	分管工作指标	100%	董事长	30%
				其他董事	60%
				党委常委会成员及其他高管人员	10%

(续表)

指标	权重	分项指标	分项权重	评价人	评价人权重
个人能力素质	5%	素质、能力、态度	100%	全体董事	90%
				党委常委会成员及其他高管人员	10%

7. 制订激励计划

激励计划是企业为激励被评价对象而采取的行动方案，包括激励对象、激励形式、激励条件、激励周期等内容。

激励计划按激励形式可分为薪酬激励计划、能力开发激励计划、职业发展激励计划和其他激励计划。

（1）薪酬激励计划

薪酬激励计划按期限可分为短期薪酬激励计划和中长期薪酬激励计划。短期薪酬激励计划主要包括绩效工资、绩效奖金、绩效福利等。中长期薪酬激励计划主要包括股票期权、股票增值权、限制性股票以及虚拟股票等。

（2）能力开发激励计划

能力开发激励计划主要包括对员工知识、技能等方面的提升计划。

职业发展激励计划主要是对员工职业发展作出的规划。

（3）其他激励计划

其他激励计划包括良好的工作环境、晋升与降职、表扬与批评等。

激励计划的制订应以绩效计划为基础，采用多元化的激励形式，兼顾内在激励与外在激励、短期激励与长期激励、现金激励与非现金激励、个人激励与团队激励、正向激励与负向激励，充分发挥各种激励形式的综合作用。

绩效计划与激励计划制订完成后，应经薪酬与考核委员会或类似机构审核，报董事会或类似机构审批。经审批的绩效计划与激励计划应保持稳定，一般不予调整，若受国家政策、市场环境、不可抗力等客观因素影响，确需调整的，应严格履行规定的审批程序。

（二）绩效计划与激励计划的执行

审批后的绩效计划与激励计划，应以正式文件的形式下达执行，确保与计划相关的被评价对象能够了解计划的具体内容和要求。

绩效计划与激励计划下达后，各计划执行单位（部门）应认真组织实施，从横向和纵向两方面落实到各所属单位（部门）、各岗位员工，形成全方位的绩效计划与激励计划执行责任体系。

绩效计划与激励计划执行过程中，企业应建立配套的监督控制机制，及时记录执行情况，进行差异分析与纠偏，持续优化业务流程，确保绩效计划与激励计划的有效执行。

1. 监控与记录

企业可借助信息系统或其他信息支持手段，监控和记录指标完成情况、重大事项、员工的工作表现、激励措施执行情况等内容。收集信息的方法主要有观察法、工作记录法、他人反馈法等。

2. 分析与纠偏

根据监控与记录的结果，重点分析指标完成值与目标值的偏差、激励效果与预期目标的偏差,提出相应整改建议并采取必要的改进措施。

3. 编制分析报告

分析报告主要反映绩效计划与激励计划的执行情况及分析结果,其频率可以是月度、季度、年度,也可根据需要编制。

绩效计划与激励计划执行过程中,绩效管理工作机构应通过会议、培训、网络、公告栏等形式,进行多渠道、多样化、持续不断地沟通与辅导,使绩效计划与激励计划得到充分理解和有效执行。

(三)绩效评价与激励的实施

绩效管理工作机构应根据计划的执行情况定期实施绩效评价与激励,按照绩效计划与激励计划的约定,对被评价对象的绩效表现进行系统、全面、公正、客观的评价,并根据评价结果实施相应的激励。

评价主体应按照绩效计划收集相关信息,获取被评价对象的绩效指标实际值,对照目标值,应用选定的计分方法,计算评价分值,并进一步形成对被评价对象的综合评价结果。

绩效评价过程及结果应有完整的记录,结果应得到评价主体和被评价对象的确认,并进行公开发布或非公开告知。公开发布的主要方式有召开绩效发布会、企业网站绩效公示、面板绩效公告等;非公开发布一般采用一对一书面、电子邮件函告或面谈告知等方式进行。

评价主体应及时向被评价对象进行绩效反馈,反馈内容包括评价结果、差距分析、改进建议及措施等,可采取反馈报告、反馈面谈、反馈报告会等形式进行。

绩效结果发布后,企业应依据绩效评价的结果,组织兑现激励计划,综合运用绩效薪酬激励、能力开发激励、职业发展激励等多种方式,逐级兑现激励承诺。

(四)绩效评价与激励管理报告

绩效管理工作机构应定期或根据需要编制绩效评价与激励管理报告,对绩效评价和激励管理的结果进行反映。

绩效评价与激励管理报告是企业管理会计报告的重要组成部分,应确保内容真实、数据可靠、分析客观、结论清楚,为报告使用者提供满足决策需要的信息。

1. 绩效评价报告

绩效评价报告根据评价结果编制,反映被评价对象的绩效计划完成情况,通常由报告正文和附件构成。

报告正文主要包括两部分:①评价情况说明,包括评价对象、评价依据、评价过程、评价结果、需要说明的重大事项等。②管理建议。

报告附件包括评价计分表、问卷调查结果分析、专家咨询意见等报告正文的支持性文档。

2. 激励管理报告

激励管理报告根据激励计划的执行结果编制,反映被评价对象的激励计划实施情况。

激励管理报告主要包括两部分:①激励情况说明,包括激励对象、激励依据、激励措施、激励执行结果、需要说明的重大事项等。②管理建议。

其他有关支持性文档可以根据需要以附件形式提供。

绩效评价与激励管理报告可分为定期报告、不定期报告。定期报告主要反映一定期间被评价对象的绩效评价与激励管理情况。每个会计年度至少出具一份定期报告。不定期报告根据需要编制,反映部分特殊事项或特定项目的绩效评价与激励管理情况。

绩效评价与激励管理报告应根据需要及时报送薪酬与考核委员会或类似机构审批。企业应定期通过回顾和分析,检查和评估绩效评价与激励管理的实施效果,不断优化绩效计划和激励计划,改进未来绩效管理工作。

【案例7-3】 神州泰岳自20×0年推出股权激励计划后,历经计划取消和重新修改并发布的阶段,将激励方式从单一的股票期权转变为股票期权与限制性股票相结合,增大了激励的强度,扩大了激励的对象。调整了行权价格和行权条件,有力推动了其应对行业风险的多元化战略转型。主要做法如下:

一是引入与激励新高管,以实施多元化战略转型。20×7至20×8年期间,神州泰岳通过股权转让与增资,引入多名外部高管。20×2年计划修订的重要变化是授予这些高管股票期权和限制性股票。计划修订后,神州泰岳来自传统业务的营业收入增幅明显,神州泰岳新开发的电子商务业务在两位激励调整对象的带领下,成为公司发展最快的新业务增长点。企业前五大客户的销售与应收账款的占比大幅下降,表明计划修订后,神州泰岳对大客户的依赖度下降,市场竞争力有所提升,通过新高管的引入与激励基本实现了其业务多元化转型的战略目标。

二是扩大核心人员激励范围,降低核心员工流失。股权激励计划的修订扩大了核心人员的激励范围,由300人至362人,使得20×2—20×4年的核心人员留任率远高于竞争对手,通过股权激励计划的修订有效抑制了核心员工的流失。

三是综合考虑了股权激励计划的修订和实施。对企业而言,股权激励计划是否修订需要充分权衡其收益与成本。本案例研究表明,神州泰岳股权激励因计划修订而产生的费用不高是计划得以实施的前提。同时,企业股权激励计划的标的选择股票期权,还是限制性股票,需要考虑外部环境与企业战略的影响。

对于投资者而言,计划修订的目标、考核方式与实施机制同其企业战略与文化相匹配,才可能成为企业价值成长的助推器。对于监管机构而言,不断提高资本市场的有效性,完善股票发行与定价机制是确保股权激励计划有效实施的前提。

任务二 关键绩效指标法

一、关键绩效指标法的含义

关键绩效指标法是指基于企业战略目标,通过建立关键绩效指标(key performance indicator,KPI)体系,将价值创造活动与战略规划目标有效联系,并据此进行绩效管理的方法。

关键绩效指标,是对企业绩效产生关键影响力的指标,是通过对企业战略目标、关键成果领域的绩效特征分析,识别和提炼出的最能有效驱动企业价值创造的指标。

战略目标是确定关键绩效指标体系的基础,关键绩效指标反映战略目标,对战略目标实施效果进行衡量和监控。企业应清晰识别价值创造模式,按照价值创造路径识别出关键驱动因素,科学地选择和设置关键绩效指标。

【案例 7-4】 KPI 法符合一个重要的管理原理——"二八原理"。在一个企业的价值创造过程中,存在着"80/20"的规律,即 20% 的骨干人员创造企业 80% 的价值;而且在每一位员工身上"二八原理"同样适用,即 80% 的工作任务是由 20% 的关键行为完成的。因此,必须抓住 20% 的关键行为,对之进行分析和衡量,这样就能抓住业绩评价的重心。

关键绩效指标法可单独使用,也可与经济增加值法、平衡计分卡等其他方法结合使用。关键绩效指标法的应用对象可为企业、所属单位(部门)和员工。

二、关键绩效指标法的应用程序

企业应用关键绩效指标法,一般按照制订以关键绩效指标为核心的绩效计划、制订激励计划、执行绩效计划与激励计划、实施绩效评价与激励、编制绩效评价与激励管理报告等程序进行。

企业构建关键绩效指标体系,一般按照以下程序进行,如图 7-1 所示。

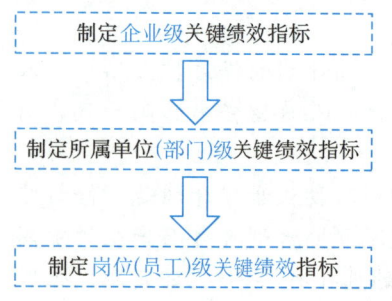

图 7-1 构建关键绩效指标体系程序

(一)制定企业级关键绩效指标

企业应根据战略目标,结合价值创造模式,综合考虑内外部环境等因素,设定企业级关键绩效指标。

(二)制定所属单位(部门)级关键绩效指标

根据企业级关键绩效指标,结合所属单位(部门)关键业务流程,按照上下结合、分级编制、逐级分解的程序,在沟通反馈的基础上,设定所属单位(部门)级关键绩效指标。

(三)制定岗位(员工)级关键绩效指标

根据所属单位(部门)级关键绩效指标,结合员工岗位职责和关键工作价值贡献,设定岗位(员工)级关键绩效指标。

三、关键绩效指标的内容

企业的关键绩效指标一般可分为结果类和动因类两类指标。

(一)结果类指标

结果类指标是反映企业绩效的价值指标,主要包括投资资本回报率、净资产收益率、经济增加值、息税前利润、自由现金流量等综合指标。

1. 投资资本回报率

投资资本回报率是指企业一定会计期间取得的息前税后利润占其所使用的全部投资资本的比例,反映企业在会计期间有效利用投资资本创造回报的能力。一般计算公式如下:

投资资本回报率 = [税前利润 × (1 - 所得税税率) + 利息支出] ÷ 投资资本平均余额 × 100%

投资资本平均余额 = (期初投资资本 + 期末投资资本) ÷ 2

投资资本 = 有息债务 + 所有者(股东)权益

2. 净资产收益率

净资产收益率也称权益净利率,是指企业一定会计期间取得的净利润占其所使用的净资产平均数的比例,反映企业全部资产的获利能力。一般计算公式如下:

$$净资产收益率 = 净利润 \div 平均净资产 \times 100\%$$

3. 经济增加值

经济增加值是指企业税后净营业利润扣除全部投入资本的成本后的剩余收益。一般计算公式如下:

$$经济增加值 = 税后净营业利润 - 平均资本占用 \times 加权平均资本成本$$

4. 息税前利润

息税前利润是指企业当年实现税前利润与利息支出的合计数。一般计算公式如下:

$$息税前利润 = 税前利润 + 利息支出$$

5. 自由现金流量

自由现金流量是指企业一定会计期间经营活动产生的净现金流量超过付现资本性支出的金额,反映企业可动用的现金。一般计算公式如下:

$$自由现金流量 = 经营活动净现金流量 - 付现资本性支出$$

(二)动因类指标

动因类指标是反映企业价值关键驱动因素的指标,主要包括资本性支出、单位生产成本、产量、销量、客户满意度、员工满意度等。动因类指标如表 7-5 所示。

表 7-5 动因类指标

指标	含义
资本性支出	资本性支出是指企业发生的、其效益涉及两个或两个以上会计年度的各项支出
单位生产成本	单位生产成本是指生产单位产品而平均耗费的成本
产量	产量是指企业在一定时期内生产出来的产品的数量
销量	销量是指企业在一定时期内销售商品的数量
客户满意度	客户满意度是指客户期望值与客户体验的匹配程度,即客户通过对某项产品或服务的实际感知与其期望值相比较后得出的指数 客户满意度收集渠道主要包括问卷调查、客户投诉、与客户的直接沟通、消费者组织的报告、各种媒体的报告和行业研究的结果等
员工满意度	员工满意度是指员工对企业的实际感知与其期望值相比较后得出的指数。主要通过问卷调查、访谈调查等方式,从工作环境、工作关系、工作内容、薪酬福利、职业发展等方面进行衡量

关键绩效指标应含义明确、可度量、与战略目标高度相关。指标的数量不宜过多,每一层级的关键绩效指标一般不超过 10 个。

四、关键绩效指标选取的方法

关键绩效指标选取的方法主要有关键成果领域分析法、组织功能分解法和工作流程分解法。

（一）关键成果领域分析法

关键成果领域分析法是基于对企业价值创造模式的分析，确定企业的关键成果领域，并在此基础上进一步识别关键成功要素，确定关键绩效指标的方法。

（二）组织功能分解法

组织功能分解法，是基于组织功能定位，按照各所属单位（部门）对企业总目标所承担的职责，逐级分解和确定关键绩效指标的方法。

（三）工作流程分解法

工作流程分解法，是按照工作流程各环节对企业价值贡献程度，识别出关键业务流程，将企业总目标层层分解至关键业务流程相关所属单位（部门）或岗位（员工），确定关键绩效指标的方法。

五、关键绩效指标的权重及目标值

（一）关键绩效指标的权重

关键绩效指标的权重分配应以企业战略目标为导向，反映被评价对象对企业价值贡献或支持的程度，以及各指标之间的重要性水平。

单项关键绩效指标权重一般设定在5%～30%，对特别重要的指标可适当提高权重。对特别关键、影响企业整体价值的指标可设立"一票否决"制度，即如果某项关键绩效指标未完成，无论其他指标是否完成，均视为未完成绩效目标。

（二）关键绩效指标目标值

企业确定关键绩效指标目标值，一般参考以下标准：

（1）依据国家有关部门或权威机构发布的行业标准或参考竞争对手标准。比如，国务院国资委考核分配局编制并每年更新出版的《企业绩效评价标准值》。

（2）参照企业内部标准，包括企业战略目标、年度生产经营计划目标、年度预算目标、历年指标水平等。

（3）不能按前两项方法确定的，可根据企业历史经验值确定。

关键绩效指标的目标值确定后，应规定因内外部环境发生重大变化、自然灾害等不可抗力因素对绩效完成结果产生重大影响时，对目标值进行调整的办法和程序。一般情况下，由被评价对象或评价主体测算确定影响额度，向相应的绩效管理工作机构提出调整申请，报薪酬与考核委员会或类似机构审批。

【案例7-5】 A企业是一家生产销售通信设备的民营高科技公司。公司产品主要涉及通信网络中的交换网络、传输网络、无线及有线固定接入网络和数据通信网络及无线终端产品，为世界各地通信运营商及专业网络拥有者提供硬件设备、软件、服务和解决方案。

为了提升企业的核心竞争力，持续地取得竞争优势，A企业开始建立"公司级关键业绩指标体系"。企业的主要责任中心有：研发系统、营销系统、采购系统、生产系统等。以研发系统、营销系统为例，其KPI如表7-6所示。

表 7-6 研发系统、营销系统 KPI

项目	指标	定　义
研发系统 KPI	新产品销售额比率增长率和老产品市场增长率	年度新产品订货额占全部销售订货额比率的增长率，老产品的净增幅
	人均新产品毛利增长率	计划期内，新产品营业收入减去新产品销售成本后的毛利与研发系统员工平均人数比率的增长率
	老产品技术优化及物料成本降低额	计划期内，销售的老产品扣除可比采购成本升（降）因素后的物料成本降低额
	运行产品故障数下降率	计划期内，网上运行产品故障总数的下降率
营销系统 KPI	销售额增长率	计划期内，分别按订货口径计算和按销售回款口径计算的销售额增长率
	出口收入占营业收入比率增长率	计划期内，出口收入占营业收入比率的增长率
	人均销售毛利增长率	计划期内，产品营业收入减去产品销售成本后的毛利与营销系统平均员工人数比率的增长率
	销售费用率降低率	计划期内，销售费用支出占营业收入比率的降低率
	合同错误率降低率	计划期内，发生错误的合同数占全部合同数比率的降低率

六、关键绩效指标法评价

关键绩效指标法的主要优点：①使企业业绩评价与战略目标密切相关，有利于战略目标的实现。②通过识别的价值创造模式把握关键价值驱动因素，能够更有效地实现企业价值增值目标。③评价指标数量相对较少，易于理解和使用，实施成本相对较低，有利于推广实施。

关键绩效指标法的主要缺点：关键绩效指标的选取需要透彻理解企业价值创造模式和战略目标，有效识别核心业务流程和关键价值驱动因素，指标体系设计不当将导致错误的价值导向或管理缺失。

任务三　经济增加值法

一、经济增加值法的内涵

经济增加值法是指以经济增加值（economic value added，EVA）为核心，建立绩效指标体系，引导企业注重价值创造，并据此进行绩效管理的方法。

经济增加值是指税后净营业利润扣除全部投入资本的成本后的剩余收益。经济增加值及其改善值是全面评价经营者有效使用资本和为企业创造价值的重要指标。经济增加值为正,表明经营者在为企业创造价值;经济增加值为负,表明经营者在损毁企业价值。

经济增加值法较少单独应用,一般与关键绩效指标法、平衡计分卡等其他方法结合使用。企业应用经济增加值法进行绩效管理的对象,可为企业及其所属单位(部门)(可单独计算经济增加值)和高级管理人员。

二、经济增加值的应用环境

企业应用经济增加值法,应树立价值管理理念,明确以价值创造为中心的战略目标,建立以经济增加值为核心的价值管理体系,使价值管理成为企业的核心管理制度。

企业应综合考虑宏观环境、行业特点和企业的实际情况,通过价值创造模式的识别,确定关键价值驱动因素,构建以经济增加值为核心的指标体系。

企业应建立清晰的资本资产管理责任体系,确定不同被评价对象的资本资产管理责任。

企业应建立健全会计核算体系,确保会计数据真实可靠、内容完整,并及时获取与经济增加值计算相关的会计数据。

企业应加强融资管理,关注筹资来源与渠道,及时获取债务资本成本、股权资本成本等相关信息,合理确定资本成本。

企业应加强投资管理,把能否增加价值作为新增投资项目决策的主要评判标准,以保持持续的价值创造能力。

三、经济增加值的应用程序

企业应用经济增加值法,一般按照制订以经济增加值指标为核心的绩效计划、制订激励计划、执行绩效计划与激励计划、实施绩效评价与激励、编制绩效评价与激励管理报告等程序进行。

(一)制订以经济增加值指标为核心的绩效计划

企业通常按《管理会计应用指引第600号——绩效管理》第十条所规定的管理活动制订绩效计划。绩效计划是企业开展业绩评价工作的行动方案,包括构建指标体系、分配指标权重、确定业绩绩效目标值、选择计分方法和评价周期、拟订业绩绩效责任书等。

1. 构建指标体系

经济增加值法指标体系通常包括经济增加值、经济增加值改善值、经济增加值回报率、资本周转率、产量、销量、单位生产成本等。

构建经济增加值指标体系,一般按照以下程序进行:

(1)制定企业级经济增加值指标体系。应结合行业竞争优势、组织结构、业务特点、会计政策等情况,确定企业级经济增加值指标的计算公式、调整项目、资本成本等,并围绕经济增加值的关键驱动因素,制定企业的经济增加值指标体系。

(2)制定所属单位(部门)级经济增加值指标体系。根据企业级经济增加值指标体系,结合所属单位(部门)所处行业、业务特点、资产规模等因素,在充分沟通的基础上,设定所属单位(部门)级经济增加值指标的计算公式、调整项目、资本成本等,并围绕所属单位(部门)经济增加值的关键驱动因素,细化制定所属单位(部门)的经济增加值指标体系。

(3)制定高级管理人员的经济增加值指标体系。根据企业级、所属单位(部门)级经济增加值指标体系,结合高级管理人员的岗位职责,制定高级管理人员的经济增加值指标体系。

2. 分配指标权重

应用经济增加值法建立的绩效评价体系,应赋予经济增加值指标较高的权重。

3. 确定业绩绩效目标值

经济增加值目标值根据经济增加值基准值(简称 EVA 基准值)和期望的经济增加值改善值(简称期望的 $\triangle EVA$)确定。

$$EVA \text{ 目标值} = EVA \text{ 基准值} + \text{期望的 } \triangle EVA$$

企业在确定 EVA 基准值和期望的 $\triangle EVA$ 值时,要充分考虑企业规模、发展阶段、行业特点等因素。其中,EVA 基准值可参照上年实际完成值、上年实际完成值与目标值的平均值、近几年(比如前 3 年)实际完成值的平均值等确定。期望的 $\triangle EVA$ 值,根据企业战略目标、年度生产经营计划、年度预算安排、投资者期望等因素,结合价值创造能力改善等要求综合确定。

(二)制订薪酬激励计划

经济增加值法的激励计划按激励形式可分为薪酬激励计划、能力开发激励计划、职业发展激励计划和其他激励计划。应用经济增加值法建立的激励体系,应以经济增加值的改善值为基础。

薪酬激励计划主要包括目标奖金、奖金库和基于经济增加值的股票期权。

1. 目标奖金

目标奖金是达到经济增加值目标值所获得的奖金,只对经济增加值增量部分实施奖励。

2. 奖金库

奖金库是基于对企业经济增加值长期增长目标实施的奖励。企业设立专门的账号管理奖金,将以经济增加值为基准计算的奖金额存入专门账户中,以递延奖金形式发放。

3. 股票期权

根据经济增加值确定股票期权的行权价格和数量,行权价格每年以相当于企业资本成本的比例上升,授予数量由当年所获得的奖金确定。

能力开发激励计划主要包括对员工知识、技能等方面的提升计划。

职业发展激励计划主要是对员工职业发展作出的规划。

其他激励计划包括良好的工作环境、晋升与降职、表扬与批评等。

四、经济增加值的计算与应用

(一)经济增加值的计算

经济增加值的计算公式为:

$$\text{经济增加值} = \text{税后净营业利润} - \text{平均资本占用} \times \text{加权平均资本成本}$$

其中:税后净营业利润反映的是企业的经营盈利情况;平均资本占用反映的是企业持续投入的各种债务资本和股权资本;加权平均资本成本反映的是企业各种资本的平均成本率。

1. 税后净营业利润

税后净营业利润等于会计上的税后净利润加上利息支出等会计调整项目后得到的税后利润。计算经济增加值时,需要进行相应的会计项目调整,以消除财务报表中不能准确反映企业价值创造的部分。会计调整项目的选择应遵循价值导向性、重要性、可控性、可操作性与行业可比性等原则,根据企业实际情况确定。常用的调整项目有:

(1) 研究开发费、大型广告费等一次性支出但收益期较长的费用,应予以资本化处理,不计入当期费用。

(2) 反映付息债务成本的利息支出,不作为期间费用扣除,计算税后净营业利润时扣除所得税影响后予以加回。

(3) 营业外收入、营业外支出具有偶发性,应将当期发生的营业外收支从税后净营业利润中扣除。

(4) 将当期减值损失扣除所得税影响后予以加回,并在计算资本占用时相应调整资产减值准备发生额。

(5) 递延税金不反映实际支付的税款情况,应将递延所得税资产及递延所得税负债变动影响的企业所得税从税后净营业利润中扣除,相应调整资本占用。

(6) 其他非经常性损益调整项目,如股权转让收益等。

$$税后净营业利润 = 净利润 \pm 调整项目 \times (1-25\%)$$

2. 平均资本占用

平均资本占用是所有投资者投入企业经营的全部资本,包括债务资本和股权资本。其中债务资本包括融资活动产生的各类有息负债,不包括经营活动产生的无息流动负债。股权资本中包含少数股东权益。资本占用除根据经济业务实质相应调整资产减值损失、递延所得税等,还可根据管理需要调整研发支出、在建工程项目,引导企业注重长期价值创造。

3. 加权平均资本成本

加权平均资本成本是债务资本成本和股权资本成本的加权平均,反映了投资者所要求的必要报酬率。加权平均资本成本的计算公式为:

$$Kwacc = K_d \times DC \div TC \times (1-T) + K_s \times EC \div TC$$

其中:TC 代表资本占用,EC 代表股权资本,DC 代表债务资本,T 代表所得税税率,$Kwacc$ 代表加权平均资本成本,K_d 代表税前债务资本成本,K_s 代表股权资本成本。

税前债务资本成本是企业实际支付给债权人的税前利率,反映的是企业在资本市场中债务融资的成本率。如果企业存在不同利率的融资来源。债务资本成本应使用加权平均值。

股权资本成本是在不同风险下,所有者对投资者要求的最低回报率。它通常根据资本资产定价模型确定,其计算公式为:

$$K_s = R_f + \beta(R_m - R_f)$$

其中:R_f 代表无风险收益率,R_m 代表市场预期回报率,$(R_m - R_f)$ 代表市场风险溢价。β 代表企业股票相对于整个市场的风险指数。上市企业的 β 值,可采用回归分析法或单独使用最小二乘法等方法测算确定,也可以直接采用证券机构等提供或发布的 β 值;非上市企业的 β 值,可采用类比法,参考同类上市企业的 β 值确定。

企业级加权平均资本成本确定后,应结合行业情况、不同所属单位(部门)的特点,通过计算(能单独计算的)或指定(不能单独计算的)的方式确定所属单位(部门)的资本成本。通常情况下,企业对所属单位(部门)所投入资本即股权资本的成本率是相同的,为简化资本成本的计算,所属单位(部门)的加权平均资本成本一般与企业保持一致。

五、工具方法评价

经济增加值法的主要优点:①考虑了所有资本的成本,更真实地反映了企业的价值创造能力。②实现了企业利益、经营者利益和员工利益的统一,激励经营者和所有员工为企业创造更多价值。③能有效遏制企业盲目扩张规模以追求利润总量和增长率的倾向,引导企业注重长期价值创造。

经济增加值法的主要缺点:①仅对企业当期或未来1~3年价值创造情况的衡量和预判,无法衡量企业长远发展战略的价值创造情况。②计算主要基于财务指标,无法对企业的营运效率与效果进行综合评价。③不同行业、不同发展阶段、不同规模等的企业,其会计调整项和加权平均资本成本各不相同,计算比较复杂,影响指标的可比性。

任务四 平衡计分卡

一、平衡计分卡的含义

平衡计分卡是指基于企业战略,从财务、客户、内部业务流程、学习与成长四个维度,将战略目标逐层分解转化为具体的、相互平衡的绩效指标体系,并据此进行绩效管理的方法。

平衡计分卡提供了一个综合的绩效评价框架,是将企业的战略目标转化为一套条理分明的绩效评价体系。管理者通过回答四个层面的基本问题来关注企业的绩效。平衡计分卡框架图如图7-2所示。

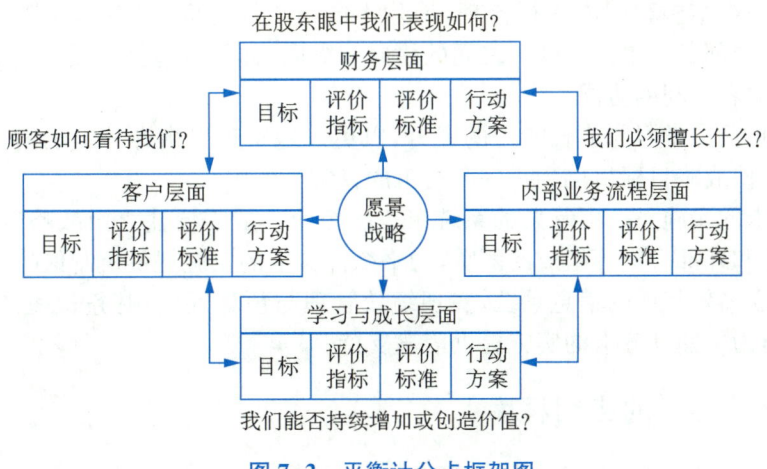

图7-2 平衡计分卡框架图

管理者通过回答下面四个层面的基本问题来关注企业的绩效：

(1) 我们的顾客如何看待我们？(客户层面)

(2) 我们必须擅长什么？(内部业务流程层面)

(3) 我们能否持续增加或创造价值？(学习与成长层面)

(4) 在股东眼中我们表现如何？(财务层面)

财务视角是整个平衡计分卡的出发点和归宿，企业仍以谋取股东利益最大化为出发点，但以满足客户需要(如价格、质量、功能、品牌、服务等)为前提条件，从客户需要出发来优化内部业务流程(如运营流程、客户管理流程、创新流程、行政管理流程等)，内部业务流程的优化则取决于学习和成长方面，也就是人力资源、信息资源和组织资源的状况能否创造出优化的内部业务流程。反之，企业拥有优良的人力资源、信息资源和组织资源是为获得优化的内部业务流程，满足客户需要，进而谋取股东利益最大化。平衡计分卡的四个视角连接成一个"闭路循环"。

平衡计分卡的"平衡"包括以下含义：①财务绩效与非财务绩效的平衡。②与客户有关的外部衡量以及与关键业务过程和学习成长有关的内部衡量的平衡。③领先指标和滞后指标设计的平衡。④结果衡量(过去努力的结果)与未来绩效衡量的平衡。

平衡计分卡的实施是一项复杂的系统工程，企业一般需要建立由战略管理、人力资源管理、财务管理和外部专家等组成的团队，为平衡计分卡的实施提供机制保障。企业应建立高效集成的信息系统，实现绩效管理与预算管理、财务管理、生产经营等系统的紧密结合，为平衡计分卡的实施提供信息支持。

平衡计分卡通常与战略地图等其他工具结合使用。

平衡计分卡的应用对象可为企业、所属单位(部门)和员工。

二、平衡计分卡的应用环境

企业应用平衡计分卡工具方法，应有明确的愿景和战略。

平衡计分卡应以战略目标为核心，全面描述、衡量和管理战略目标，将战略目标转化为可操作的行动。

平衡计分卡可能涉及组织和流程变革，具有创新精神、变革精神的企业文化有助于成功实施平衡计分卡。

企业应对组织结构和职能进行梳理，消除不同组织职能间的壁垒，实现良好的组织协同，既包括企业内部各级单位(部门)之间的横向与纵向协同，也包括与投资者、客户、供应商等外部利益相关者之间的协同。

企业应注重员工学习与成长能力的提升，以更好地实现平衡计分卡的财务、客户、内部业务流程目标，使战略目标贯彻到每一名员工的日常工作中。

平衡计分卡的实施是一项复杂的系统工程。企业一般需要建立由战略管理、人力资源管理、财务管理和外部专家等组成的团队，为平衡计分卡的实施提供机制保障。

企业应建立高效集成的信息系统，实现绩效管理与预算管理、财务管理、生产经营等系统的紧密结合，为平衡计分卡的实施提供信息支持。

三、平衡计分卡的应用程序

企业应用平衡计分卡工具方法，一般按照制定战略地图、制订以平衡计分卡为核心的绩效计划、制订激励计划、制定战略性行动方案、执行绩效计划与激励计划、实施绩效评价与激励、编制绩效评价与激励管理报告等程序进行。

企业首先应制定战略地图,即基于企业愿景与战略,将战略目标及其因果关系、价值创造路径以图示的形式直观、明确、清晰地呈现。

战略地图基于战略主题构建,战略主题反映企业价值创造的关键业务流程,每个战略主题包括相互关联的1~2个目标。

战略地图制定后,应以平衡计分卡为核心编制绩效计划。绩效计划是企业开展绩效评价工作的行动方案,包括构建指标体系、分配指标权重、确定绩效目标值、选择计分方法和评价周期、签订绩效责任书等一系列管理活动。制订绩效计划通常从企业级开始,层层分解到所属单位(部门),最终落实到具体岗位和员工。

四、平衡计分卡指标体系的构建

(一) 构建平衡计分卡指标体系的程序

平衡计分卡指标体系的构建应围绕战略地图,针对财务、客户、内部业务流程和学习与成长四个维度的战略目标,确定相应的评价指标。构建平衡计分卡指标体系的一般程序如下,如图7-3所示。

1. 制定企业级指标体系

根据企业层面的战略地图,为每个战略主题的目标设定指标,每个目标至少应有1个指标。

2. 制定所属单位(部门)级指标体系

依据企业级战略地图和指标体系,制定所属单位(部门)的战略地图,确定相应的指标体系,协同各所属单位(部门)的行动与战略目标保持一致。

3. 制定岗位(员工)级指标体系

根据企业、所属单位(部门)级指标体系,按照岗位职责逐级形成岗位(员工)级指标体系。

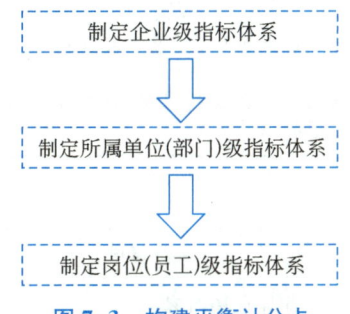

图7-3 构建平衡计分卡指标体系程序

平衡计分卡指标体系构建时,应注重短期目标与长期目标的平衡、财务指标与非财务指标的平衡、结果性指标与动因性指标的平衡、企业内部利益与外部利益的平衡。平衡计分卡每个维度的指标通常为4~7个,总数量一般不超过25个。

(二) 平衡计分卡指标体系的具体内容

平衡计分卡指标体系构建时,企业应以财务维度为核心,其他维度的指标都与核心维度的一个或多个指标相联系。通过梳理核心维度目标的实现过程,确定每个维度的关键驱动因素,结合战略主题,选取关键绩效指标。

1. 财务维度

以财务术语描述了战略目标的有形成果。企业常用指标有投资资本回报率、净资产收益率、经济增加值、息税前利润、自由现金流、资产负债率、总资产周转率等。

2. 客户维度

界定了目标客户的价值主张。企业常用指标有市场份额、客户满意度、客户获得率、客户保持率、客户获利率、战略客户数量等。

3. 内部业务流程维度

确定了对战略目标产生影响的关键流程。企业常用指标有交货及时率、生产负荷率、产品合格率、存货周转率、单位生产成本等。

4. 学习与成长维度

确定了对战略最重要的无形资产。企业常用指标有员工保持率、员工生产率、培训计划完成率、员工满意度等。企业可根据实际情况建立通用类指标库,不同层级单位和部门结合不同的战略定位、业务特点选择适合的指标体系。

【案例 7-5】 A 企业为国内某著名的房地产开发商,2023 年就开始采用平衡计分卡绩效评价方式来加强管理,实现战略,增强核心竞争能力。该企业在财务层面、客户层面、内部业务流程层面、学习与成长层面的关键绩效指标如表 7-7 至表 7-10 所示。

表 7-7 财务层面关键绩效指标

评价目的	具体绩效评价指标
实现项目预期利润	项目净利润
提高项目盈利能力	集团资源回报率、项目销售毛利率、项目销售额、销售均价
控制成本费用,优化资本结构	土地成本比重、单方建安成本、单方管理费用、单方销售费用
提高项目资金利用率,保证资金平衡和现金畅通	土地储备周转率、单位开发面积的资金成本、应收账款回收期、商品达到可销售状态时间、每年可销售商品房数量

表 7-8 客户层面关键绩效指标

评价目的	具体绩效评价指标
了解目标市场与客户	目标与区域市场占有率、产品结构合理性
提供客户满意的产品与服务	客户满意度、客户推荐购买率、客户忠诚度
提升企业形象,增加产品附加值	媒体宣传覆盖率、品牌认知度与影响力
创造良好的外部关系	合作方满意度

表 7-9 内部业务流程层面关键绩效指标

评价目的	具体绩效评价指标
提高项目设计水平	市场与产品的把握能力、出图时间、设计的创新
加强项目开发能力与业务拓展能力	业务区域拓展、土地储备率
明确合理的开发节奏与计划,有效降低风险	开工、开盘、入住时间、具备抵押贷款、提供融资抵押物、资金解决方案
缩短工程周期和提高工程质量,实现资源的整合	竣工时间、现场管理组织架构、工程合格率、企业资源共享度

表 7-10　学习与成长层面关键绩效指标

评价目的	具体绩效评价指标
提高人才储备管理	员工培训比率与周期、储备人才比率
优化人力资源配备	主要职位合格人数比率、主要岗位人才满足度
创造和谐的工作氛围，支持战略执行	员工满意度、员工岗位交叉培训度

五、平衡计分卡指标的权重与目标值

平衡计分卡指标的权重分配应以战略目标为导向，反映被评价对象对企业战略目标贡献或支持的程度，以及各指标之间的重要性水平。

企业绩效指标权重一般设定在 5%～30%，对特别重要的指标可适当提高权重。对特别关键、影响企业整体价值的指标可设立"一票否决"制度，即如果某项绩效指标未完成，无论其他指标是否完成，均视为未完成绩效目标。

平衡计分卡绩效目标值应根据战略地图的因果关系分别设置。首先确定战略主题的目标值，其次确定主题内的目标值，然后基于平衡计分卡评价指标与战略目标的对应关系，为每个评价指标设定目标值，通常设计 3～5 年的目标值。

平衡计分卡绩效目标值确定后，应规定因内外部环境发生重大变化、自然灾害等不可抗力因素对绩效完成结果产生重大影响时，对目标值进行调整的办法和程序。一般情况下，由被评价对象或评价主体测算确定影响程度，向相应的绩效管理工作机构提出调整申请，报薪酬与考核委员会或类似机构审批。

绩效计划与激励计划制订后，企业应在战略主题的基础上，制定战略性行动方案，实现短期行动计划与长期战略目标的协同。战略性行动方案的制定主要包括以下内容：

（1）选择战略性行动方案。制定每个战略主题的多个行动方案，并从中区分、排序和选择最优的战略性行动方案。

（2）提供战略性资金。建立战略性支出的预算，为战略性行动方案提供资金支持。

（3）建立责任制。明确战略性行动方案的执行责任方，定期回顾战略性行动方案的执行进程和效果。

绩效计划与激励计划执行过程中，企业应按照纵向一致、横向协调的原则，持续地推进组织协同，将协同作为一个重要的流程进行管理，使企业和员工的目标、职责与行动保持一致，创造协同效应。

绩效计划与激励计划执行过程中，企业应持续深入地开展流程管理，及时识别存在问题的关键流程，根据需要对流程进行优化完善，必要时进行流程再造，将流程改进计划与战略目标相协同。

平衡计分卡的实施是一项长期的管理改善工作，在实践中通常采用先试点后推广的方式，循序渐进，分步实施。

六、平衡计分卡法评价

平衡计分卡的主要优点：①战略目标逐层分解并转化为被评价对象的绩效指标和行

动方案,使整个组织行动协调一致。②从财务、客户、内部业务流程、学习与成长四个维度确定绩效指标,使绩效评价更为全面完整。③将学习与成长作为一个维度,注重员工的发展要求和组织资本、信息资本等无形资产的开发利用,有利于增强企业可持续发展的动力。

应用平衡计分卡的主要缺点:①专业技术要求高,工作量比较大,操作难度也较大,需要持续地沟通和反馈,实施比较复杂,实施成本高。②各指标权重在不同层级及各层级不同指标之间的分配比较困难,且部分非财务指标的量化工作难以落实。③系统性强、涉及面广,需要专业人员的指导、企业全员的参与和长期持续地修正与完善,对信息系统、管理能力有较高的要求。

任务五　绩效棱柱模型

一、绩效棱柱模型的内涵

绩效棱柱模型是指从企业利益相关者角度出发,以利益相关者满意为出发点,利益相关者贡献为落脚点,以企业战略、业务流程、组织能力为手段,用棱柱的五个构面构建三维绩效评价体系,并据此进行绩效管理的方法。

利益相关者是指有能力影响企业或者被企业所影响的人或者组织,通常包括股东、债权人、员工、客户、供应商、监管机构等。

二、绩效棱柱模型的应用环境

绩效棱柱模型适用于管理制度比较完善,业务流程比较规范,管理水平相对较高的大中型企业。

绩效棱柱模型的应用对象可为企业和企业各级所属单位(部门)。

企业应坚持主要利益相关者价值取向,建立有效的内外部沟通协调机制,与利益相关者建立良好的互动关系。

企业应根据主要利益相关者的需求制定战略,优化关键流程,提升组织能力,在满足主要利益相关者需求的基础上分享其作出的贡献。

企业应用绩效棱柱模型工具方法,一般需要建立由负责战略、人力资源、财务、客户和供应商等有关部门及外部专家等组成的项目团队。

企业应对人力资源管理、客户关系管理、供应商关系管理、财务管理等系统进行集成,为绩效棱柱模型的实施提供信息支持。

三、绩效棱柱模型的应用程序

企业在制订绩效计划时,可采用绩效棱柱模型工具方法。在应用该方法时,一般按照明确主要利益相关者、绘制利益相关者地图、优化战略和业务流程以及提升能力、制订以绩效棱柱模型为核心的绩效计划等程序进行。

企业应结合自身的经营环境、行业特点、发展阶段、商业模式、业务特点等因素界定利益相关者范围，进一步运用态势分析法、德尔菲法等方法确定绩效棱柱模型的主要利益相关者。

企业应根据确定的主要利益相关者，绘制基于绩效棱柱模型的利益相关者地图。

利益相关者地图是以利益相关者满意为出发点，按照企业战略、业务流程、组织能力依次展开，并以利益相关者贡献为落脚点的平面展开图。

利益相关者地图可将绩效棱柱模型五个构面以图示形式直观、明确、清晰地呈现出来。

绘制利益相关者地图后，企业应及时查找现有的战略、业务流程和组织能力在满足主要利益相关者满意方面存在的不足和差距，进一步优化战略和业务流程，提升组织能力，制定行动方案并有效地实施。

绘制利益相关者地图后，企业还应以绩效棱柱模型为核心编制绩效计划。绩效计划是企业开展绩效评价工作的行动方案，包括构建指标体系、分配指标权重、确定绩效目标值、选择计分方法和评价周期、签订绩效责任书等一系列管理活动。

企业应围绕利益相关者地图，构建绩效棱柱模型指标体系。指标体系的构建应坚持系统性、相关性、可操作性、成本效益原则。各项指标应简单明了，易于理解和使用。主要内容如下：

（一）制定企业级指标体系

根据企业层面的利益相关者地图，分别设计出各个层面的绩效评价指标。

（二）制定所属单位（部门）级指标体系

根据企业级利益相关者地图和指标体系，绘制所属单位（部门）级利益相关者地图，制定相应的指标体系。

四、绩效棱柱模型指标体系的具体内容

（一）利益相关者满意评价指标

利益相关者满意评价指标包括：与投资者（包括股东和债权人，下同）相关的指标有总资产报酬率、净资产收益率、派息率、资产负债率、流动比率等；与员工相关的指标有员工满意度、工资收入增长率、人均工资等；与客户相关的指标有客户满意度、客户投诉率等；与供应商相关的指标有逾期付款次数等；与监管机构相关的指标有社会贡献率、资本保值增值率等。

（二）企业战略评价指标

企业战略评价指标包括：与投资者相关的指标有可持续增长率、资本结构、研发投入比率等；与员工相关的指标有员工职业规划、员工福利计划等；与客户相关的指标有品牌意识、客户增长率等；与供应商相关的指标有供应商关系质量等；与监管机构相关的指标有政策法规认知度、企业的环保意识等。

（三）业务流程评价指标

业务流程评价指标包括：与投资者相关的指标有标准化流程比率、内部控制有效性等；与员工相关的指标有员工培训有效性、培训费用支出率等；与客户相关的指标有产品合格

率、准时交货率等；与供应商相关的指标有采购合同履约率、供应商的稳定性等；与监管机构相关的指标有环保投入率、罚款与销售比率等。

（四）组织能力评价指标

组织能力评价指标包括：与投资者相关的指标有总资产周转率、管理水平评分等；与员工相关的指标有员工专业技术水平、人力资源管理水平等；与客户相关的指标有售后服务水平、市场管理水平等；与供应商相关的指标有采购折扣率水平、供应链管理水平等；与监管机构相关的指标有节能减排达标率等。

（五）利益相关者贡献评价指标

利益相关者贡献评价指标包括：与投资者相关的指标有融资成本率等；与员工相关的指标有员工生产率、员工保持率等；与客户相关的指标有客户忠诚度、客户毛利水平等；与供应商相关的指标有供应商产品质量水平、按时交货率等；与监管机构相关的指标有当地政府支持度、税收优惠程度等。

五、指标权重和绩效目标值

企业分配绩效棱柱模型指标权重，应以主要利益相关者价值为导向，反映所属各单位或部门、岗位对主要利益相关者价值贡献或支持的程度，以及各指标之间的重要性水平。首先根据重要性水平分别对主要利益相关者分配权重，权重之和为100％；然后对不同主要利益相关者五个构面分别设置权重，权重之和为100％；单项指标权重一般设定在5％～30％，对特别重要的指标可适当提高权重。

企业设定绩效棱柱模型的绩效目标值，应根据利益相关者地图的因果关系，以利益相关者满意指标目标值为出发点，逐步分解得到企业战略、业务流程、组织能力的各项指标目标值，最终实现利益相关者贡献的目标值。各目标值应符合企业实际，具有可实现性和挑战性，使被评价对象经过努力可以达到。

绩效棱柱模型绩效目标值确定后，因内外部环境发生重大变化、自然灾害等不可抗力因素对绩效完成结果产生重大影响时，企业应规定对目标值进行调整的办法和程序。一般情况下，由被评价对象或评价主体测算确定影响额度，向相应的绩效管理工作机构提出调整申请，报薪酬与考核委员会或类似机构审批。

绩效棱柱模型的实施是一项长期管理改善工作，企业在实践中通常可采用先试点后推广的方式，循序渐进分步实施。

六、绩效棱柱模型的评价

绩效棱柱模型的主要优点：坚持主要利益相关者价值取向，使主要利益相关者与企业紧密联系，有利于实现企业与主要利益相关者的共赢，为企业可持续发展创造良好的内外部环境。

绩效棱柱模型的主要缺点：涉及多个主要利益相关者，对每个主要利益相关者都要从五个构面建立指标体系，指标选取复杂，部分指标较难量化，对企业信息系统和管理水平有较高要求，实施难度大、门槛高。

# 项目小结

在本项目中,我们深入探讨了绩效管理这一重要领域。绩效管理是组织实现战略目标的关键环节,它通过设定明确的目标、制定有效的评估体系以及实施激励措施,促进组织和员工的共同发展。我们了解了绩效管理的基本流程,包括绩效计划的制订、绩效执行与监控、绩效评估以及绩效反馈与改进。这一过程确保了组织能够准确衡量员工的工作表现,并及时发现问题,采取相应的措施加以解决。同时,我们认识到绩效管理需要与组织的战略紧密结合,以确保员工的努力方向与组织的目标相一致。多种绩效评估方法的运用,使评估结果更加客观、全面。此外,有效的沟通在绩效管理中起着至关重要的作用,它有助于促进员工与管理者之间的理解与合作。

总之,绩效管理是一项复杂但极具价值的工作,它对于提升组织绩效、激发员工潜力具有不可忽视的作用。通过不断完善和优化绩效管理体系,组织能够在日益激烈的市场竞争中取得优势,实现可持续发展。

习题与实训

任务一 绩效管理认知

一、判断题
1. 绩效管理的核心是绩效评价和激励管理。   （   ）
2. 绩效评价是企业实施激励管理的重要依据。   （   ）
3. 激励管理是促进企业绩效提升的重要手段。   （   ）
4. 企业根据自身战略目标、业务特点和管理需要,结合不同工具方法的特征及适用范围,只能选择一种适合的绩效管理工具方法单独使用。   （   ）
5. 企业应建立有助于绩效管理实施的信息系统,为绩效管理工作提供信息支持。（   ）

二、单项选择题
1. 绩效评价计分方法可分为定量法和(   )。
   A. 定性法   B. 定额法   C. 定值法   D. 定标法
2. 绩效评价周期一般可分为月度、季度、半年度、年度、(   )。
   A. 每旬   B. 任期   C. 2年   D. 5年
3. 绩效责任书一般按年度或(   )签订。
   A. 任期   B. 半年度   C. 季度   D. 月度
4. 绩效评价报告根据评价结果编制,反映被评价对象的绩效计划完成情况,通常由报告正文和附件构成。报告正文主要包括评价情况说明和(   )。
   A. 评价对象   B. 评价依据
   C. 管理建议   D. 评价结果
5. 薪酬激励计划按期限可分为短期薪酬激励计划和中长期薪酬激励计划。短期薪酬激励计划主要包括绩效工资、绩效奖金、(   )等。
   A. 绩效福利   B. 股票期权
   C. 限制性股票   D. 虚拟股票

三、多项选择题
1. 企业进行绩效管理,一般应遵循的原则包括(   )。
   A. 战略导向原则   B. 客观公正原则
   C. 规范统一原则   D. 科学有效原则
2. 企业进行绩效管理时,应设立薪酬与考核委员会或类似机构,主要负责审核(   )等,协调解决绩效管理工作中的重大问题。
   A. 绩效管理的政策和制度   B. 绩效计划与激励计划
   C. 绩效评价结果与激励实施方案   D. 绩效评价与激励管理报告

3. 激励计划是企业为激励被评价对象而采取的行动方案,包括(　　)等。
   A. 激励对象　　　　B. 激励形式　　　　C. 激励条件　　　　D. 激励周期
4. 绩效评价过程及结果应有完整的记录,结果应得到评价主体和被评价对象的确认,并进行公开发布或非公开告知。公开发布的主要方式有(　　)等。
   A. 召开绩效发布会　　　　　　　　　B. 企业网站绩效公示
   C. 面板绩效公告　　　　　　　　　　D. 一对一书面
5. 绩效评价过程及结果应有完整的记录,结果应得到评价主体和被评价对象的确认,并进行公开发布或非公开告知。非公开发布的主要方式有(　　)等。
   A. 一对一书面　　　　　　　　　　　B. 企业网站绩效公示
   C. 电子邮件函告　　　　　　　　　　D. 面谈告知

任务二　关键绩效指标法

一、判断题

1. 关键绩效指标法可单独使用,也可与经济增加值法、平衡计分卡等其他方法结合使用。(　　)
2. 战略目标是确定关键绩效指标体系的基础,关键绩效指标反映战略目标,对战略目标的实施效果进行衡量和监控。(　　)
3. 企业的关键绩效指标一般可分为结果类和动因类两类指标。(　　)
4. 关键绩效指标的目标值确定后,即使因内外部环境发生重大变化、自然灾害等不可抗力因素对绩效完成结果产生重大影响时,也不能对目标值进行调整。(　　)
5. 关键绩效指标(KPI)是一种绩效考评方法。(　　)

二、单项选择题

1. 企业的关键绩效指标一般可分为结果类和(　　)两类指标。
   A. 过程类　　　　B. 动因类　　　　C. 要素类　　　　D. 前提类
2. 关键绩效指标应含义明确、可度量、与战略目标高度相关。指标的数量不宜过多,每一层级的关键绩效指标一般不超过(　　)个。
   A. 5　　　　B. 15　　　　C. 10　　　　D. 20
3. 关键绩效指标的设计要符合SMART原则,其中的S是指(　　)。
   A. 指标必须是具体的,以保证其具有明确的牵引性
   B. 指标必须是可衡量的,即必须有明确的衡量指标
   C. 指标必须是可以达成的,不能因为指标的无法达成而使员工遭受挫折
   D. 指标必须是相关的,它必须与公司的战略目标、部门任务及职位职责相联系
4. 关键绩效指标的权重分配应以企业战略目标为导向,反映被评价对象对企业价值贡献或支持的程度,以及各指标之间的(　　)水平。
   A. 重要性　　　　B. 关联性　　　　C. 目标性　　　　D. 分析性
5. 单项关键绩效指标权重一般设定在(　　),对特别重要的指标可适当提高权重。
   A. 5%～20%　　　　B. 5%～30%　　　　C. 10%～20%　　　　D. 10%～30%

三、多项选择题

1. 结果类指标是反映企业绩效的价值指标,主要包括(　　)等综合指标。
   A. 投资回报率　　　　B. 净资产收益率　　　C. 经济增加值　　　D. 息税前利润
2. 动因类指标是反映企业值关键驱动因素的指标,主要包括(　　)等。
   A. 资本性支出　　　　B. 单位生产成本　　　C. 产量　　　　　　D. 销量
3. 关键绩效指标应(　　)。
   A. 含义明确　　　　　　　　　　　　　　　B. 可度量
   C. 与战略目标高度相关　　　　　　　　　　D. 可计划
4. 企业应用关键绩效指标法,一般按照(　　)。
   A. 制订以关键绩效指标为核心的绩效计划　　B. 制订激励计划
   C. 执行绩效计划与激励计划　　　　　　　　D. 实施绩效评价与激励

任务三　经济增加值法

一、判断题

1. 经济增加值是指营业利润扣除全部投入资本的成本后的剩余收益。(　　)
2. 经济增加值为负,表明经营者在损毁企业价值。(　　)
3. 经济增加值法一般都是单独应用,很少与关键绩效指标法、平衡计分卡等其他方法结合使用。(　　)
4. 经济增加值法考虑了所有资本的成本,更真实地反映了企业的价值创造能力。(　　)
5. 税后净营业利润等于会计上的税后净利润加上利息支出等会计调整项目后得到的税后利润。(　　)

二、单项选择题

1. 企业应用经济增加值法,一般以(　　)为核心。
   A. 利润指标　　　　　　　　　　　　　　　B. 财务指标
   C. 关键绩效指标　　　　　　　　　　　　　D. 经济增加值指标
2. 某公司 2023 年净利润 80 万元,调整后的资本为 50 万元,利息支出为 5 万元,财务报表中的管理费用下的研究与开发费用为 10 万元,加权平均资本成本率为 4.1%,适用的所得税税率为 25%,则该公司 2023 年经济增加值为(　　)万元。
   A. 92.95　　　　　B. 84.7　　　　　C. 89.2　　　　　D. 86.2
3. 经济增加值法是指税后净营业利润扣除全部投入资本的成本后的(　　)。
   A. 利润总额　　　B. 净利润　　　　C. 剩余收益　　　D. 净现值
4. 企业应用经济增加值法,应树立(　　)。
   A. 利润最大化观念　　　　　　　　　　　　B. 价值管理理念
   C. 剩余收益观念　　　　　　　　　　　　　D. 效益最大化观念
5. 平均资本占用是所有投资者投入企业经营的全部资本,包括债务资本和股权资本,不包括(　　)。
   A. 融资活动产生的各类有息负债　　　　　　B. 经营活动产生的无息流动负债
   C. 少数股东权益　　　　　　　　　　　　　D. 经营活动产生的有息流动负债

三、多项选择题

1. 经济增加值法指标体系通常包括(　　)。
   A. 经济增加值 B. 经济增加值改善值
   C. 经济增加值回报率 D. 资本周转率

2. 下列关于经济增加值的计算的说法中,不正确的有(　　)。
   A. 经济增加值＝税后净营业利润－资本成本
   B. 经济增加值＝税后净营业利润－平均资本占用×加权平均资本成本率
   C. 税后净营业利润＝净利润＋利息支出×(1－25％)
   D. 平均资本占用＝平均所有者权益＋平均负债合计－平均无息流动负债

3. 下列关于经济增加值的说法中,正确的有(　　)。
   A. 经济增加值为正表明经营者为股东创造了价值
   B. 计算经济增加值使用的资本成本应随资本市场变化而调整
   C. 经济增加值是税后净营业利润扣除全部投入资本的成本后的剩余收益
   D. 经济增加值便于不同规模公司之间的业绩比较

4. 下列各项中,属于无息流动负债的科目有(　　)。
   A. 短期借款 B. 盈余公积 C. 应付利息 D. 应付账款

5. 在计算经济增加值时,下列需要进行调整的项目有(　　)。
   A. 研究开发费用 B. 营业外收入 C. 资本化利息支出 D. 递延税金

四、实训题

(一)实训目的

实训经济增加值的计算。

(二)实训资料

甲企业2023年实现净利润136万元,财务费用(利息支出)40万元,企业2023年年末一次性投入广告费10万元。此外,该企业转让股权获得了收益2万元。

根据该企业财务报表数据显示:该企业年初所有者权益为880万元,年末所有者权益为960万元;年初负债为800万元,其中无息流动负债为220万元,年末负债为1 040万元,其中无息流动负债为300万元。平均在建工程占平均总资产的10％。

甲企业的加权平均资本成本率为4.1％。该企业适用的所得税税率为25％。

(三)实训要求

(1) 计算该企业2023年税后净营业利润和平均资本占用。
(2) 计算该企业2023年的经济增加值。

任务四　平衡计分卡

一、判断题

1. 平衡计分卡是注重财务指标和非财务指标综合平衡的战略绩效评价体系,是一种能够推动业绩表现的测量工具。(　　)

2. 平衡计分卡指标体系的构建应围绕战略地图,针对财务、客户、内部业务流程三个维度的

战略目标,确定相应的评价指标。 ( )
3. 企业不仅希望获得更多的顾客,更希望获得有利可图的顾客。增加顾客的盈利能力是保证企业生存和发展的前提条件。 ( )
4. 平衡计分卡必须强调经营成果,这关系到企业未来的生存与发展。 ( )
5. 员工保持率+员工流失率=1。 ( )
6. 财务维度以财务术语描述了战略目标的价值主张。 ( )
7. 学习与成长维度确定了对战略最重要的无形资产。 ( )

二、单项选择题

1. 平衡计分卡以( )为导向,寻找能够驱动战略成功的关键成功因素,建立与之密切联系的指标体系来衡量战略实施过程,并采取必要的修改以维持战略的持续成功。
   A. 财务报表　　　B. 公司战略　　　C. 财务预算　　　D. 公司决策
2. 构建平衡计分卡指标体系时,企业应以( )维度为核心,其他维度的指标都与核心维度的一个或多个指标相联系。
   A. 财务　　　　　B. 顾客　　　　　C. 内部运营　　　D. 学习与成长
3. 下列各项中,不属于企业平衡计分卡中财务视角下重点关注的指标的是( )。
   A. 收入增长　　　　　　　　　　　B. 成本降低
   C. 增加顾客盈利能力　　　　　　　D. 提高资产利用率
4. 下列各项中,属于平衡计分卡内部运营维度的业绩评价指标的是( )。
   A. 投资报酬率　　　　　　　　　　B. 客户保持率
   C. 生产负荷率　　　　　　　　　　D. 培训计划完成率、
5. 平衡计分卡每个维度的指标通常为4~7个,总数量一般不超过( )个。
   A. 16　　　　　　B. 20　　　　　　C. 25　　　　　　D. 30

三、多项选择题

1. 平衡计分卡是从( )角度,将组织的战略落实为可操作的衡量指标和目标值的一种新型绩效管理体系。
   A. 财务　　　　　B. 顾客　　　　　C. 内部运营　　　D. 学习与成长
2. 下列各项中,属于财务维度的核心指标的有( )。
   A. 净资产收益率　B. 经济增加值　　C. 资产负债率　　D. 总资产周转率
3. 下列各项中,属于客户维度的核心指标的有( )。
   A. 增加市场份额　　　　　　　　　B. 提高顾客保留率
   C. 增加顾客获得率　　　　　　　　D. 增加顾客满意度
4. 下列各项中,属于内部业务流程维度的核心指标的有( )。
   A. 总资产周转率　B. 存货周转率　　C. 产品合格率　　D. 单位生产成本
5. 平衡计分卡模型之所以"平衡",是因其指标体系构建时注重( )。
   A. 短期目标与长期目标的平衡　　　B. 财务指标与非财务指标的平衡
   C. 结果性指标与动因性指标的平衡　D. 企业内部利益与外部利益的平衡
6. 下列各项中,属于学习与成长维度的核心指标的有( )。
   A. 员工生产率　　　　　　　　　　B. 员工保持率
   C. 培训计划完成率　　　　　　　　D. 员工满意度

任务五 绩效棱柱模型

一、判断题

1. 利益相关者是指有能力影响企业或者被企业所影响的人或者组织。（   ）
2. 绩效棱柱模型适用于管理制度比较完善、业务流程比较规范、管理水平相对较高的大中型企业。（   ）
3. 企业在制订绩效计划时,可采用绩效棱柱模型工具方法。（   ）
4. 与客户相关的指标有客户忠诚度、客户毛利水平、按时交货率等。（   ）
5. 绩效棱柱模型的实施是一项长期管理改善工作,企业在实践中通常可采用先试点后推广的方式,循序渐进,分步实施。（   ）

二、单项选择题

1. 绩效棱柱模型是指从企业利益相关者角度出发,以（   ）为出发点。
   A. 利润最大化   B. 利益相关者满意
   C. 利益相关者贡献   D. 企业价值最大化
2. 企业应坚持（   ）,建立有效的内外部沟通协调机制,与利益相关者建立良好的互动关系。
   A. 主要利益相关者价值取向   B. 利益相关者贡献
   C. 企业价值最大化   D. 利益相关者满意
3. 下列各项中,属于与供应商相关的指标的是（   ）。
   A. 净资产收益率   B. 工资收入增长率
   C. 客户满意度   D. 按时交货率

三、多项选择题

1. 下列各项中,属于与员工相关的指标的有（   ）。
   A. 员工满意度   B. 工资收入增长率   C. 客户满意度   D. 人均工资
2. 下列各项中,属于与投资者相关的指标的有（   ）。
   A. 总资产报酬率   B. 净资产收益率   C. 资产负债率   D. 流动比率
3. 下列各项中,属于企业的利益相关者的有（   ）。
   A. 股东   B. 员工   C. 客户和供应商   D. 监管机构

项目八
风险管理

知识目标
(1) 熟悉风险管理的含义、原则、工具方法、应用环境等基本知识。
(2) 掌握风险矩阵的含义、原理及编制方法。
(3) 掌握风险清单的含义、原理及编制方法。

能力目标
(1) 学会正确地识别风险、分析风险、制定风险应对策略,并评估其有效性。
(2) 能够熟练地掌握风险矩阵及风险清单工具方法,对实际案例进行风险分析和应对。
(3) 培养解决风险管理问题的能力,提出合理的建议和措施。

思政课堂

习近平总书记在二十届中央政治局第四次集体学习时强调,要善于运用新时代中国特色社会主义思想来防范和化解重大风险,增强忧患意识,坚持底线思维,居安思危、未雨绸缪,时刻保持箭在弦上的备战姿态,下好先手棋,打好主动仗,对各种风险见之于未萌、化之于未发,坚决防范各种风险失控蔓延,坚决防范系统性风险。

情境导入

瑞士信贷银行简称瑞信,是瑞士第二大银行。自2019年开始,瑞信接连爆出一系列丑闻,包括高管"间谍门"、Greensill Capital破产及Archego爆仓等重大事件。这些事件不仅严重损害了瑞信的声誉和资本,而且暴露了瑞信风险管理存在的问题。

瑞信问题的根源在于风险管理不到位,从两个风险案例中,可以看出瑞信的风险管理存在严重缺失:

一是Greensill倒闭事件。Greensill主营供应链金融业务,曾是一家备受瞩目的金融科技公司,软银对其投资金额达到15亿美元,是Greensill的主要股东之一。瑞信直接为其融资并参与对客户销售的供应链基金,但在与Greensill基金的合作中存在两个重大风险控制失误:一是未能识别应收账款的真实性;二是没有对Greensill的集中度风险进行有效评估。

二是 Bill Hwang 爆仓事件，Bill Hwang 是前对冲基金经理，其管理的基金规模曾达到数百亿美元。他利用了一系列复杂的衍生品交易策略，在短短几天内就导致了数十亿美元的亏损。而瑞信作为该基金的主要经纪商之一，未能及时发现并阻止 Bill Hwang 的交易行为，最终遭受了巨额损失。

瑞信的案例表明，即使是一家具有丰富经验和专业知识的金融机构，也可能因为风险管理不善而遭受巨大损失。

因此，企业应该建立完善的风险管理体系，加强对风险的识别、评估和控制，以保障企业的稳定发展。

思考：
（1）瑞信的风险管理存在哪些问题？
（2）瑞信应该如何建立完善的风险管理体系？
带着这些问题，让我们进入本项目的学习吧！

任务一 风险管理认知

一、风险管理的含义

企业风险是指对企业的战略与经营目标实现产生影响的不确定性。按照风险的内容可分为战略风险、财务风险、市场风险、运营风险和法律与合规风险。

风险管理是指企业为实现风险管理目标，对企业风险进行有效识别、评估、预警和应对等管理活动的过程。

需要注意的是，企业风险管理并不能替代内部控制。内部控制的有效实施是风险管理"落地"的有力支撑，而风险管理的技术方法也拓展了内部控制的外延和内涵，两者相辅相成，缺一不可。

二、风险管理的原则

企业进行风险管理，一般应遵循以下原则。

1. 融合性原则

企业风险管理应与企业的战略设定、经营管理与业务流程相结合。

2. 全面性原则

企业风险管理应覆盖企业所有的风险类型、业务流程、操作环节和管理层级与环节。

3. 重要性原则

企业应对风险进行评价，确定需要进行重点管理的风险，并有针对性地实施重点风险监测，及时识别、应对。

4. 平衡性原则

企业应权衡风险与回报、成本与收益之间的关系。

企业可根据风险的来源、影响、性质、责任主体等不同标准,建立符合风险管理需要的,满足系统性、完整性、层次性、可操作性、可扩展性等要求的风险分类框架。

三、风险管理的工具方法

风险管理领域应用的管理会计工具方法,主要包括风险矩阵和风险清单。

1. 风险矩阵

风险矩阵是指按照风险发生的可能性和风险发生后果的严重程度,将风险绘制在矩阵图中,展示风险及其重要性等级的风险管理工具方法。

2. 风险清单

风险清单是指企业根据自身战略、业务特点和风险管理要求,以表单形式进行风险识别、风险分析、风险应对措施、风险报告和沟通等管理活动的工具方法。

企业可结合自身的风险管理目标和实际情况,单独或综合应用不同风险管理工具方法。

四、风险管理的应用环境

(一)管理理念

企业应强化风险管理意识,形成与本企业经营状况相适应的风险管理理念,培育和塑造良好的风险管理文化,建立风险管理培训、传达、监督和激励约束机制,将风险管理意识转化为员工的共同认识和自觉行动。

(二)组织体系

企业应根据相关法律法规的要求和风险管理的需要,建立组织架构健全、职责边界清晰的风险管理结构,明确董事会、监事会、管理层、业务部门、风险管理责任部门等在风险管理中的职责分工,建立风险管理决策、执行、监督与评价等职能既相互分离与制约,又相互协调的运行机制。

一般来说,企业各相关职能部门和业务单位是风险管理的第一道防线;风险管理职能部门和董事会下设的风险管理委员会是第二道防线;内部审计部门和董事会下设的审计委员会是第三道防线。

(三)制度体系

企业应建立健全能够涵盖风险管理主要环节的风险管理制度体系。这个制度体系通常包括风险管理决策制度、风险识别与评估制度、风险监测预警制度、应急处理制度、风险管理评价制度、风险管理考核制度等。

(四)信息系统

企业应加强信息技术在风险管理中的应用,建立与业务财务相融合的信息系统,以实现以下功能。

1. 风险信息的共享

风险信息的共享包括风险管理政策以及方案,风险档案数据、分值及信息,历史损失、理赔经验、信息,风险管理行动计划等。

2. 风险预测和评估

利用系统收集各种市场数据（如价格），对未来趋势进行预测研判。由专家"背靠背"按照设定好的可能性和影响标准在系统中进行风险分析评估，自动汇总结果。

3. 开展风险监控

设定风险指标及其容忍度并进行实时监控预警，必要时可以切断相关业务端操作。

五、风险管理的应用程序

（一）设定风险管理目标

风险管理目标是在确定企业风险偏好的基础上，将企业的总体风险和主要风险控制在企业风险容忍度范围之内。

风险偏好是指企业愿意承担的风险及相应的风险水平。由董事会确定，一般用定性表示。

风险容忍度是指企业在风险偏好的基础上设定的风险管理目标值的可容忍波动范围。一般用定量表示。

（二）识别风险

企业应根据风险形成机制，识别可能影响风险管理目标实现的内外部风险因素和风险事项。

风险识别建立在广泛的信息搜集基础上，既要考虑已经发生的数据，还要着眼未来做一定预判。风险识别的应用技术包括调查问卷、风险组合清单、职能部门风险汇总、SWOT分析、高级研讨会及头脑风暴、损失事件数据追踪、内部审计、流程图、内部风险管理会议、每月管理和分析报告、金融市场活动的实时反馈、主要的外部指数和内部指数、政策变化追踪及相关性分析等。

【例题8-1】 甲公司是国内首屈一指的车用A产品（以下简称A产品）生产销售企业，拥有众多连锁店。2023年，甲公司对A产品设置了净利润增长13%的目标（目前净利润为6 000万元）。通过调查问卷、高级研讨会及头脑风暴等形式，召开风险管理会议，甲公司初步分析出实现目标所涉及的外部因素、内部因素及其相应的事件如下。

1. 外部因素

（1）经济：货币政策适中偏紧，资金成本将有所上升；全球经济受疫情影响增长缓慢，面临的不确定性增加，汇率波动程度增加，行业内产业链因疫情影响重构，兼并或收购机会增加。

（2）自然环境：适应碳中和、碳减排要求，外部监管要求日趋严格，环保成本持续上升。

（3）技术：竞争对手研发的高端产品成本与公司相近，公司产品面临挑战。

（4）市场：受经济下行影响，产品价格下降，原料成本也有所降低；汽车厂商纷纷推进电动能源，导致A产品需求大幅减少；部分客户由于疫情影响，回款难度上升。

2. 内部因素

（1）基础结构：公司连锁店增加，部分连锁店人员短缺，销售和发货未实行相互独立的岗位分离；部分设备维护不足，可能导致非计划停工。

（2）人员：员工开展电子商务能力不足，影响客户满意度。

(3) 流程：公司实行全产业链经营，在物资方面采取集中采购策略，从而在采购质量和性价比方面具有一定优势。

(4) 研发能力：市场信息反馈与研发单位分设，导致反馈滞后，研发能力受限。

(5) 企业声誉：假冒伪劣产品影响品牌形象、销量和价格。

（三）分析风险

企业应在风险识别的基础上，对风险成因和特征、风险之间的相互关系，以及风险发生的可能性、对目标影响程度和可能持续的时间进行分析。

（四）检测风险

企业应在风险评价的基础上，针对需重点关注的风险，设置风险预警指标体系对风险的状况进行监测，并通过比较指标值与预警临界值，识别预警信号，并进行预警分级。

（五）应对风险

企业应针对已发生的风险或已超过监测预警临界值的风险，采取风险接受、风险规避、风险转移、风险分担、风险转换、风险对冲、风险补偿、风险降低等策略，把风险控制在风险容忍度之内。

1. 风险接受

企业接受风险的存在，并准备承担风险带来的损失。这种策略通常用于那些风险较小、损失可接受的情况。

2. 风险规避

企业通过放弃或避免某些活动来消除风险。例如，企业可以选择不进入高风险的市场或不从事高风险的业务。

3. 风险转移

企业通过购买保险、签订合同或使用金融衍生品等方式将风险转移给其他方。

4. 风险分担

企业与其他方共同承担风险，例如，与供应商、客户或合作伙伴分担风险。

5. 风险转换

企业将一种风险转换为另一种风险，例如，通过购买期权将价格波动风险转换为波动性风险。

6. 风险对冲

企业通过采取对冲措施来降低风险，例如，同时进行多头和空头交易来对冲市场风险。

7. 风险补偿

企业通过预留资金或建立风险准备金来弥补可能的损失。

8. 风险降低

企业采取措施来降低风险发生的可能性或减轻风险的影响程度，例如，加强内部控制、提高员工素质、优化业务流程等。

这些策略可以单独使用，也可以组合使用，具体的选择取决于企业的风险偏好、资源和业务环境等因素。

（六）沟通风险信息

企业应在企业内部各管理层级、责任单位、业务环节之间，以及企业与外部投资者、债权人、客户、供应商、中介机构和监管部门等有关方面之间,传递和反馈风险管理各环节的相关信息。

企业应建立风险管理报告制度,明确报告的内容、对象、频率和路径。

(七)风险管理考核

企业应根据风险管理职责设置风险管理考核指标,并将其纳入企业绩效管理体系中,建立明确的、权责利相结合的奖惩制度,以保证风险管理活动的持续性和有效性。

风险管理部门应定期对各职能部门和业务部门的风险管理实施情况和有效性进行考核,形成考核结论并出具考核报告,及时报送企业管理层和绩效管理部门。

(八)评价风险管理

企业应定期对风险管理制度、工具方法和风险管理目标的实现情况进行评价,识别是否存在重大风险管理缺陷,形成评价结论并出具评价报告。

【例题8-2】 甲公司为一家在上海证券交易所上市的国有大型集团企业,其所属产业是国家"去产能"的重点行业之一。2023年年初,甲公司风险管理与内部控制部门根据董事会要求,围绕国家提出的"三去一降一补"重点任务,牵头研究起草了《2023年度风险管理与内部控制工作服务"三去一降一补"建议书》。该建议书内容摘要如下:

(1)关注产业政策,化解过剩产能。为有效应对产能过剩风险,建议采取下列策略"去产能":①对本年度拟上马的所有固定资产投资项目进行严格的节能环保等事前评估,严禁开工建设不符合国家产业政策的项目。②对市场较为成熟、利润较为稳定的业务单元,继续保持现有的业务规模和生产能力。

(2)创新营销模式,缓解库存压力。为有效应对公司产品大量积压的风险,建议采取以下策略"去库存":①通过"前向一体化"的方式并购营销渠道较广、竞争实力较强的零售商,并将其整合为公司的销售分部。②积极探索线上营销模式,通过"协议买断"的方式将积压产品出售给某电子商务平台公司。

要求:根据上述资料,逐项指出资料(1)中①和②项、资料(2)中①和②项的建议所采取的风险应对策略类型。

【解析】

资料(1)中事项①采用的风险应对策略为风险规避。

资料(1)中事项②采用的风险应对策略为风险承受。

资料(2)中事项①采用的风险应对策略为风险降低。

资料(2)中事项②采用的风险应对策略为风险分担。

任务二 风险矩阵

一、风险矩阵的含义

风险矩阵是指按照风险发生的可能性和风险发生后果的严重程度,将风险绘制在矩阵图中,展示风险及其重要性等级的风险管理工具方法。

二、风险矩阵的基本原理

风险矩阵的基本原理是根据企业风险偏好,判断并评估风险发生可能性和后果严重程度,计算风险值,以此作为主要依据在矩阵中描绘出风险重要性等级。

企业应用风险矩阵,应明确应用主体(企业整体、下属企业或部门),确定所要识别的风险,定义风险发生可能性和后果严重程度的标准,以及定义风险重要性等级及其表示形式。

风险矩阵适用于表示企业各类风险重要性等级,也适用于各类风险的分析评价和沟通报告。

三、风险矩阵的应用环境

企业应用风险矩阵工具方法,应综合考虑所处的外部环境、企业内部的财务和业务情况,以及企业风险管理目标、风险偏好、风险容忍度、风险管理能力等因素。

企业应用风险矩阵工具方法,由风险管理责任部门负责风险矩阵工具方法的培训、组织、协调、指导,并根据由相关职能部门和业务部门负责绘制的风险矩阵列示的风险重要性等级,汇总编制企业整体的风险矩阵。必要时,企业可组建由相关职能部门和业务部门组成的跨部门风险管理团队,对风险发生可能性和后果严重程度作出客观、全面的分析和评价。

四、风险矩阵的应用程序

企业应用风险矩阵工具方法,一般按照绘制风险矩阵坐标图(包括确定风险矩阵的横纵坐标、制定风险重要性等级标准、分析与评价各项风险、在风险矩阵中描绘出风险点)、沟通报告风险信息和持续修订风险矩阵图等程序进行。

风险矩阵坐标是以风险后果严重程度为横坐标、以风险发生可能性为纵坐标的矩阵坐标图。企业可根据风险管理精度的需要,确定定性、半定量或定量指标来描述风险后果严重程度和风险发生可能性。

(一)分析风险可能性

风险发生可能性分析结果的定性描述一般有很少、不太可能、可能、很可能、几乎确定等(也可采用1、2、3、4、5等N个半定量分值)。风险可能性的排序和标准如表8-1所示。

表8-1 风险可能性的排序和标准

级别	描述	发生可能性	基本标准
1	很少	非常低	在例外情况下才可能发生
2	不太可能	低	在某些时候不太可能发生
3	可能	中等	在某些时候能够发生
4	很可能	高	在多数情况下很可能发生
5	几乎确定	非常高	在多数情况下会发生

（二）分析风险影响程度

风险影响程度可定性描述为微小、较小、中等、较大、重大等（也可采用1、2、3、4、5等M个半定量分值）。风险产生的影响的排序及标准如表8-2所示。

表8-2 风险产生的影响的排序及标准

程度	描述	影响程度	基本标准
1	微小	轻微没有伤害	很低的损失
2	较小	较轻轻微伤害	较小的损失
3	中等	一般中等伤害	中度的损失
4	较大	较重较大伤害	较重的损失
5	重大	非常严重极大伤害	严重的损失

（三）确定风险重要性水平

分别将风险可能性和影响程度在风险矩阵中表示（横轴表示风险影响程度，纵轴表示可能性），形成风险矩阵图，如图8-1所示，A～H为事件。

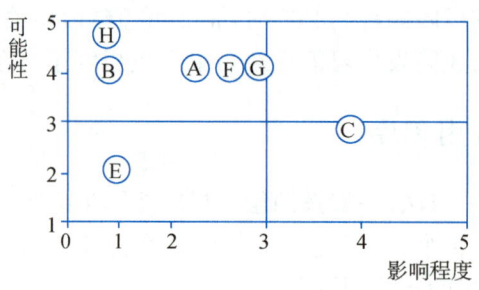

图8-1 风险矩阵

企业应根据风险与收益相匹配的原则以及各事件在风险矩阵图上的位置，进一步确定风险管理的优选顺序，明确风险管理成本的资金预算，以及控制风险的组织体系、人力资源、应对措施等总体安排。

企业在确定风险重要性等级时，应综合考虑风险后果严重程度和发生可能性，以及企业的风险偏好，将风险重要性等级划分为可忽视的风险、可接受的风险、要关注的风险和重大的风险等级别。对于使用半定量和定量指标描绘的矩阵，企业可将风险后果严重程度和发生可能性等级的乘积（即风险值）划分为与风险重要性等级相匹配的区间。为了突出风险矩阵的可视化效果，企业可以将不同重要性等级的风险用不同的标识进行区分。

企业在逐项分析和评价需在风险矩阵中展示的风险时，应注意考虑各风险的性质和企业对该风险的应对能力，对单个风险发生的可能性和风险后果严重程度的量化应注重参考相关历史数据。在综合职能部门和业务部门等相关方意见后，企业可以得到每一风险发生可能性和后果严重程度的评分结果。

企业应将每一风险发生的可能性和后果严重程度的评分结果组成的唯一坐标点标注在建立好的风险矩阵图中，标明各点的含义并为风险矩阵命名，完成风险矩阵的绘制。

企业应将绘制完成的风险矩阵及时传递给企业管理层、各职能部门和业务部门。

企业还可将风险矩阵纳入企业风险管理报告,以切实指导风险预警和应对活动,提高风险管理效果。

企业应根据风险管理的需要或企业管理层的要求,定期或不定期地更新风险矩阵所展示的各类风险及其重要性等级。

【例题 8-3】 承[例题 8-1],评估甲公司 A 产品净利润目标增长 15%所面临的风险等级如表 8-3 所示。

表 8-3 评估风险等级

序号	风险描述	可能性	影响	应对前风险等级
1	偏紧的货币政策导致新增贷款资金成本上升 5%	3	2	6
2	人民币升值趋势导致年内外币收入贬值 5%	4	3	12
3	新能源汽车发展可能导致产品需求减少,销售量下降 15%	5	4	20
4	竞争者高端产品降价可能导致产品降价 10%	4	4	16
5	竞争激烈可能导致市场份额下降 2%	4	2	8
6	因疫情影响部分中小客户偿还应收账款难度加大,根据损失分布计算违约成本可能上升 1%	4	2	8
7	碳中和、碳减排要求使得外部监管趋严,违规可能性上升	5	3	15
8	占销售收入 3%的连锁店因投入不足、不相容岗位未分离,导致舞弊风险上升	3	3	9
9	设备维护不足导致非计划停工的可能性上升 0.1%	4	2	8
10	相关销售人员电子商务能力不足影响消费者满意度降低 0.5%	4	2	8
11	市场信息反馈与研发机构分设导致信息传递滞后,影响市场份额	4	3	12
12	假冒伪劣产品影响公司品牌、销售和价格	5	2	10

绘制风险矩阵坐标图,如图 8-2 所示,其中第 3 项为重大风险,第 2 项、第 4 项、第 7 项、第 11 项、第 12 项为重要风险,需要重点应对。

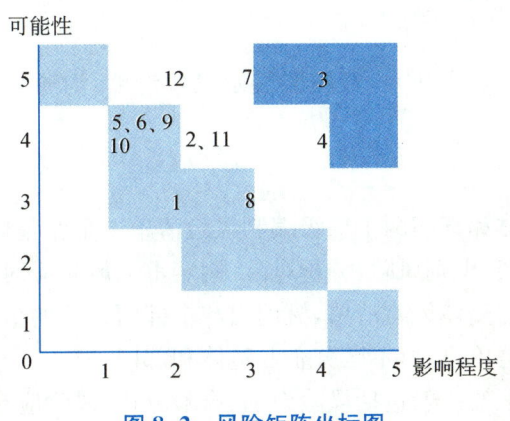

图 8-2 风险矩阵坐标图

五、风险矩阵方法的评价

风险矩阵的主要优点：为企业确定各项风险重要性等级提供了可视化的工具。

风险矩阵的主要缺点：①需要对风险重要性等级标准、风险发生可能性、后果严重程度等作出主观判断，可能影响使用的准确性。②应用风险矩阵所确定的风险重要性等级是通过相互比较确定的，因而无法将列示的个别风险重要性等级通过数学运算得到总体风险的重要性等级。

任务三　风险清单

一、风险清单的含义

风险清单是指企业根据自身战略、业务特点和风险管理要求，以表单形式进行风险识别、风险分析、风险应对措施、风险报告和沟通等管理活动的工具方法。

风险清单适用于各类企业及企业内部各个层级和各类型风险的管理。

企业应用风险清单工具方法的主要目标，是使企业从整体上了解自身风险概况和存在的重大风险，明晰各相关部门的风险管理责任，规范风险管理流程，并为企业构建风险预警和风险考评机制奠定基础。

二、风险清单的应用环境

风险清单应由企业风险管理部门牵头组织实施，明确风险清单编制的对象和流程，建立培训、指导、协调、考核和监督机制。

各部门对与本部门相关的风险清单的有效性负直接责任，有效性包括风险清单使用的效率和效果等。

三、风险管理的应用程序

企业应用风险清单工具方法，一般按照编制风险清单、沟通与报告、评价与优化等程序进行。

（一）编制风险清单

企业一般按企业整体和部门两个层级编制风险清单。企业整体风险清单的编制一般按照构建风险清单基本框架、识别风险、分析风险、制定重大风险应对措施等程序进行；部门风险清单的编制可根据企业整体风险清单，梳理出与本部门相关的重大风险，依照上述流程进行。中小企业编制风险清单，也可不区分企业整体和部门。

企业风险清单基本框架一般包括风险识别、风险分析、风险应对三部分。

风险识别部分主要包括风险类别、风险描述、关键风险指标等要素；

风险分析部分主要包括可能产生的后果、关键影响因素、风险责任主体（以下简称责任主体）、风险发生可能性、风险后果严重程度、风险重要性等级等要素；

风险应对部分主要包括风险应对措施等要素。企业构建风险清单基本框架时，可根据管理需要，对风险识别、风险分析、风险应对中的要素进行调整。

风险管理部门应从全局角度识别可能影响风险管理目标实现的因素和事项，建立风险信息库，在各相关部门的配合下共同识别风险。风险识别过程应遵循全面系统梳理、全员参与、动态调整的原则，对识别出的风险进行详细描述，明确关键风险指标等。

风险管理部门应对识别出的风险进行归类、编号，根据风险性质、风险指标是否可以量化等进行归类，并以此为基础填制完成风险清单基本框架中风险类别、风险描述、关键风险指标等要素。

风险管理部门应根据已填列的风险识别部分的内容，在与相关部门沟通后，分析各类风险可能产生的后果，确定引起该后果的关键影响因素及责任主体，并填制完成风险清单基本框架中可能产生后果、关键影响因素、风险责任主体等要素。

各责任主体可基于风险偏好和风险应对能力，逐项分析风险清单中各类风险发生的可能性和后果严重程度，确定风险重要性等级，并填制风险发生可能性、风险后果严重程度、风险重要性等级等要素。

风险管理部门应以风险重要性等级结果为依据确定企业整体的重大风险，报企业风险管理决策机构批准后反馈给相关责任主体。

风险管理部门应会同各责任主体结合企业的风险偏好、风险管理能力等制定相应的风险管理应对措施，填制风险清单基本框架中风险应对措施要素，由此填制完成企业整体风险清单。

风险管理部门及各责任主体可对企业整体重大风险进行进一步的分析，也可直接对各部门相关的业务流程进行细化分解，形成相关部门的风险清单。各部门应用本风险清单进行风险管理的程序与企业整体风险清单类似，但应加强流程细节分析，突出具体应对措施，力求将风险管理切实落到业务流程和岗位责任人。

（二）沟通与报告

风险管理部门应将风险清单所呈现的风险信息及时传递给相关责任主体，确保各责任主体准确理解相关的风险信息，有效开展风险管理活动。

（三）评价与优化

风险管理部门应会同各责任主体定期或不定期地根据企业内外部环境变化，对风险清单是否全面识别风险并准确分类、是否准确分析风险成因及后果、是否采取了恰当的风险应对措施等进行评估，及时对风险清单进行更新调整。

【例题 8-4】 承［例题 8-3］，甲公司采用风险清单形式列出风险应对策略，除逐项列示了风险应对策略外，经管理层评估，对第 3、4、6、11 项进一步分析，受竞争、疫情等影响，公司存在对部分境外供应商和具有研发能力的生产厂商的并购机会，可以采取"一揽子"的解决方案，具体风险应对策略如表 8-4 所示。

表 8-4 风险应对策略

序号	风险描述	应对前风险等级	风险管理策略	风险应对措施	投入资源	应对后		
						可能性	影响	风险等级
1	偏紧的货币政策导致新增贷款资金成本上升5%	6	风险承受			3	2	6
2	人民币升值趋势导致年内外币收入贬值5%	12	风险分担	套期保值策略,将外币收入按照符合公司利润的价格锁定	管理成本	2	3	6
3	新能源汽车发展可能导致产品需求减少,销量下降15%	20	风险控制	开发适应新能源汽车的新产品	研发成本和投资成本	3	4	12
4	竞争者高端产品降价可能导致产品降价10%	16	风险控制	加大研发投入或考虑并购	研发成本和并购投资成本	3	3	9
5	竞争激烈可能导致市场份额下降2%	8	风险控制	增加商业活动	管理成本	3	2	6
6	因疫情影响部分中小客户偿还应收账款难度加大,根据损失分布计算违约成本可能上升1%	8	风险控制	加大对部分交易对手管理	管理成本	2	1	2
7	碳中和、碳减排要求使得外部监管趋严,违规可能性上升	15	风险控制	增加环保成本2%	环保成本	3	2	6
8	占销售收入3%的连锁店因投入不足、不相容岗位未分离,导致舞弊风险上升	9	风险控制	加大对这些连锁店检查、及时配备人员	管理成本	2	2	4
9	设备维护不足导致非计划停工可能性上升0.1%	8	风险分担/风险降低	计提安全保险费/增加维护费用	保险费用/维护费用	2	3	6
10	相关销售人员电子商务能力不足影响消费者满意度0.5%	8	风险控制	增加培训费用	培训费用	3	2	6
11	市场信息反馈与研发机构分设导致信息传递滞后,影响市场份额	12	风险控制	加大研发投入或考虑并购	研发成本和并购投资成本	3	3	9
12	假冒伪劣产品影响公司品牌、销量和价格	10	风险控制	加强诉讼案件管理	增加诉讼费	3	2	6

四、风险清单方法评价

风险清单的主要优点:能够直观反映企业风险情况,易于操作,能够适应不同类型企业、不同层次风险、不同风险管理水平的风险管理工作。

风险清单的主要缺点:风险清单所列举的风险往往难以穷尽,且风险重要性等级的确定可能因评价的主观性而产生偏差。

项目小结

在本项目中,我们深入探讨了风险管理这一重要领域。我们了解到风险管理是企业管理中不可或缺的一部分,贯穿于企业的各个层面和业务活动中。我们学习了风险的定义、类型以及特征,认识到风险具有不确定性和潜在影响。通过对风险识别、评估和分析的方法介绍,我们掌握了有效辨别和衡量风险的工具和技巧。同时,我们探讨了风险管理的策略与方法,包括风险规避、风险降低、风险转移和风险接受等,明白了企业应根据自身情况选择合适的风险管理策略。此外,我们强调了风险管理中的内部控制和监督机制的重要性,以确保风险得到及时监控和有效管理。最后,我们认识到风险管理是一个持续的过程,需要企业不断适应变化的环境,提高风险应对能力,以保障企业的可持续发展和价值创造。

习题与实训

任务一　风险管理认知

一、判断题

1. 风险管理过程主要包括风险辨识、分析、评价,应将定性与定量方法相结合。（　　）
2. 风险转换,是用一种风险来影响和减少另一种风险,企业可以通过购买不同的、收益率反向变化的产品组合来降低风险。（　　）
3. 风险管理要学会规避风险。在既定目标不变的情况下,改变方案的实施路径,从根本上消除特定的风险因素。（　　）
4. 风险管理目标是指在确定企业风险偏好的基础上,将企业的总体风险和主要类型的风险控制在风险容忍度范围之内。（　　）
5. 风险降低是指企业通过契约、合同、经济、金融工具等形式将损失的财务和法律责任转给他人,达到降低风险发生频率、缩小损失幅度的目的。（　　）

二、单项选择题

1. 企业风险管理的目标是（　　）。
   A. 消除企业的所有风险
   B. 实现企业风险的最小化
   C. 将企业的风险控制在风险容忍度范围之内
   D. 不断降低企业的风险水平

2. 甲公司是一家生产遮阳用品的企业。2023年,甲公司在保留原有业务的同时,进入雨具生产业务。从风险管理策略的角度看,甲公司采取的策略是（　　）。
   A. 风险规避　　B. 风险转换　　C. 风险对冲　　D. 风险承担

3. 对风险管理研究的方法一般采用（　　）。
   A. 定性分析方法、定量分析方法
   B. 定性分析方法、定价分析方法
   C. 定率分析方法、定量分析方法
   D. 定率分析方法、定价分析方法

4. 按风险来源划分,风险分为（　　）。
   A. 自然风险、人为风险
   B. 战略风险、管理风险
   C. 经济风险、非经济风险
   D. 效益风险、管理风险

5. 企业风险管理过程分为（　　）阶段和环节。
   A. 风险规划、风险识别、风险估计、风险评价、风险应对、风险监控
   B. 风险规划、风险识别、风险评价、风险应对
   C. 风险规划、风险估计、风险评价、风险应对、风险监控、风险解除
   D. 风险目标设立、风险识别、风险分析、风险监测与预警、风险应对、风险管理沟通、风险管理考核、风险管理有效性评价

三、多项选择题

1. 风险管理的主要作用包括（　　）。
   A. 有利于企业作出正确的决策　　　　B. 有利于保护企业资产的安全和完整
   C. 有利于实现企业的经营活动目标　　D. 有利于企业完全规避风险
2. 企业风险应对的策略主要有（　　）。
   A. 风险规避　　　B. 风险转移　　　C. 风险对冲　　　D. 风险补偿
3. 下列各项中，属于企业风险管理的基本原则的有（　　）。
   A. 合规性原则　　　　　　　　　　　B. 全面性原则
   C. 重要性原则　　　　　　　　　　　D. 效益性原则
4. 风险管理的主要工具方法有（　　）。
   A. 风险补偿法　　　　　　　　　　　B. 风险矩阵法
   C. 风险规避法　　　　　　　　　　　D. 风险清单法
5. 下列各项中，属于风险管理委员会职责的有（　　）。
   A. 提交全面风险管理年度报告
   B. 审议风险管理策略和重大风险管理解决方案
   C. 批准重大决策的风险评估报告
   D. 审议风险管理组织机构设置及其职责方案

任务二　风险矩阵

一、判断题

1. 风险矩阵一般按照风险发生的可能性和风险发生量化后果划分。（　　）
2. 风险矩阵需要对风险重要性等级标准、风险发生可能性、后果严重程度等作出量化分析，使用较为复杂。（　　）
3. 企业应用风险矩阵工具方法，应综合考虑所处企业内部的财务和业务情况以及企业风险管理目标、风险偏好、风险容忍度、风险管理能力。（　　）
4. 企业应用风险矩阵工具方法，一般按照绘制风险矩阵坐标图，对风险矩阵展示的风险信息进行沟通报告和持续修订风险矩阵图等程序进行。（　　）
5. 风险矩阵可以为企业确定各项风险重要性等级提供可视化的工具，通过风险矩阵可以得到总体风险的重要性等级。（　　）

二、单项选择题

1. 风险矩阵图中把风险分为（　　）个区域。
   A. 4　　　　　　B. 3　　　　　　C. 5　　　　　　D. 2
2. 采用风险矩阵进行风险分析，相较于期望损失的优势不包括（　　）。
   A. 对风险发生概率与风险暴露有更详尽的描述
   B. 对风险分析的可视性更强
   C. 对发生概率大但暴露小与发生概率小但是暴露较大这两类风险进行区别
   D. 对风险数据通过二维矩阵进行测评，更加精确

3. 按风险评价矩阵方法区分风险程度,发生可能性大,且造成的损失严重,将使项目由可行转变为不可行的风险属于( )风险。
   A. 中等　　　　　B. 较大　　　　　C. 重大　　　　　D. 高级
4. 风险矩阵法中重大风险的风险值是( )。
   A. 30 至 36　　　B. 18 至 25　　　C. 9 至 16　　　D. 3 至 8
5. 风险矩阵法的使用方法为( )。
   A. 危害识别、危害判定、伤害估计、风险评估
   B. 危害识别、危害估计、危害评估
   C. 危害识别、危害判定、危害评估
   D. 风险识别、风险判定、风险估计、风险评估

三、多项选择题

1. 下列关于风险矩阵的表述中,错误的有( )。
   A. 风险矩阵按照风险发生的可能性和风险发生量化后果划分
   B. 风险矩阵为企业确定各项风险重要性等级提供了可视化的工具
   C. 风险矩阵需要对风险重要性等级标准、风险发生可能性、后果严重程度等作出量化分析,使用较为复杂
   D. 风险矩阵无法将列示的个别风险重要性等级通过数学运算得到总体风险的重要性等级
2. 风险矩阵法的判定依据包括( )。
   A. 事故发生的可能性
   B. 人员暴露于危险环境中的频繁程度
   C. 一旦发生事故可能造成的后果
   D. 事故后果严重性
3. 风险矩阵中危险等级有( )。
   A. 非常严重　　　B. 严重　　　　　C. 一般　　　　　D. 微弱
4. 使用风险矩阵法的国家包括( )。
   A. 欧盟　　　　　B. 日本　　　　　C. 中国　　　　　D. 韩国
5. 风险矩阵的主要优点包括( )。
   A. 为企业确定各项风险重要性等级提供了流程化、规范化、可视化的工具
   B. 增强风险沟通和报告效果
   C. 有利于企业采取有效的监管预警和及时应对
   D. 简便明了,直观易懂

四、实训题

(一) 实训目的

掌握风险管理方法。

(二) 实训资料

某汽车生产商的内部审计部门对公司旗下生产的渣土运输车进行尾气排放测试。内部审计部门发现,公司针对渣土运输车对外公布的尾气排放信息与内部记录的实际数据有重大差异。内部审计部门经理表示,测试样本显示的尾气排放量实际上要高于对外公布的排

放量,有可能涉及虚假披露和违反环保法律法规。虽然已向相关部门主管报告,但该部门主管只承认错误并未采取任何改进措施。

（三）实训要求

（1）评价内部审计经理就以上事件进行通报的恰当性,并简要说明审计委员会与内部审计相关的职能范围和责任。

（2）简要说明企业在该事件中所暴露的与风险相关的主要问题。

任务三　风险清单

一、判断题

1. 企业一般按战略层、经营层和业务层三个层级编制风险清单。（　　）
2. 风险清单只适用于大型企业及企业内部各个层级和各类型风险的管理。（　　）
3. 企业应用风险清单工具方法的主要目标,是使企业从整体上了解自身风险概况和存在的重大风险。明晰各业务部门、职能部门的风险管理责任,规范风险管理流程,并为企业构建风险预警和风险考评机制奠定基础。（　　）
4. 中小企业编制风险清单,可不区分经营层和业务层。（　　）
5. 风险清单应由企业负责风险管理的职能部门牵头组织实施,明确风险清单编制的主体和流程,建立培训、指导、协调以及考核和监督机制。（　　）

二、单项选择题

1. 下列各项中,属于处理待观察风险清单上的风险的方法是（　　）。
    A. 记录这些风险,作为其他项目的历史数据
    B. 记录这些风险,到项目执行时再重新审核
    C. 记录这些风险,把它们放到一边,因为应急预案已经包含了它们
    D. 记录这些风险,把它们发给客户
2. 风险识别的最主要成果是（　　）。
    A. 风险清单　　　　　　　　　　　　B. 工程项目一览表
    C. 风险跟踪单　　　　　　　　　　　D. 工程项目风险控制表
3. 甲公司所在的市场由于竞争激烈,遂决定退出该市场以避免激烈竞争。甲公司采用的风险管理工具是（　　）。
    A. 风险承担　　　B. 风险规避　　　C. 风险转移　　　D. 风险对冲
4. 某公司历史上一直购买灾害保险,但经过数据分析,认为保险公司历年的赔付不足以平衡相应的保险费用支出,因而不再续保;同时,为了应对可能发生的灾害性事件,公司与银行签订了应急资本协议,规定在灾害发生时,由银行提供资本以保证公司的持续经营。该公司采用的风险管理策略是（　　）。
    A. 风险对冲　　　B. 风险规避　　　C. 风险补偿　　　D. 风险控制
5. 在风险跟踪工作中,下列关于风险清单的描述正确的是（　　）。
    A. 风险清单指明了服务在任何时候面临的最大风险,风险管理负责人应经常维护这张清单,直到服务结束前对其不断更新

B. 风险清单指明了服务在任何时候面临的所有风险,风险管理负责人应该常维护这张清单,直到服务结束前对其不断更新

C. 风险清单指明了服务在任何时候面临的最大风险,项目管理负责人应该常维护这张清单,直到服务结束前对其不断更新

D. 风险清单指明了服务在任何时候面临的所有风险,项目管理负责人应该常维护这张清单,直到服务结束前对其不断更新

三、多项选择题

1. 风险识别部分主要包括(　　)。
   A. 风险类别　　　　　　　　　　B. 风险描述
   C. 关键风险指标　　　　　　　　D. 风险发生可能性

2. 风险分析部分主要包括(　　)。
   A. 关键影响因素　　　　　　　　B. 风险发生可能性
   C. 风险重要性等级　　　　　　　D. 风险应对措施

3. 经营层风险清单的编制一般按照(　　)等程序进行。
   A. 构建风险清单基本框架　　　　B. 识别风险
   C. 分析风险　　　　　　　　　　D. 制定重大风险应对措施

4. 企业风险清单基本框架一般包括(　　)。
   A. 风险识别　　B. 风险分析　　C. 风险应对　　D. 风险评价

5. 企业应用风险清单工具方法,一般按照(　　)等程序进行。
   A. 编制风险清单　B. 沟通　　C. 评价与优化　　D. 报告

四、实训题

实训一

(一)实训目的

理解风险类型及应对策略。

(二)实训资料

甲公司是一家境内上市公司,主要从事农药研发、生产、销售业务,拥有合成原药、加工、复配制剂的生产能力。甲公司2023年发生的与环境污染事件相关的部分资料如下:

(1) 2023年3月13日至23日,国家环境保护督察部门对甲公司进行专项督查,发现甲公司存在违规处置复配制剂产生的危险废物等行为,对当地环境造成了严重污染,甲公司根据国家环境保护法规相关条款并结合以前发生的类似案例,初步判断政府环境保护部门可能对公司给予3~5个月的停产整治处罚。公司一旦停产,大量客户订单将无法正常交付,合同纠纷难以避免;竞争对手可能趁机抢占市场份额,导致本公司市场占有率下降。

(2) 2023年3月24日,甲公司启动应急管理机制,针对该事件成立环境污染事件处理领导小组,由分管相关工作的领导牵头,公司环境保护、财务、计划、生产、宣传、法律等部门参与,负责此次环境污染事件相关处理工作,抓紧清除违规处置的危险废物,避免继续污染环境。为防范发生次生风险,甲公司责成该领导小组全面评估环境污染事件对公司发展规划、生产经营、股价及声誉等方面的影响,预估潜在损失,形成综合应对方案。2023年3月月末,甲公司在收到政府环境保护部门停产整治通知后,立即实施拟定的应对方案。

(3) 2023年4月,甲公司召开董事会会议,决定设立风险管理委员会,负责督导公司风

险管理体系建设和实施,完善风险管理组织架构,规范风险管理流程,提升防范风险能力。2023年5月,为吸取本次环境污染事件教训,甲公司风险管理委员会向董事会提议:①建立风险准备金,应对突发风险。②引进国际领先的环境保护技术,合资建立危险废物资源化处置中心。③加大原药研发投入,以期实现技术突破,增加高附加值原药产量,减少复配制剂产量。

假定不考虑其他因素。

(三)实训要求

(1)根据资料(1),从企业风险内容分类的角度,指出甲公司将面临哪些类别的风险,并分别说明理由。

(2)结合资料(2),提出企业从整体角度风险分析的建议。

(3)根据资料(3)中的①至③,逐项指出甲公司采取风险降低策略的具体类型,并分别说明理由。

(4)结合资料(3),指出企业风险管理的基本流程。

实训二

(一)实训目的

理解风险管理方法及其用。

(二)实训资料

河南双汇投资发展股份有限公司(以下简称双汇)是以肉类加工为主的大型食品集团,总资产超过60亿元,员工超过4万人,在全国10多个省、市建有20多家现代化的肉类加工基地,年屠宰生猪约1 500万头,年销售冷鲜肉及肉制品超过200万吨,是中国领先的肉类加工基地。2011年3月15日,央视《每周质量报告》报道了双汇下属子公司济源双汇食品有限公司(以下简称济源双汇)收购屠宰喂养瘦肉精的"健美猪"的事件,致使双汇被停牌调查。先是双汇内部问责,多名高管被免职;继而政府相关部门介入,若干责任人得到行政处分。农业部、商务部也派人进入河南督察,彻查生猪养殖环节添加瘦肉精的问题。但舆论对此事依旧反应强烈,更有媒体呼吁司法机关介入调查。当时媒体分析称,双汇将损失100亿元,最高可达200亿元,相当于将近20年的利润。

2011年3月15日,央视3·15特别节目《"健美猪"的真相》披露了河南孟州、沁阳、温县等地含有"瘦肉精"的生猪流入济源双汇的过程。济源双汇主要以生猪屠宰加工为主,有连锁店和加盟店,是双汇下属子公司。消息一出,双汇发展股票(000895)当日跌停。

3月15日,双汇就"瘦肉精"猪肉事件作出回应,声明称济源双汇是双汇下属子公司,对此事给消费者带来的困扰,双汇深表歉意,并责令济源双汇工厂停产自查。双汇回应说,他们对于肉制品质量有非常严格的把关和审查过程,每批生猪屠宰前都要进行检验,也包括对瘦肉精的检测。公司已经派人前往位于河南省济源市的济源双汇进行调查,在详细检测报告出来后,将向社会公布。

2011年3月16日起,双汇发展停牌,待相关事项核实清楚后复牌。双汇于3月17日晚间在其官方网站再次发布公开声明:将每年的3月15日定为"双汇食品安全日",把食品安全落实到每一天。要求涉事子公司召回在市场上流通的产品,并在政府有关部门的监管下进行处理。同时,对济源双汇总经理、主管副总经理、采购部长等予以免职。声明最后表示,济源双汇将继续停业整顿。自3月16日起,双汇下属所有工厂除继续按照国家标准检验,还将对生猪屠宰实施"瘦肉精"在线逐头检验。双汇将对下属所有工厂加强监管力度,确保出厂产品批批合格。

瘦肉精被认为是肉制品业的"三聚氰胺",它通常是指盐酸克伦特罗,一种肾上腺类神经兴奋剂,类似药物还有莱克多巴胺、沙丁胺醇和特布他林等。将这一类物质添加到饲料中,可以增加动物的瘦肉量,减少饲料使用,使肉品提早上市,从而降低成本。目前全球136个国家和地区都规定肉制品不得检出瘦肉精。

农业部、卫生部、国家食品药品监督管理局明令禁止在饲料和动物饮用水中添加盐酸克伦特罗和莱克多巴胺等7种"瘦肉精"。

有专业人士指出,与遍布全国的销售网络以及迅猛扩张的产能严重不协调的是,双汇在产业链上游的资源相当有限。双汇当年生猪自养比例在1/3以下,即外购生猪超过2/3。而"瘦肉精风波"正是源自外购生猪环节。不可否认,双汇在生猪收购和瘦肉精检测环节存在重大疏漏,但从控制生产成本的角度考量,目前也只能对外购生猪采取抽检方式。可问题在于,来自千家万户的生猪,使用瘦肉精的现象仍较为普遍,不全面检测,就难免有漏网之鱼,这或许恰是"双汇瘦肉精事件"的根源所在。在生猪养殖领域,要想严格控制食品安全,必须掌控整条产业链。

双汇是行业龙头企业、中国知名品牌,"健美猪"带给双汇自身、肉类加工业乃至食品加工业和消费者的伤害是显而易见的。"健美猪"伤的不是消费者的胃,伤的是消费者、投资者、政府、民众的心。

(三)实训要求

(1)从上述材料分析说明,双汇经营中可能存在的风险有哪些,及应怎样进行风险识别。

(2)试对双汇的风险应对措施作出评价,并给出你的建议。

项目九
数字化时代的管理会计报告与管理会计信息系统

学习目标

1. 知识目标

（1）熟悉管理会计报告的分类。
（2）熟悉战略层、经营层和业务层管理会计报告的内容及编制要求。
（3）熟悉管理会计报告的编制流程。
（4）熟悉管理会计信息系统的概念及原则。
（5）熟悉管理会计信息系统的建设和应用程序。
（6）熟悉管理会计信息系统各模块的功能。

2. 能力目标

（1）熟悉战略层、经营层和业务层管理会计报告的内容及编制要求，能够正确编制相关报告。
（2）能根据管理会计信息系统的建设和应用程序要求，协助单位建立管理会计信息系统各模块，准确及时提供管理会计信息。

思政课堂

管理会计体系的终点是管理会计报告，其支撑是管理会计信息系统。在管理越来越趋于精益化的今天，管理会计报告与信息系统在企业决策、控制和价值创造方面的作用日益重要。管理会计报告与管理会计信息系统的学习，要求我们树立大局意识和全局观念，从组织整体和长期的角度出发，以企业长远利益为根本，全面细致整理管理会计全流程管理要素，为决策层提供帮助。同时，要树立数字化背景下管理会计发展的创新思维，强化"靠学习走向未来"的终身学习意识，学习前沿信息技术手段，帮助企业构建符合自身特点的管理会计信息系统，实现智能化决策，促进业财融合，进一步提升企业整体经营水平和能力。

情境导入

中石化某石油公司基于完善的信息管理系统，力推财务转型，构建了分层次的内部管理报告体系，包括企业现状报告、指标趋势报告和决策支持报告。

企业现状报告包括财务状况、资产状况、用工情况、纳税情况以及经营状况等五个报告体系。财务状况报告关注企业当期的综合盈利能力、营运能力和偿债能力,及其同比、环比变化情况;资产状况报告关注公司本期资产总额及结构变化情况;用工情况报告关注本期劳动生产率、用工结构、用工规模及变化趋势;纳税情况报告关注本期纳税税目及其占比结构;经营状况报告由收入指标报告、成本指标报告、产量报告、利润指标报告构成。

指标趋势报告。该报告致力于回答企业是否持续盈利的问题,由投资与资产、ROCE 与 EVA、国际油价、RMB 油价、汇率、生产规模、产值、成本与结构、盈利能力、现金流等十类指标构成。

决策支持报告。该报告对现有数据进行深度加工,通过构建模型,为企业提供决策服务信息,由年度盈亏平衡点测算报告、生产经营要素对年度利润的敏感性分析报告、年度效益配产配成本报告、单井效益评价报告、增量成本投入边际贡献评价的报告构成。

思考:
(1) 什么是管理会计报告?
(2) 管理会计报告的目标是什么?
(3) 完善的信息管理系统对管理会计的帮助有哪些?
带着这些问题,让我们进入本项目的学习吧!

任务一 管理会计报告

一、管理会计报告概述

(一) 管理会计报告的概念

管理会计报告没有一个广泛认可的定义,甚至对于名称也有不同的提法,如内部财务报告、内部管理报告、内部报告等。与管理会计中其他的工具和方法,如成本管理、预算管理等相比,管理会计报告在概念、内涵、要素、维度、体系等基本问题上尚未形成统一认识。《管理会计应用指引第 801 号——企业管理会计报告》认为,企业管理会计报告是指企业运用管理会计方法,根据财务和业务的基础信息加工整理形成的,满足企业价值管理和决策支持需要的内部报告。其目标是为企业各层级进行规划、决策、控制和评价等管理活动提供有用信息。

企业内部流转着各种形式的报告文本,如战略规划报告、人力资源报告、研究开发报告、绩效评价报告等,但并非所有这些内部报告都属于管理会计报告的范畴。管理会计工作的呈现方式,即提供信息服务的方式,有很多种。未必所有的信息都通过报告形式的文本来呈现。管理会计报告试图去归纳、设计、规范管理会计的信息输出,以更好地实现管理会计工作的目标。管理会计报告的边界与管理会计的边界相同,即管理会计覆盖哪些内容和方面,作为管理会计工作呈现方式之一的管理会计报告就需要努力去覆盖那些内容和方面。管理会计的目标即管理会计报告的终极目标。企业可以通过管理会计报告去设计和打造一个上下联通的信息沟通和控制渠道,使管理者的决策能力和员工的执行能力在瞬息万变的经营环境下始终与公司战略保持一致,从而持续地提升公司价值。

(二)管理会计报告与财务会计报告的区别与联系

管理会计报告和财务会计报告之间既有区别,又有联系。

其联系体现在:第一,两者均以企业整体经营活动为基础,通过财务信息以及非财务信息为企业内外的利益相关者提供决策支持,是现代会计信息系统的两个核心子系统。第二,管理会计报告弥补了财务会计报告的不足,更详尽和具体地揭示了公司运营管理、战略实施,乃至风险管理的各个方面。财务会计报告有一套规范的概念、准则、原则体系,一方面使得不同企业的会计信息可比,便于信息使用者比较分析,另一方面妨碍了内部管理者根据管理需要从新的维度分析和阐释信息。管理工作的机动性和动态性,使得管理者对信息的要求也是机动、动态、多维度的。管理会计报告与财务会计报告结合,可以为内部管理者和外部信息使用者提供更综合的信息。第三,管理会计报告与财务会计报告互相影响和促进。内部与外部的划分是相对的,有些本属于内部管理会计报告的内容在对外披露时,会作为财务会计报告的附属部分。外部信息使用者对信息的诉求会使得信息披露规则发生变化,原本管理会计报告的内容也可能会进入对外披露之列。企业会出于种种考虑,自愿披露一些管理会计报告的信息。企业管理者在进行管理会计决策时,也会利用财务会计报告,此时财务会计报告变成了管理会计报告的一部分。

两者的区别体现在:管理会计报告和财务会计报告在编制基础、服务对象、报告内容、报告的范围、报告的期间、计量方式、信息类型、规范要求等方面存在诸多差异。两者之间的区别实质上就是管理会计与财务会计的区别在报告这一呈现形式上的体现。管理会计报告与财务会计报告的区别如表 9-1 所示。

表 9-1　管理会计报告与财务会计报告的区别

项目	管理会计报告	财务会计报告
编制基础	财务信息和非财务信息	财务信息为主
服务对象	服务于对管理会计信息有需求的各个层级、各个环节的管理者	主要服务于外部使用者
报告内容	不仅限于反映企业整体的经营活动情况,可以根据决策需要对某个局部、某个细节、某个流程、某个产品、某个责任人等编报各类相关信息	主要反映企业整体的财务状况、经营成果和现金流量情况
报告的范围	不限于历史信息,将影响企业未来决策的重要信息都纳入报告范围	主要反映历史信息
报告的期间	可以根据管理的需要和管理会计活动的性质设定报告期间。一般应以日历期间(月份、季度、年度)作为企业管理会计报告期间,也可以根据特定需要设定企业管理会计报告期间	定期编制,以月份、季度、年度作为会计报告期间
计量方式	不限于货币计量	货币计量
信息类型	数据信息与非数据信息并重,根据管理决策需要选取不同的信息类型	主要披露财务会计的数据信息,非数据信息只是数据信息的补充
规范要求	格式灵活	受会计准则等相关制度的规范,格式统一

(三）管理会计报告的编制原则

为适应支持管理决策的需要，管理会计报告在报告内容、信息类型、表现形式等方面均具有极大的灵活性。这种灵活性使得管理会计报告能够根据决策需要进行适当创新。这种常变常新也意味着需要更加明确管理会计报告的编制原则，以保证管理会计报告聚焦于支持管理决策、提升企业价值。管理会计报告的编制原则是指在管理会计报告的设计、编制、传递等过程中需要遵循的基本原则。

1. 责任匹配原则

管理会计报告的使用者是企业内部各个层级的管理者，他们依据其管理权限承担不同的经济责任。报告的内容应该与之匹配，针对不同责任中心的管理者提供不同的信息。这使得责任中心的管理者能够根据报告对其可控成本和收入作出正确的决策。管理会计报告应该从报告使用者的视角出发而不是会计人员的视角出发来设计和提供。

2. 例外原则

为了避免管理者信息过载，日常经营活动中的常规事宜应交由制度化的流程予以控制。随着部门的扩展和复杂化，管理者不可能深入每个细节去监督、检查。故此，管理会计报告应该将那些进展符合预期、比较顺利的情况与进展不符合预期、需要管理者关注的情况区别开，即管理会计报告应该强调例外原则。按照既定路线进展的项目，通常情况下不应该是管理会计报告的重点。

3. 比较原则

只披露实际发生的数据往往不能直接服务于管理决策，实际数据应该与一定的参照对象进行比较，这样才能使信息使用者更好地对情况作出判断。常见的参照对象包括预算值、事先确定的标准、历史数据、行业数据等。管理会计报告中应揭示重要的趋势和联系。

4. 及时原则

管理会计报告应该被及时提供。由于管理决策本身的动态性，支持管理决策的信息必须及时。滞后提供的报告与没有提供报告一样对决策毫无用处。故此，企业需要确定管理会计报告提供的频率，针对不同类型的信息采用不同的方式和频率。

5. 标准化原则

为了降低管理会计报告所提供信息的复杂性，减少信息传递过程中的信息扭曲和理解偏差，便于管理者理解和准确把握，管理会计报告应尽可能地标准化。所谓标准化主要包括管理会计报告的风格、设计、篇幅、数据口径、名词界定等方面。由于管理会计报告服务于决策、价值创造的目的，其内容、指标等要随着管理决策的需要而动态调整。因此，标准化并不意味着绝对固化，而是在保证决策支持目的得以实现的前提下，保持信息基本要素的相对稳定，便于管理者更便捷地使用报告信息。

6. 清晰原则

所谓清晰，一是指信息准确，二是指信息简单明晰，可理解性强。报告所提供的信息必须准确地反映与之相关的业务活动，否则就会导致决策失误。报告的信息应该简单明晰，避免使用过于技术性的会计术语，复杂的报表和细节可以略去或者放在附件备查。报告的设计能够让报告使用者付出最小的努力就掌握所有重要的情况。

7. 成本收益原则

管理会计报告的使用收益要大于信息的制造、存储和使用成本。在不影响使用的情况下,片面追求报告外在形式的美观没有价值。对于常规性的定期报告,报告编制是一个程序化的过程,成本收益原则主要在初始设计时应用。对于涉及特殊情况的特别报告,是否提供报告以及提供何种详略程度和准确程度的报告,都应考虑其成本和相关收益。

二、管理会计报告的基本分类

企业管理会计报告可以按照多种标准进行分类,包括但不限于:①按照企业管理会计报告使用者所处的管理层级可以分为战略层管理会计报告、经营层管理会计报告和业务层管理会计报告。②按照企业管理会计报告内容不同可以分为综合企业管理会计报告和专项企业管理会计报告。③按照管理会计功能可以分为管理规划报告、管理决策报告、管理控制报告和管理评价报告。④按照责任中心可以分为投资中心报告、利润中心报告和成本中心报告。⑤按照报告主体整体性程度可以分为整体报告和分部报告。

企业有着不同的管理层级,尤其是在大型企业集团中,管理层级更是错综复杂。不同层级的管理者不仅需要的信息内容不同,而且需要信息的繁简程度、及时程度和报告形式也不同。因此,按照企业管理会计报告使用者所处的管理层级进行分类是最能体现不同管理、不同需要的基本分类。

(一)战略层管理会计报告

战略层是指企业的最高决策层,其决策直接影响企业的成败,且其影响会长期存在,如企业的市场定位、重大融资决策、投资决策、商业模式选择、经营战略等。战略层关注企业如何进行资源配置,需要充分了解宏观经济环境和产业政策,把握行业未来发展前景,准确分析企业的资源优势。因此,战略层管理会计报告并不需要细微和局部的信息,而是需要全局性、综合性的信息,能够揭示未来发展前景、帮助制定战略的信息,以及对战略执行情况进行反馈、帮助进一步优化资源配置的信息。关乎企业成败的战略决策不是一个日常活动,战略层管理会计报告的使用频率不像其他层级管理会计报告那么高,但由于其重要性,对报告的质量要求也很高。

战略层管理会计报告是为战略层开展战略规划、决策、控制和评价以及其他方面的管理活动提供相关信息的对内报告。战略层管理会计报告的对象是企业的战略层,包括股东大会、董事会和监事会等。

战略层管理会计报告包括但不仅限于战略管理报告、综合业绩报告、价值创造报告、经营分析报告、风险分析报告、重大事项报告、例外事项报告等。这些报告可独立提交,也可根据不同需要整合后提交。

1. 战略管理报告

战略管理报告的内容一般包括内外部环境分析、战略选择与目标设定、战略执行及其结果,以及战略评价等。战略管理报告一般是在 SWOT 分析、价值链分析等战略分析基础上,侧重于本企业与竞争对手的优劣对比,列示获取竞争优势的要素(如产品、市场份额、定价、成本、产量等方面的信息),依此制定企业竞争战略、设定竞争目标、规划战略执行的路径和方法、进行战略评价。

2. 综合业绩报告

综合业绩报告的内容一般包括关键绩效指标预算及其执行结果、差异分析以及其他重大绩效事项等。综合业绩报告是在设定竞争目标的基础上,基于获取竞争优势的要素确定关键绩效指标,依此编制战略预算(通常表现为企业的资本预算),在战略执行中对预算执行结果进行差异分析,并修订和完善战略。

3. 价值创造报告

价值创造报告的内容一般包括价值创造目标、价值驱动的财务因素与非财务因素、内部各业务单元的资源占用与价值贡献,以及提升公司价值的措施等。

4. 经营分析报告

经营分析报告的内容一般包括经营决策执行情况回顾、本期经营目标执行的差异及其原因、影响未来经营状况的内外部环境与主要风险分析、下一期的经营目标及管理措施等。

5. 风险分析报告

风险分析报告的内容一般包括企业全面风险管理工作回顾、内外部风险因素分析、主要风险识别与评估、风险管理工作计划等。

6. 重大事项报告

重大事项报告是针对企业的重大投资项目、重大资本运作、重大融资、重大担保事项、关联交易等事项进行的报告。

7. 例外事项报告

例外事项报告是针对企业发生的管理层变更、股权变更、安全事故、自然灾害等偶发事项进行的报告。

(二) 经营层管理会计报告

经营层是指企业的中层管理人员,其决策是对企业整体战略的分解和落实,负责把战略层的宏大战略落实执行。经营层需要对接战略层,根据战略层的战略意图进行本管理层级的管理,保证其部门的顺畅运行和资源的合理使用。经营层的管理特点决定了其既需要概括性的总体信息,也需要细节性的信息。有关成本、收入、资产、绩效、投资等方面的信息都是这一层级需要关注的。这一层级的管理决策具有日常性,因此经营层管理会计报告使用的频率较高,内容比战略层报告更为细致和详尽。

经营层管理会计报告是为经营管理层开展与经营管理目标相关的管理活动提供相关信息的对内报告。

经营层管理会计报告主要包括全面预算管理报告、投资分析报告、项目可行性报告、融资分析报告、盈利分析报告、资金管理报告、成本管理报告、绩效评价报告等。

1. 全面预算管理报告

全面预算管理报告的内容一般包括预算目标制定与分解、预算执行差异分析以及预算考评等。

2. 投资分析报告

投资分析报告的内容一般包括投资对象、投资额度、投资结构、投资进度、投资效益、投资风险和投资管理建议等。

3. 项目可行性报告

项目可行性报告的内容一般包括项目概况、市场预测、产品方案与生产规模、厂址选择、工艺与组织方案设计、财务评价、项目风险分析,以及项目可行性研究结论与建议等。项目可行性报告通常由投资等业务部门编制,财务部门主要负责其中的财务评价、项目风险分析。

4. 融资分析报告

融资分析报告的内容一般包括融资需求测算、融资渠道与融资方式分析及选择、资本成本、融资程序、融资风险及其应对措施和融资管理建议等。融资分析报告可以以企业为主体编制，也可以以工程或项目为主体编制。

5. 盈利分析报告

盈利分析报告的内容一般包括盈利目标及其实现程度、利润的构成及其变动趋势、影响利润的主要因素及其变化情况，以及提高盈利能力的具体措施等。企业还应对收入和成本进行深入分析。盈利分析报告可基于企业集团、单个企业，也可基于责任中心、产品、区域、客户等进行。如上市公司的盈利预测就属于盈利分析报告的一种。

6. 资金管理报告

资金管理报告的内容一般包括资金管理目标、主要流动资金项目（如现金、应收票据、应收账款、存货）的管理状况、资金管理存在的问题以及解决措施等。企业集团资金管理报告的内容一般还包括资金管理模式（集中管理还是分散管理）、资金集中方式、资金集中程度、内部资金往来等。

7. 成本管理报告

成本管理报告的内容一般包括成本预算、实际成本及其差异分析、成本差异形成的原因以及改进措施等。

8. 绩效评价报告

绩效评价报告的内容一般包括绩效目标、关键绩效指标、实际执行结果、差异分析、考评结果，以及相关建议等。绩效评价报告可以以企业或责任中心为主体编制，其关键绩效指标可以是利润、利润率、EVA等，编制方法可以基于财务指标也可以基于财务指标和非财务指标的结合（如平衡计分卡）。

（三）业务层管理会计报告

业务层是指企业的基层管理人员，其决策非常具体，即时性很强。这一层级的管理者最终执行了企业的各项政策和战略，真正决定了企业产品的销售、机器的利用、成本的耗费等，如车间主任、采购主管、销售主管等。业务层所面对的决策非常具体，所需要的信息也非常具体细致，因此业务层管理会计报告非常具体，甚至需要反映每个生产工人、每个销售人员、每条生产线、每台设备的详细信息。也就是说，业务层管理会计报告应做到内容具体，数据充分。

业务层管理会计报告是为企业开展日常业务或作业活动提供相关信息的对内报告。其报告的对象是企业的业务部门、职能部门以及车间、班组等。业务层管理会计报告应根据企业内部各部门、车间或班组的核心职能或经营目标进行设计，主要包括研究开发报告、采购业务报告、生产业务报告、配送业务报告、销售业务报告、售后服务业务报告、人力资源报告等。

1. 研究开发报告

研究开发报告的内容一般包括研发背景、主要研发内容、技术方案、研发进度、项目预算等。研究开发报告通常由研究开发部门根据竞争战略、经营目标、对技术和产品的需要编制，主要负责研发背景、主要研发内容、技术方案、研发进度等技术层面的工作；财务部门主要负责基于技术发展的项目预算（按研发项目进度给予资金支持）和研发绩效评价。

2. 采购业务报告

采购业务报告的内容一般包括采购业务预算、采购业务执行结果、差异分析及改善建议等。采购业务报告通常由采购部门编制,重点反映采购质量、数量以及时间、价格等方面的内容;财务部门主要负责基于业务部门的采购业务活动的成本计算和资金管理。

3. 生产业务报告

生产业务报告的内容一般包括生产业务预算、生产业务执行结果、差异分析及改善建议等。生产业务报告通常由生产部门编制,重点反映生产成本、生产数量以及产品质量、生产时间等方面的内容;财务部门主要负责基于生产部门的生产经营业务活动的成本计算和资金管理。

4. 配送业务报告

配送业务报告的内容一般包括配送业务预算、配送业务执行结果、差异分析及改善建议等。配送业务报告要重点反映配送的及时性、准确性以及配送损耗等方面的内容,如妥投率就应该成为配送业务报告的关键绩效指标。

5. 销售业务报告

销售业务报告的内容一般包括销售业务预算、销售业务执行结果、差异分析及改善建议等。销售业务报告通常由销售部门编制,重点反映销售的数量结构和质量结构等方面的内容;财务部门应重点关注应收账款周转率和销售收现率等的管理。

6. 售后服务业务报告

售后服务业务报告的内容一般包括售后服务业务预算、售后服务业务执行结果、差异分析及改善建议等。售后服务业务报告重点反映售后服务的客户满意度等方面的内容。

7. 人力资源报告

人力资源报告的内容一般包括人力资源预算、人力资源执行结果、差异分析及改善建议等。人力资源报告通常由人力资源管理部门编制,重点反映人力资源使用及考核等方面的内容;财务部门应重点关注人力资源的效果评价。

三、管理会计报告的应用

(一) 管理会计报告的形式

管理会计报告的形式是为内容服务的。有时同样的内容,用不同的形式表述,甚至用不同的语气表述,会带来截然相反的效果。管理者的偏好也是影响会计报告形式的重要因素。为了突出某些内容,倡导组织变革或战略重构,有的企业会采用不同于以往的管理会计报告形式,以彰显其理念和精神。常见的管理会计报告形式主要有以下几种。

1. 图表式报告

图表式报告比单纯的数字更直观,使变化趋势或数据之间的关系更为清晰易懂。图表可以让读者把握主要因素之间的关系,或者直接切中要害之处,但图表往往不能准确测定数据。如果希望报告阅读者对某个事件留下深刻印象或关注大的趋势,图表式报告是很好的选择。曲线图、折线图、柱形图、饼形图、鱼骨图等都是图表式报告的可能选择。

图 9-1 是描绘经营成果的直方图,图 9-2 是利润饼状分析图,图 9-3 是成本费用占比折现图,图 9-4 是利润构成分析鱼骨图。

图 9-1　描绘经营成果的直方图

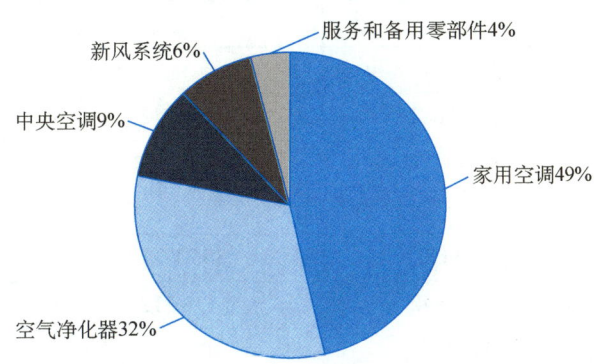

图 9-2　利润饼状分析图

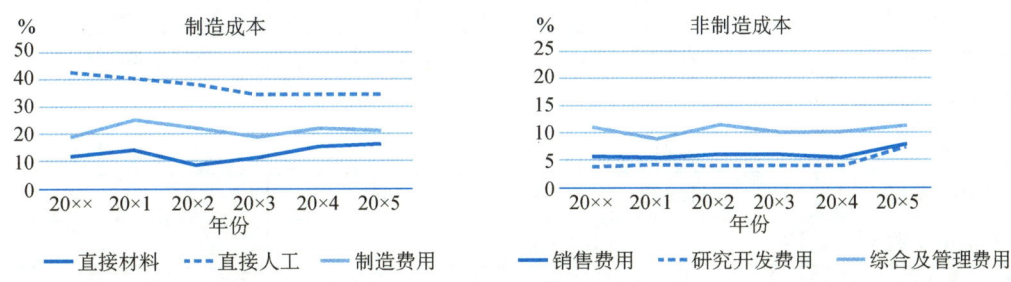

图 9-3　成本费用占比折现图

图 9-4　利润构成分析鱼骨图

2. 摘要式报告

在向战略层提供管理会计报告时，需要有针对性地选择他们关心的重要数据。虽然摘要式报告没有提供所有的细节，但保证了重要信息不被淹没在细节之中。例如，表9-2是对董事会的摘要式报告，它针对2023年3月及第一季度，报告了经营方面的几项重要指标，即销售收入净额、营业利润、净利润和普通股每股收益，将实际与计划进行比较，以便董事会能够大体把握经营情况。同时，还提供了关于流动资产、流动负债、股东权益报酬率、每股市价等指标的计划与实际数据。

表9-2 对董事会的摘要式报告   单位：元

项目	实际	计划	实际占计划的百分比
经营方面			
销售收入净额			
本月	4 807 851	4 086 715	117.6%
第一季度	46 747 757	51 910 307	90.1%
营业利润			
本月	64 963	355 179	18.3%
第一季度	5 460 442	5 178 112	105.5%
占销售额百分比	11.7%	10.0%	
净利润			
本月	309 941	156 394	198.2%
第一季度	2 794 597	2 220 733	125.8%
普通股每股收益			
本月	0.218	0.110	198.2%
第一季度	1.973	1.568	125.8%
其他重要数据			
货币资金	3 916 443	2 265 112	
应收账款	8 562 341	6 247 595	
存货	10 987 126	10 103 893	
其他流动资产	404 645	610 400	
流动资产合计	23 870 555	19 227 000	
流动负债	7 887 389	7 209 690	
营运资本	15 983 166	12 017 310	
流动比率	3.0 : 1	2.7 : 1	
资本性支出	745 147	2.715.093	
股东权益报酬率	11.2%	9.6%	
普通股每股市价	22.05	19.81	

下面是向高级管理者提供的经营状况报告,主要采取文字叙述形式,说明了实际业绩与预期之间的差异,以及各个分部的相关情况。

> **关于经营状况的报告**
>
> 2023 年 4 月 12 日
>
> 2023 年第一季度的合并净利润为 949.12 万元。与 2022 年相比,除了西南分部外,其他分部净利润共增加了 398.88 万元。西南分部 1 月发生了重大施工事故,导致其净利润比上年同期减少了 1 123.84 万元。
>
> 一些价格问题和成本超支是在预料之中的,因此净利润 949.12 万元达到第一季度预测收益 990.88 万元的 95.8%。将实际业绩与目标进行比较,我们发现东北分部和华南分部的业绩优于预期;华北分部离目标还有 200.96 万元的差距,西南分部与目标相差 146.72 万元。东北和华南的超预期表现几乎抵销了西南和华北分部的不佳表现,并使整体业绩接近预测。
>
> 在第一季度,销售价格与标准的不利差异达到 1 039.36 万元,同时可控成本和费用合计超出标准 1 172.96 万元。这些都是潜在的利润挖掘领域或在长期计划中需要考虑的因素。

3. 表格式报告

表格式报告集中于提供详细的数据,注重从数据出发来说明经营管理中的问题。它不追求直观,不停留于概要层面,而是通过详尽的数据来说明问题。制造部业绩报告表如表 9-3 所示。

表 9-3 制造部业绩报告表 单位:元

项目	预算成本	实际可控成本	成本差异
管理费用	19 500	19 700	200(U)
一分厂	467 475	470 330	2 855(U)
二分厂	395 225	394 300	925(F)
合计	882 200	884 330	200(U)

(二)管理会计报告的流程

管理会计报告的流程包括报告的编制、审批、报送、使用等环节。管理会计报告由管理会计信息归集、处理并报送的责任部门编制。企业应根据报告的内容、重要性和报告对象等,确定不同的审批流程,经审批后报告方可报出。企业管理会计报告可以根据报告性质、管理需要逐级报送或直接报送。由于管理会计报告会比对外报告揭示更多的细节,为了保护商业机密,企业应建立管理会计报告使用的授权制度。报告使用人应在权限范围内使用企业管理会计报告。随着信息化、数字化的发展,企业应当充分利用信息技术,强化管理会计报告及相关信息的集成和共享,将管理会计报告的编制、审批、报送和使用等纳入企业统一信息平台。

任务二 管理会计信息系统

一、管理会计信息系统的概念

管理会计信息系统是指以财务和业务信息为基础，借助计算机、网络通信等现代信息技术手段，对管理会计信息进行收集、整理、加工、分析和报告等操作处理，为企业有效开展管理会计活动提供全面、及时、准确信息支持的各功能模块的有机集合。

二、建立和应用管理会计信息系统应遵循的原则

企业建设和应用管理会计信息系统，一般应遵循以下原则。

（一）系统集成原则

管理会计信息系统各功能模块应集成在企业整体信息系统中，与财务和业务信息系统紧密结合，实现信息的集中统一管理及财务和业务信息到管理会计信息的自动生成。

（二）数据共享原则

企业建设管理会计信息系统应实现系统间的无缝对接，通过统一的规则和标准，实现数据的一次采集，全程共享，避免产生信息孤岛。

（三）规则可配原则

管理会计信息系统各功能模块应提供规则配置功能，实现其他信息系统与管理会计信息系统相关内容的映射和自定义配置。

（四）灵活扩展原则

管理会计信息系统应具备灵活扩展性，通过及时补充有关参数或功能模块，对环境、业务、产品、组织和流程等的变化及时响应，满足企业内部管理需要。

（五）安全可靠原则

应充分保障管理会计信息系统的设备、网络、应用及数据安全，严格权限授权，做好数据灾备建设，具备良好的抵御外部攻击能力，保证系统的正常运行并确保信息的安全、保密、完整。

三、管理会计信息系统的应用条件

企业建设管理会计信息系统，一般应具备以下条件：

（1）对企业战略、组织结构、业务流程、责任中心等有清晰的定义。

（2）设有具备管理会计职能的相关部门或岗位，具有一定的管理会计工具方法的应用基础以及相对清晰的管理会计应用流程。

（3）具备一定的财务和业务信息系统应用基础，包括已经实现了相对成熟的财务会计

系统的应用，并在一定程度上实现了经营计划管理、采购管理、销售管理、库存管理等基础业务管理职能的信息化。

四、管理会计信息系统建设和应用程序

管理会计信息系统的建设和应用程序既包括系统的规划和建设过程，也包括系统的应用过程，即输入、处理和输出过程。

（一）系统的规划和建设

管理会计信息系统规划和建设过程一般包括系统规划、系统实施和系统维护等环节。

1. 系统规划

在管理会计信息系统的规划环节，企业应将管理会计信息系统规划纳入企业整体信息系统建设的整体规划中，遵循整体规划、分步实施的原则。根据企业的战略目标和管理会计应用目标，形成清晰的管理会计应用需求，因地制宜逐步推进。

2. 系统实施

在管理会计信息系统实施环节，企业应制定详尽的实施计划，清晰划分实施的主要阶段、有关活动和详细任务的时间进度。实施阶段一般包括项目准备、系统设计、系统实现、测试和上线、运维及支持等过程。

（1）在项目准备阶段，企业主要应完成系统建设前的基础工作，一般包括确定实施目标、实施组织范围和业务范围，调研信息系统需求，进行可行性分析，制订项目计划、资源安排和项目管理标准，开展项目动员及初始培训等。

（2）在系统设计阶段，企业主要应对组织现有的信息系统应用情况、管理会计工作现状和信息系统需求进行调查，梳理管理会计应用模块和应用流程，据此设计管理会计信息系统的实施方案。

（3）在系统实现阶段，企业主要应完成管理会计信息系统的数据标准化建设、系统配置、功能和接口开发及单元测试等工作。

（4）在测试和上线阶段，企业主要应实现管理会计信息系统的整体测试、权限设置、系统部署、数据导入、最终用户培训和上线切换过程。必要时，企业还应根据实际情况进行预上线演练。

3. 系统维护

企业应做好管理会计信息系统的运维和支持，实现日常运行维护支持及上线后持续培训和系统优化。

（二）管理会计信息系统的应用程序

管理会计信息系统的应用程序一般包括输入、处理和输出三个环节。

1. 输入环节

输入环节是指管理会计信息系统采集或输入数据的过程。管理会计信息系统需提供已定义清楚数据规则的数据接口，以自动采集财务和业务数据。同时，系统也应支持手工录入其他数据，以利于相关业务调整和补充信息的需要。

2. 处理环节

处理环节是指借助管理会计工具模型进行数据加工处理的过程。管理会计信息系统可

以充分利用数据挖掘、在线分析处理等商业智能技术，借助相关工具对数据进行综合查询、分析统计，挖掘出有助于企业管理活动的信息。

3. 输出环节

输出环节是指提供丰富的人机交互工具、集成通用的办公软件等成熟工具，自动生成或导出数据报告的过程。数据报告的展示形式应注重易读性和可视化。最终的系统输出结果不仅可以采用独立报表或报告的形式展示给用户，而且可以输出或嵌入到其他信息系统中，为各级管理部门提供管理所需的相关、及时的信息。

五、管理会计信息系统的模块

管理会计信息系统的模块包括成本管理、预算管理、绩效管理、投资管理、管理会计报告以及其他功能模块。

（一）成本管理模块

成本管理模块应实现成本管理的各项主要功能，一般包括对成本要素、成本中心、成本对象等参数的设置，以及成本核算方法的配置，从财务会计核算模块、业务处理模块以及人力资源等模块抽取所需数据，进行精细化成本核算，生成分产品、分批次（订单）、分环节、分区域等多维度的成本信息，以及基于成本信息进行成本分析，实现成本的有效控制，为企业成本管理的事前计划、事中控制、事后分析提供有效的支持。

成本管理模块应提供基于指标分摊、基于作业分摊等多种成本分摊方法，利用预定义的规则，按要素、按期间、按作业等进行分摊。成本管理模块的建设可具体从成本核算、成本分析、成本预测和成本控制等方面展开。

1. 成本核算

成本核算主要完成对企业生产经营过程各个交易活动或事项的实际成本信息的收集、归纳、整理，并计算出实际发生的成本数据，支持多种成本计算和分摊方法，准确地度量、分摊和分配实际成本。

成本核算的输入信息一般包括业务事项的记录和货币计量数据等。企业应使用具体成本工具方法（如完全成本法、变动成本法、作业成本法、目标成本法、标准成本法等），建立相应的计算模型，以各级成本中心为核算主体，完成成本核算的处理过程。成本核算处理过程结束后，应能够输出实际成本数据、管理层以及各个业务部门所需要的成本核算报告等。

2. 成本分析

成本分析主要实现对实际成本数据分类比较、因素分析比较等，发现成本和利润的驱动因素，形成评价结论，编制成各种形式的分析、评价指标报告等。

成本分析的输入信息一般包括成本标准或计划数据、成本核算子模块生成的成本实际数据等。企业应根据输入数据和规则，选择具体分析评价方法（如差异分析法、趋势分析法、结构分析法等），对各个成本中心的成本绩效进行分析比较，汇总形成各个责任中心及企业总体成本绩效报告，并输出成本分析报告、成本绩效评价报告等。

3. 成本预测

成本预测主要实现不同成本对象的成本估算预测。

成本预测的输入信息一般包括业务计划数据、成本评价结果、成本预测假设条件以及历史数据、行业对标数据等。企业应运用成本预测模型（如算术平均法、加权平均法、平滑指数法等）对下一个工作周期的成本需求进行预测，根据经验或行业可比数据对模型预测结果进行调整，并输出成本预测报告。

4. 成本控制

成本控制主要按照既定的成本费用目标，对构成成本费用的诸要素进行规划、限制和调节，及时纠正偏差，控制成本费用超支，把实际耗费控制在成本费用计划范围内。

成本控制的输入信息一般包括成本费用目标和政策、成本分析报告、预算控制等。企业应建立工作流审批授权机制，以实现费用控制过程，通过成本预警机制实现成本控制的处理过程，输出费用支付清单、成本控制报告等。

（二）预算管理模块

预算管理模块应实现的主要功能包括对企业预算参数设置、预算管理模型搭建、预算目标制定、预算编制、预算执行控制、预算调整、预算分析和评价等全过程的信息化管理。预算管理模块的建设可具体从预算目标和计划制定、预算编制、预算执行控制、预算调整和预算分析和评价等方面展开。

1. 预算目标和计划制定

预算目标和计划制定主要完成企业目标设定和业务计划的制定，实现预算的启动和准备过程。

预算目标和计划设定的输入信息一般包括企业远景与战略规划、内外部环境信息、投资者和管理者期望、往年绩效数据、经营状况预测以及公司战略举措、各业务板块主要业绩指标等。企业应对内外部环境和问题进行分析，评估预算备选方案，制定详细的业务计划，输出企业与各业务板块主要绩效指标和部门业务计划等。

2. 预算编制

预算编制主要完成预算目标设定、预算分解和目标下达、预算编制和汇总以及预算审批过程，实现自上而下、自下而上等多种预算编制流程，并提供固定预算、弹性预算、零基预算、滚动预算、作业预算等一种或多种预算编制方法的处理机制。

预算编制的输入信息一般包括历史绩效数据、关键绩效指标、预算驱动因素、管理费用标准等。企业应借助适用的预测方法（如趋势预测、平滑预测、回归预测等）建立预测模型，辅助企业制定预算目标，依据预算管理体系，自动分解预算目标，辅助预算的审批流程，自动汇总预算。最终输出结果应为各个责任中心的预算方案等。预算管理模块应能提供给企业根据业务需要编制多期间、多情景、多版本、多维度预算计划的功能，以满足预算编制的要求。

3. 预算执行控制

预算执行控制主要实现预算信息模块与各财务和业务系统的及时数据交换，实现对财务和业务预算执行情况的实时控制等。

预算执行控制的输入信息一般包括企业各业务板块及部门的主要绩效指标、业务计划、预算执行控制标准及预算执行情况等。企业应通过对数据的校验、比较和查询汇总，比对预算目标和执行情况的差异；建立预算监控模型，预警和冻结超预算情形，形成预算执行情况报告；执行预算控制审核机制以及例外预算管理等。最终输出结果为预算执行差异分析报告、经营调整措施等。

4. 预算调整

预算调整主要实现对部分责任中心的预算数据进行调整，完成调整的处理过程等。预算调整的输入信息一般包括企业各业务板块及部门的主要绩效指标、预算执行差异分析报告等。企业对预算数据进行调整，并依据预算管理体系，自动分解调整后的预算目标，辅助调整预算的审批流程，自动汇总预算。最终输出结果为各个责任中心的预算调整报告、调整后的绩效指标等。

5. 预算分析和评价

预算分析和评价主要提供多种预算分析模型，实现在预算执行的数据基础上，对预算数和实际发生数进行多期间、多层次、多角度的预算分析，最终完成预算的业绩评价，为绩效考核提供数据基础。

预算分析和评价的输入信息一般包括预算指标及预算执行情况，以及业绩评价的标准与考核办法等数据。企业应建立差异计算模型，实现预算差异的计算，辅助实现差异成因分析过程，最终输出部门、期间、层级等多维度的预算差异分析报告等。

（三）绩效管理模块

绩效管理模块主要实现业绩评价和激励管理过程中各要素的管理功能，一般包括业绩计划和激励计划的制订、业绩计划和激励计划的执行控制、业绩评价与激励实施管理等，为企业的绩效管理提供支持。

绩效管理模块应提供企业各项关键绩效指标的定义和配置功能，并可从其他模块中自动获取各业务单元或责任中心相应的实际绩效数据，进行计算处理，形成绩效执行情况报告及差异分析报告。

绩效管理模块的建设可具体从业绩计划和激励计划制订、业绩计划和激励计划的执行控制以及业绩评价和激励实施管理等方面展开。

1. 业绩计划和激励计划制定

业绩计划和激励计划制订主要完成绩效管理目标和标准的设定、绩效管理目标的分解和下达、业绩计划和激励计划的编制过程，以及计划的审批流程。

业绩计划和激励计划制订的输入信息一般包括企业及各级责任中心的战略关键绩效指标和年度经营关键绩效指标，以及企业绩效评价考核标准、绩效激励形式、条件等基础数据。处理过程一般包括构建指标体系、分配指标权重、确定业绩目标值、选择业绩评价计分方法以及制订薪酬激励、能力开发激励、职业发展激励等多种激励计划，输出各级考核对象的业绩计划、绩效激励计划等。

2. 业绩计划和激励计划的执行控制

业绩计划和激励计划的执行控制主要实现与预算系统与各业务系统的及时数据交换，实现对业绩计划与激励计划执行情况的实时控制等。

业绩计划和激励计划的执行控制的输入信息一般包括绩效实际数据以及业绩计划和激励计划等。企业应建立指标监控模型，根据指标计算办法计算指标实际值，比对实际值与目标值的偏差，输出业绩计划和激励计划执行差异报告等。

3. 业绩评价和激励实施管理

业绩评价和激励实施管理主要实现对计划的执行情况进行评价，形成综合评价结果，向被评价对象反馈改进建议及措施等。

业绩评价和激励实施管理的输入信息一般包括被评价对象的业绩指标实际值和目标值、指标计分方法和权重等。企业应选定评分计算方法计算评价分值,形成被评价对象的综合评价结果,输出业绩评价结果报告和改进建议等。

(四) 投资管理模块

投资管理模块主要实现对企业投资项目进行计划和控制的系统支持过程,一般包括投资计划的制订和对每个投资项目进行的及时管控等。

投资管理模块应与成本管理模块、预算管理模块、绩效管理模块和管理会计报告模块等进行有效集成和数据交换,辅助企业实现投资计划的编制和审批过程。企业可以借助投资管理模块定义投资项目、投资程序、投资任务、投资预算、投资控制对象等基本信息,并在此基础上,制订企业各级组织的投资计划和实施计划,实现投资计划的分解和下达。投资管理模块应实现对企业具体投资项目的管控过程。企业可以根据实际情况,将项目管理功能集成到投资管理模块中,也可以实施单独的项目管理模块来实现项目的管控过程。

项目管理模块主要实现对投资项目的系统化管理过程,一般包括项目设置、项目计划与预算、项目执行、项目结算与关闭、项目报告以及项目后审计等功能。

1. 项目设置

主要完成项目定义(如项目名称、项目期间、成本控制范围、利润中心等参数),以及工作分解定义、作业和项目文档等的定义和设置,为项目管理提供基础信息。

2. 项目计划与预算

主要完成项目里程碑计划、项目实施计划、项目概算、项目利润及投资测算、项目详细预算等过程,并辅助实现投资预算的审核和下达过程。项目里程碑计划,一般包括对项目的关键节点进行定义,在关键节点对项目进行检查和控制,以及确定项目各阶段的开始和结束时间等。

3. 项目执行

主要实现项目的拨款申请,投资计量,项目实际发生值的确定、计算和汇总,以及与目标预算进行比对,对投资进行检查和成本管控。

4. 项目结算

通过定义的结算规则,运用项目结算程序,对项目实现期末结账处理。结算完成后,对项目执行关闭操作,保证项目的可控性。

5. 项目报告

项目管理模块应向用户提供关于项目数据的各类汇总报表及明细报表,主要包括项目计划、项目投资差异分析报告等。

6. 项目后审计

企业可以根据实际需要,在项目管理模块中提供项目后辅助审计功能,依据项目计划和过程建立工作底稿,对项目的实施过程、成本、绩效等进行审计和项目后评价。

(五) 管理会计报告模块

管理会计报告模块应实现基于信息系统中财务数据、业务数据自动生成管理会计报告,支持企业有效实现各项管理会计活动。管理会计报告模块应具备的功能如下:

(1) 可以为用户生成报告提供足够丰富、高效、及时的数据源,必要时应建立数据仓库和数据集市,形成统一规范的数据集,并在此基础上,借助数据挖掘等商务智能工具方法,自动生成多维度报表。

(2) 可以为企业战略层、经营层和业务层提供丰富的通用报告模板。

(3) 可以为企业提供灵活的自定义报告功能。企业可以借助报表工具自定义管理会计报表的报告主体、期间(定期或不定期)、结构、数据源、计算公式以及报表展现形式等。系统可以根据企业自定义报表的模板自动获取数据进行计算加工,并以预先定义的展现形式输出。

(4) 可以提供用户追溯数据源的功能。用户可以在系统中对报告的最终结果数据进行追溯,可以层层追溯其数据来源和计算方法,直至业务活动。

(5) 可以独立的模块形式存在于信息系统中,从其他管理会计模块中获取数据生成报告;也可内嵌到其他管理会计模块中,作为其他管理会计模块重要的输出环节。

(6) 可以与财务报告系统相关联,既能有效生成企业整体报告,也能生成分部报告,并实现整体报告和分部报告的联查。

项目小结

本项目学习和应用了管理会计报告的内容、特征分类,以及管理会计信息系统的内容和建立程序等,这些知识可以帮助我们有效地为企业提供了全面的运营信息和决策依据,因此企业能够更加科学地进行决策和管理,提高竞争力和盈利能力。

习题与实训

任务一 管理会计报告的编制

一、判断题

1. 企业管理会计报告,是根据财务和业务的基础信息加工整理形成的。( )
2. 管理会计报告是一种为企业价值管理和决策支持所需要的内部报告。( )
3. 战略层管理会计报告是为战略层开展战略规划、决策、控制和评价以及其他方面的管理活动提供相关信息的对内报告。( )
4. 管理会计报告是基于因果关系链的管理活动各环节的结果报告和原因报告。( )
5. 因管理会计报告属于对内报告,很少对外提供,因此责任者编制完成即可报送。( )
6. 企业管理会计报告的编制、审批、报送、使用等应与企业组织架构相适应。( )
7. 经营层管理会计报告的报告对象是企业的业务部门、职能部门以及车间、班组等。( )
8. 同财务报告一样,管理会计报告的形式、内容等,全部由会计准则来确定。( )
9. 企业管理会计报告按照报告主体整体性程度可分为整体报告和分部报告。( )
10. 企业管理会计报告由财务会计信息归集、处理并报送的责任部门编制。( )

二、单项选择题

1. 下列关于管理会计报告的说法中,正确的是( )。
   A. 管理会计报告的内容是根据会计准则确定的
   B. 管理会计报告的内容是根据企业需要确定的
   C. 管理会计报告的内容是根据企业管理制度确定的
   D. 管理会计报告的内容是根据外部使用的需要确定的
2. 下列关于管理会计报告工作流程的说法中,正确的是( )。
   A. 管理会计报告工作流程是由法律规定的
   B. 管理会计报告工作流程与企业的组织框架相适应
   C. 管理会计报告的工作流程由管理者确定
   D. 各企业的管理会计报告内容不同,但工作流程相同
3. 下列各项中,属于企业战略管理报告中内部环境的是( )。
   A. 客户　　　　　B. 竞争者　　　　C. 供应商　　　　D. 员工
4. 下列各项中,属于企业战略管理报告内容的是( )。
   A. 内外部环境分析　　　　　　　B. 价值分析
   C. 价值创造目标　　　　　　　　D. 重大事项
5. 按企业使用报告的层级,可以将管理会计报告分为( )。
   A. 战略管理报告、战略层报告和分部报告

B. 战略层报告、经营层报告和业务层报告
C. 战略层报告、经营层报告和整体报告
D. 战略层报告、业务层报告和专项报告

6. 下列关于管理会计报告的说法中,正确的是(   )。
   A. 管理会计报告是一种为企业价值管理和决策支持所需要的内部报告
   B. 管理会计报告是一种为利益相关者提供决策支持所需要的报告
   C. 管理会计报告很少对内报告,而主要是对外提供信息
   D. 管理会计报告是对内的一种报告,因而它在报告的形式要件上没有什么规定

7. 下列各项中,属于管理会计信息的是(   )。
   A. 财务与非财务信息   B. 财务与人力资源信息
   C. 非财务与环境信息   D. 业务基础与非财务信息

8. 下列各项中,不属于战略层管理会计报告的报告对象的是(   )。
   A. 股东大会   B. 董事会   C. 监事会   D. 总经理

9. 下列各项中,不属于经营层管理会计报告的是(   )。
   A. 采购业务报告   B. 全面预算管理报告
   C. 融资分析报告   D. 盈利分析报告

10. 下列各项中,属于业务层管理会计报告的是(   )。
    A. 资金管理报告   B. 投资分析报告
    C. 成本管理报告   D. 人力资源报告

三、多项选择题

1. 全面预算管理报告的内容有(   )。
   A. 预算目标制定   B. 预算目标的分解
   C. 预算执行差异分析   D. 预算考评

2. 下列各项中,属于企业管理会计报告的工作环节的有(   )。
   A. 编制   B. 审批   C. 报送   D. 使用与评价

3. 企业的成本管理报告中主要包括的信息有(   )。
   A. 成本预算   B. 实际成本及其差异
   C. 成本差异形成原因   D. 改进措施

4. 下列各项中,属于战略层管理会计报告的有(   )。
   A. 综合业绩报告   B. 全面预算管理报告
   C. 融资分析报告   D. 价值创造报告

5. 下列各项中,属于经营层管理会计报告的有(   )。
   A. 成本管理报告   B. 全面预算管理报告
   C. 融资分析报告   D. 盈利分析报告

6. 下列各项中,属于业务层管理会计报告的有(   )。
   A. 资金管理报告   B. 研究开发报告
   C. 采购业务报告   D. 售后服务业务报告

7. 下列各项中,属于业务层管理会计报告对象的有(   )。
   A. 总经理   B. 业务部门

C. 职能部门　　　　　　　　　　　　D. 生产车间或班组
8. 下列各项中,属于业绩评价报告内容的有(　　)。
   A. 绩效目标或关键绩效目标　　　　B. 实际执行结果
   C. 差异分析与考评结果　　　　　　D. 相关建议

任务二　管理会计信息系统

一、判断题

1. 系统集成性要求企业各信息功能模块集成于单位的整体管理信息系统中,以保证财务信息系统和业务信息系统紧密结合。(　　)
2. 管理会计信息系统的建设和应用程序既包括系统的规划和建设过程,也包括系统的应用过程。(　　)
3. 管理会计信息系统的应用程序包括输入、处理和输出三个环节。(　　)
4. 投资管理模块与成本管理、预算管理、绩效管理和管理会计报告等模块之间不存在数据交换问题。(　　)
5. 成本管理模块可以生成分产品、分批次(订单)、分环节、分区域等多维度的成本信息。(　　)
6. 成本分析的输入信息一般包括成本标准或计划数据、成本核算子模块生成的成本实际数据等。(　　)
7. 预算管理模块应能提供给企业根据业务需要编制多期间、多场景、多版本、多维度预算计划的功能,以满足预算编制的要求。(　　)
8. 预算调整主要实现对全部责任中心的预算数据进行调整、完成调整的处理过程等。(　　)
9. 业绩评价和激励实施管理主要实现对计划执行情况的评价。(　　)
10. 投资管理模块应实现对企业具体投资项目的管控过程。(　　)
11. 管理会计报告模块应为企业战略层、经营层和业务层提供丰富的通用报告模板。(　　)
12. 管理会计报告模块应实现基于信息系统中财务数据、业务数据自动生成管理会计报告的功能。(　　)

二、单项选择题

1. 下列各项中,属于管理会计信息系统安全性原则的是(　　)。
   A. 严格控制授权　　　　　　　　　B. 设置功能模块
   C. 补充参数　　　　　　　　　　　D. 统一标准
2. 下列各项中,关于数据处理表述正确的是(　　)。
   A. 数据处理就是数据挖掘
   B. 数据处理就是在线分析
   C. 数据处理就是通过商业智能技术对数据进行加工处理,并能提供综合查询和分析统计的过程
   D. 数据处理就是综合查询和分析统计

3. 下列各项中,不属于管理会计信息系统的规划与建立子系统的要素的是( )。
   A. 输入   B. 处理   C. 实施   D. 输出
4. 管理会计信息系统是指以( )为基础,借助计算机、网络通信等现代信息技术手段,对管理会计信息进行收集、整理、加工、分析和报告等操作处理,为企业有效开展管理会计活动提供全面、及时、准确信息支持的各功能模块的有机集合。
   A. 财务信息   B. 业务信息
   C. 财务和业务信息   D. 会计信息
5. 在管理会计信息系统的规划环节应遵循的原则是( )。
   A. 整体规划   B. 分步实施
   C. 因地制宜、逐步推进   D. 整体规划、分步实施
6. 下列各项中,不属于预算编制的输入信息的是( )。
   A. 历史绩效数据   B. 关键绩效指标
   C. 预算驱动因素   D. 制造费用标准
7. 下列各项中,不属于项目管理模块功能的是( )。
   A. 项目计划与预算   B. 项目核算
   C. 项目结算与关闭   D. 项目后审计
8. 下列各项中,关于管理会计报告模块的表述不正确的是( )。
   A. 管理会计报告模块应为用户生成报告提供足够丰富、高效、及时的数据源
   B. 管理会计报告模块应为企业战略层、经营层和业务层提供丰富的专用报告模板
   C. 管理会计报告模块应为企业提供灵活的自定义报告功能
   D. 管理会计报告模块应提供用户追溯数据源的功能

三、多项选择题

1. 从信息论的角度看,下列各项中,属于管理会计信息系统信息模块的有( )。
   A. 成本模块   B. 预算模块   C. 绩效模块   D. 报告模块
2. 企业在构建管理会计信息系统时应描述的内容有( )。
   A. 企业战略   B. 组织结构   C. 业务流程   D. 责任中心
3. 从信息的电子处理角度看,组织管理会计报告应用子系统的方式有( )。
   A. 输入   B. 输出   C. 处理   D. 建设
4. 企业建设和应用管理会计信息系统,一般应遵循的原则有( )。
   A. 系统集成原则   B. 数据共享原则
   C. 规则可配原则   D. 灵活扩展原则
5. 企业建设管理会计信息系统,一般应具备的条件有( )。
   A. 对企业战略、组织结构、业务流程、责任中心等有清晰的定义
   B. 具有一定的管理会计工具方法的应用基础
   C. 具有相对清晰的管理会计应用流程
   D. 具备一定的财务和业务信息系统应用基础
6. 管理会计信息系统规划和建设过程一般包括( )环节。
   A. 系统规划   B. 系统实施
   C. 系统维护   D. 系统升级

7. 管理会计信息系统实施环节一般包括（　　）。
   A. 项目准备　　　　　　　　　　B. 系统设计
   C. 系统实现　　　　　　　　　　D. 测试和上线
8. 预算管理模块应实现的主要功能包括（　　）。
   A. 预算参数设置　　　　　　　　B. 预算管理模型搭建
   C. 预算目标制定　　　　　　　　D. 预算执行控制

附 录
数字化管理会计实训指南(福斯特平台)

第一章　教学大纲 ··· 1
　　第一节　实验性质与任务 ·· 1
　　第二节　实验教学目标 ··· 1
　　第三节　实训内容 ·· 1
　　第四节　课时安排 ·· 2

第二章　教学实施方案 ··· 4
　　第一节　知识导航 ·· 4
　　　　一、教学思路 ·· 4
　　　　二、实训内容 ·· 4
　　　　三、教学目标 ·· 5
　　第二节　风险管理部 ··· 6
　　　　一、案例简介 ·· 6
　　　　二、教学思路 ·· 6
　　　　三、实训内容 ·· 6
　　　　四、教学目标 ·· 6
　　第三节　战略规划部 ··· 7
　　　　一、案例简介 ·· 7
　　　　二、教学思路 ·· 7
　　　　三、实训内容 ·· 7
　　　　四、教学目标 ·· 8
　　第四节　市场销售部 ··· 8
　　　　一、案例简介 ·· 8
　　　　二、教学思路 ·· 8
　　　　三、实训内容 ·· 9
　　　　四、教学目标 ·· 10
　　第五节　物资采购部 ··· 11
　　　　一、案例简介 ·· 11
　　　　二、教学思路 ·· 11

三、实训内容 ··· 12
　　四、教学目标 ··· 12
第六节　生产规划部 ·· 13
　　一、案例简介 ··· 13
　　二、教学思路 ··· 13
　　三、实训内容 ··· 14
　　四、教学目标 ··· 14
第七节　仓储管理部 ·· 15
　　一、案例简介 ··· 15
　　二、教学思路 ··· 15
　　三、实训内容 ··· 15
　　四、教学目标 ··· 16
第八节　绩效考核部 ·· 16
　　一、案例简介 ··· 16
　　二、教学思路 ··· 16
　　三、实训内容 ··· 16
　　四、教学目标 ··· 17

数字化管理会计实训指南